新版

福祉法人の経営戦略

京極髙宣

福祉法人経営学会 会長

社会福祉法人 浴風会 理事長

国立社会保障・人口問題研究所 名誉所長

中央法規

新版　はしがき
—社会福祉法人制度改革その後—

初版の『福祉法人の経営戦略』（２０１７（平成29）年11月刊行）は、改正社会福祉法（２０１６（平成28）年３月）による社会福祉法人制度改革が２０１７（平成29）年４月から本格的にスタートする前後に、ややフライング気味で出版されたが、大方の好評を得ることができた。本書が福祉法人に関する本邦最初の経営学書であったからである。しかし、一部の福祉法人改革に前向きに取り組んでいる法人や専門的関心の強い研究者には大歓迎されたものの、社会福祉法人に関わる多くの人たちは、当面の社会福祉法人制度改革による定款変更や新たな理事・評議員の選定、余裕財産の算定、地域貢献事業の見直しなど当面の課題に追われ、新しい法人経営基盤の上にいかなる経営を展開していくかには必ずしも関心を呼ばなかったようであり、やや時期尚早の感も否めなかったと思われる。

そこで今回、社会福祉法人制度改革後の新しい経営戦略の在り方について、前著のよいところはほとんどすべてを継承しつつ今日的な改訂増補を行ってみた。あわせて私の体調不良の中で急遽、拙速を覚悟し出版した経緯もあることで、改めて体系的整理も行い、必要な脚注や参考注も加えてみた。さらに前文として、『福祉新聞』に「福祉経営学事始め」として計８回連載（２０１８（平成30）年５月14日、21日、28日、６月４日、11日、18日、25日、７月２日の各号）を「序論にかえて」として採用させていただいた。こうして本書は初版と比べて大幅に刷新され格段にわかりやすく、かつアップ・ツー・デイトなものとすることができた。

本書の目的は社会福祉法人を中心とする福祉関係法人の制度改革を踏まえて、21世紀の福祉法人経営の在るべき方向と対応を探ることにあった。その意味で、初版以上に、福祉法人関係各位及び都道府県、地区町村の福祉行政各位、さらに監査法人の公認会計士・税理士各位などに歓迎されることを祈っている。また福祉系大学の教員や院生にとっても、最も苦手な分野である本書のような福祉経営の理論的かつ実証的な専門書は大変有意義なものと思われる。

本書を刊行するにあたっては出版事情の困難な中で刊行していただいた中央法規出版の荘村明彦社長及び渡辺弘之部長をはじめとする編集スタッフの皆様に誠に感謝している。また福祉新聞社の松寿庶社長には幾多のご配慮をいただき深甚の謝意を表わす次第である。さらに私が主宰している福祉法人経営学会の関川芳孝氏（大阪府立大学人間社会学部教授）をはじめとする役員の皆様及び事務局長の山本健一氏にはデータ及びアイディアの点で大変お世話になった。以上の皆様方には厚く感謝の意を表わしたい。

本書が21世紀前半における社会福祉法人の輝かしい発展に寄与するささやかな一素材となることを願ってやまない。

2019（令和元）年11月15日

福祉法人経営学会　会長　京極　髙宣
（社会福祉法人浴風会　理事長）
（国立社会保障・人口問題研究所　名誉所長）
（日本社会事業大学　名誉教授）

初版　はしがき
―なぜ福祉法人の経営戦略なのか―

私は２０１７（平成29）年１月より時事通信社の機関紙『厚生福祉』にほぼ毎週１回、「社会福祉法人の経営戦略（所感ノート）」を21回連載した。本書は、それに必要最小限の加筆修正を行い、読者の便宜のために、脚注を加えた本邦唯一の単著となっている。

さて企業経営の世界では、市場経済の乱流を泳ぎ切る経営戦略がきわめて重視され、かつ現代経営学の最先端は経営戦略論なのである。しかし、社会福祉の世界では、２０１７（平成29）年４月以降、改正社会福祉法の完全実施により、新しい福祉経営が模索されているにもかかわらず、福祉法人（社会福祉法人及び他の福祉を目的とする公益法人）の経営戦略に関する議論はほとんど聞かれない。あるのは、残念ながら法人経営の土台である改正社会福祉法の枠組みとその一般的施行の解説が中心である。

私は２０１５（平成27）年11月に福祉法人経営学会を立ち上げ、初代会長に就任しているが、現在の福祉法人をめぐる厳しい環境にいまだに若干の危惧を抱いている。

というのは、かつての措置制度のように国や地方行政が社会福祉法人を中心に手取り足取り指導し、利用者を選び、かつ運営費も全面的にみてくれる時代は終えんとなったからである。しかも、特に２０００（平成12）年前後の社会福祉基礎構造改革から10数年経った今日でも、民間企業やマスコミ等から社会福祉法人の余剰金問題やイコールフッティング論が指摘され、攻撃はこれまでよりは弱くなったものの、社会福祉法人叩きがまだ鳴りやんでいない。また社会福祉法人のサイドでも、国や地方行政が依然として面倒をみてくれ、かつ財政支援もそれなりに継続してくれるはずと楽観的に考えている者も意外に少なくない。

そこで、私は創立92周年を迎えた東京都杉並区に所在する大規模の社会福祉法人（浴風会）の理事長として、あえて現況に異議を唱え、改正社会福祉法が設定する新しい舞台の上で演技する演劇スタッフのいわば監督（法人理事長）の立場から社会福祉法人のみならず福祉を目的とする他の公益法人を含めて、単著としては本邦最初の福祉法人の経営戦略論の提出を行ってみた。

ただ、連載した際に気がついたことがある。それは私が大学・大学院時代に勉強した経営学も著しく発展し、厖大な現代経営学書が散見される時代に入っており、運命のいたずらで社会福祉法人の経営責任者に任命され、現代経営学の成果を踏まえての福祉現場の地についた経営戦略をそれなりに語れるようになったことである。ご承知のとおり、わが国では経営学界は病院や学校等に関しては多少ふれているが、社会福祉関係にはほとんど無関心であり、また社会福祉学界では政策論や処遇論にはかなりの研究実績を重ねているが、福祉法人経営（特に社会福祉法人の経営戦略）に関しては全くというほど研究実績はないのである。

読者の皆様には、私が浅学非才の身を顧みず当課題に取り組んだところ、何とか意のあるところをお伝えし、ここにご参考のための単著として、あえて上梓させていただいた次第である。

ところで、いわゆる福祉経営学なるものは現在のところ、残念ながら学問的に未完成なのである。というのも、現代経営学は企業経営を中心としており、非営利組織（なかんずく福祉法人）の経営に関しては、ほとんどが手つかずのままであった。他方、既にふれたが、社会福祉研究にとって福祉経営論は最も弱い部分であり、本書はその意味で現在における福祉法人の経営戦略案を提示するにとどまらず、将来における福祉経営学の構築にも挑戦しているところを読者の皆様にご理解いただきたいと願っている。

２０１７年11月末日

京極　高宣

目次

序論にかえて

福祉経営学事始め

第1節　二つの偏見

本論「福祉法人の経営戦略」に入る前に、社会福祉法人改革に直面している各法人が創造的に展開すべき福祉法人の経営戦略論を先取りしてごく概括的に解説してみた。

社会福祉法人の経営に関する学問を「福祉経営学」と呼ぶと、二つの大きな偏見がある。

一つは、経営は金儲けであるという誤った見解である。すると、経営学は金儲けの学ということになり、他方で非営利な組織（例えば社会福祉法人）の運営は金儲けを目的としないので、経営とは無縁であるという結論に陥りがちである。

はたしてそうであろうか。民間企業などの営利部門の経営においても、金儲けは唯一の目的でも目標でもない。経営とは、よい品質の製品やサービスをつくり、顧客満足度を高めることが第一目的でなければならないからである。

特に近年では、企業でさえ利益の追求だけでなく、環境保護や人権擁護、地域貢献などのCSR※（企業の社会的責任）が目標の一つになっている。

まして社会福祉法人のような非営利組織の経営は、より公益性や公共性が高いものでなければならないだろう。もちろん、マネジメントの役割は営利企業にとっても非営利組織にとっても、その重要性に変わりはない。成果をより少ない費用で合理的に達成し、かつそれを中長期的に持続することである。

もう一つの偏見は、ソーシャルワークには経営の視点が不要であるという誤った見解である。ソーシャルワークにおいては、例えばコスト意識を抜きにどんなに費用がかかっても、ニーズの充足や顧客満足が得られればよいのであろうか。

かつて、戦後の一時期アメリカと日本に流行した懐かしい素朴なソーシャルワーク理論体系、すなわちソーシャルワークのベーシック6※というものがあった。①ケースワーク、②グループワーク、③コミュニティ・オーガニゼーション、④ソーシャル・アドミニストレーション、⑤ソーシャルアクション、⑥ソーシャルワーク・リサーチのことである。

現在では、ベーシック6は廃れて忘却されてしまったが、そこには不十分ながらも、ソーシャル・アドミニストレーションというビジネス・マネジメントと関わりのある社会福祉運営管理の技術がソーシャルワークの6大手法の一つに数えられていた。

今日では、ソーシャルワークは経営（運営）とは無関係の存在にされているきらいがある。しかし、ソーシャルワークと経営は無関係な存在では全くなく、むしろ密接不可分なのである。ソーシャルワーカーは何らかの経営基盤（法人）に所属して活動するものであり、ソーシャルワーカーの足元が適切に運営されていかなければよい仕事ができないのは

※CSR
corporate social responsibilityの略。利益の追求のみならず、企業の環境、人権、貢献などの社会的責任を企業目標の一つとしてあげること。

※ベーシック6
戦後日本でソーシャルワークの重要部門として強調された6部門（すなわち上記①ケースワーク～⑥ソーシャルワーク・リサーチ）を「ソーシャルワーク・ベーシック6」と呼んだ。

当たり前である。また、良い経営のもとで優れたソーシャルワークも可能である。

私が会長を務めている福祉法人経営学会の第1回大会を私ども浴風会で開催した折、ソーシャルワーク学科を属する関西の有名な福祉系大学の若手教員が「私の大学では学生も教員も経営という言葉は一切使わないのが実情で、それは大変遺憾である」と反省の弁を述べられていたことを思い出す。

ソーシャルワーカーとして卒業した学生は、社会福祉法人や医療法人などの公益法人以外にもNPO※や協同組合、民間企業と何らかの経営体に属して働くのである限り、直ちに経営部門に直面するはずである。しかし、卒業するまでそうした経営実態には無関心であり、大学でソーシャルワーク枠外としておざなりにされていることは誠に残念である。〔なお、私は既に四半世紀前に日本社会事業大学学長（当時）として一年生を対象とした社会福祉概論において、社会福祉の経営論を既に講義していた。〕

ソーシャルワーカーは、社会福祉的経営の問題から逃げるのでなく、正しい経営の必要性と方向性をしっかり認識すべきではないか。現在の社会福祉士のシラバスには「福祉サービスの組織と経営」がしっかりと位置づけられたのにもかかわらず、多くの福祉大学ではそれがほとんど教えられていない。〔また国家試験にもほとんど出題されていない。〕

以上の二つの偏見はお互いに絡まっており、それはかつての日本の社会福祉界に残存していただけではない。今日の社会福祉界（なかんずく社会福祉教育界）にも根深く存在していることを再認識すべきである。

※NPO（nonprofit organization）
非営利の、政府、行政から独立した自主的な集まりで、社会貢献や慈善博愛のために活動する組織のこと。NPOには法人格をもたない任意団体と法人格をもつ法人がある。

第2節　経営学の視点

福祉経営学は、ある意味で経営学の応用部門である。したがってその原点である経営学の基本に立ち返らなければならないのは当然である。

いうまでもなく、経営学は科学的経営管理に関する学問である。とすれば、経営学の原点は19世紀末に開発された※F・W・テイラー（1856～1915年）の※テイラーシステムの生産管理法にさかのぼる。

テイラーは、通常の標準作業時のベテラン作業員の平均的仕事に注目し、ノルマに対する適切な数値目標を設定し、それを達成すべく生産管理を行った。そして、その後に、経営学の古典『科学的管理法の原理』（1911年）を出版して現代経営学の基礎を築いた。

テイラーの考えた成果給的な出来高給制度は、その後必ずしも成功しなかったといわれているが、適切な経営管理目標を設定する意義は今日でも小さくない。

そこで、次節以降にふれる各部門の経営管理に言及する前に、適切な数値目標の設定の重要性に着目し、それが科学的管理の出発点とさえいえることを確認したい。

より抽象的には、達成すべき効果（P＝Σp）を、それを実現させるために必要な費用（C＝Σc）で除した生産性ないし経営効率（P/C）を最大にするのが経営目標である。実際には、当該経営にとってリアルで適切な水準が定まってくることが理想なのである。

さて、ここで社会福祉法人の経営管理（福祉マネジメント）の枠組みを簡単に示しておきたい。

まず経営管理の各部門を概観すると、本来業務である福祉サービスに関する管理、言い

※フレデリック・W・テイラー（Frederick Winslow Taylor 1855～1915）
アメリカのフィラデルフィアで生まれ、機械工として働きながら、現場の生産性向上のために計量的な実験・研究を行う。その後、35歳で独立、集大成としての『科学的管理法の原理』（1911年）を著わし、経営学の礎石を築いた。

※テイラーシステム
テイラー（F. W. Taylor）が19世紀末に提唱した工場管理の制度。課業管理をベースにした科学的経理管理法。

図1 福祉サービスの経営体系図

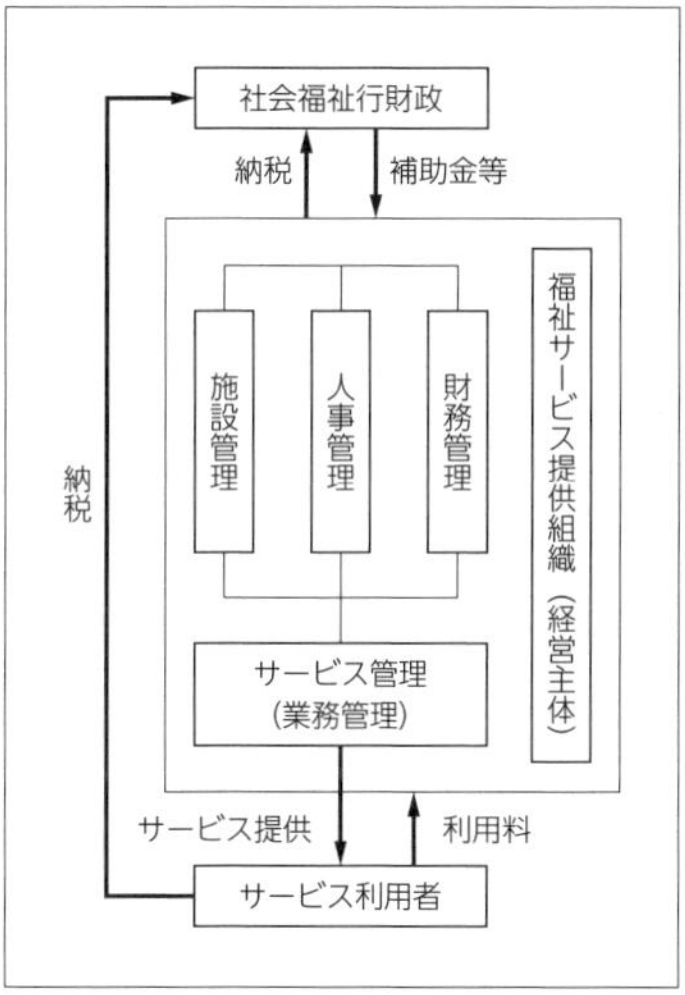

（出典）京極高宣『現代福祉学の構図』中央法規出版、1990年、181頁の図を大幅修正

換えればサービス管理が起点となる。その次にそれを実現可能とするヒト・モノ・カネという3大生産要素に従い、ヒトに関する「人事（労務）管理」、モノに関する「施設（設備）管理」、カネに関する「財務管理」という3大経営管理体制が存在するのである（**図1**及び第Ⅰ部第1章参照）。

なお、情報を新たに生産要素として、ヒト・モノ・カネと同等な位置づけをすることもあるが、問題を複雑多岐に捉えすぎるきらいがあることから、本書ではあえて言及しない。

以上の経営管理部門は、営利企業、非営利団体にかかわらず当然ながら存在するが、社会福祉法人の特性に鑑みて、各部門の経営管理について営利企業と比べてどのように異なるのかを、詳しく述べてみたい。

第3節 福祉サービス管理

対人サービス先端部分の福祉サービス管理について述べるには、その特性を少なくとも4点はおさえる必要がある。

まず、福祉サービスは他の対人サービスと同様、生産過程と利用者による消費過程が同時に行われる。「生産即消費」はサービス産業の特徴である。

次に、福祉サービスは財貨の生産と比べると、利用者への対人サービスとして利用者の気持ちに添った反省的労働※の性格が強く、かつ労働集約的※である。

さらに、今日の福祉サービスはかつての措置制度の時代と異なり、行政から利用者が措置されてサービスを恩恵として受け取るのではない。社会福祉基礎構造改革期※以降は、サービス提供者と利用者が対等の関係で契約的に向き合うようになっている。

最後に、福祉サービスはいわば政策市場※（非経済市場）で提供されるため、自由市場のような価格競争※は著しく制約され、品質競争※のみが存在する。もちろん、目に見えぬ形でコストダウン競争※は存在するが、それによって得られる利益には制約がある。

さて、福祉サービスにおける管理は、その品質が標準的なものであれば施設管理と在宅管理に大別される。

前者に力点を置くと、特に入所型施設ではベッドの利用率が福祉サービスの量的管理で最も重要な数値目標となる。例えば、100床の特別養護老人ホーム（以下「特養」とする）でベッドが80床しか使用されていなければ、利用率は80%で残りの20床は結果的に資源を余らせているということになる。

したがって、可能な限り100%の使用を求めることがサービス管理にとって最も重要であるが、入所者の死亡や入院、退所、その他の事由から現実には100%利用は不可能である（浴風会の特別養護老人ホーム南陽園では97%を目標にしている）。

また、入所者の平均要介護度も重要な指標となる。一般的に、平均要介護度4以上の

※**反省的労働(reflective service)**
対人サービスとして相手との相互作用で行われる思いやりのあるサービスのこと。

※**労働集約的**
一つの財・サービスを生産するために必要になる資源を、機械や工場などの資本と人間の労働に分けたとき、サービス業のように労働比率が高いこと。対照となる言葉は資本集約的。

※**社会福祉基礎構造改革**
2000年前後に厚生労働省によってなされた「措置から契約に」というスローガンによる社会福祉法人制度の大改革。ただし生活保護改革はもちろん、社会福祉法人改革も後回しにされた感は否めなかったという批判もある。

※**政策市場**
一般の財・サービスと異なり自由市場で価格が形成されることなく、政府の政策により価格が決定される仕組み。

※**価格競争**
競争相手の価格に対して自社の商品の価格を下げようとする競争。

入所者を獲得すると採算がとれるといわれる（前述の特別養護老人ホーム南陽園では4・16）。

いずれにしても、特養のような「箱モノ」では、要介護度の高い人々の100％ベッド利用率が理論的上限となる。なお、在宅福祉は地域の利用者がどれだけ確保できるか未知数であり、施設対応サイドの対応能力も限られているので一概に定義づけできない。ただし、伸び代は理論的にほとんど無限であるとさえいわれている。

さて今までの議論では、福祉サービスの品質管理については所与とされてきた。品質の高い福祉サービスを提供し、より高い顧客満足度を獲得することは、福祉サービス管理にとってきわめて重要である。しかしそれは、必ずしも計量的に測定されるものではない。標準的な品質であれば誰からも非難されない。

「ヒヤリハット※」対応などのリスクマネジメント※や苦情解決制度などを生かして、サービスの品質管理への不断の努力を日常的に積み重ねていくしかない。

もちろん、福祉サービスの主な担い手は専門職なので、社会福祉士や介護福祉士などの福祉職に加え、PT※（理学療法士）、OT※（作業療法士）、ST※（言語聴覚士）などのリハビリテーション専門職や看護職などの有資格者の充実が不可欠である。

1987（昭和62）年に「社会福祉士及び介護福祉士法」が公布され、日本ではじめて福祉職の国家資格化が図られたが、その存在がなければ現在のような高水準の福祉・介護サービスは得られなかったと推察してもかまわないだろう。この四半世紀における福祉現場の輝かしい変貌をみれば明らかである。

優れたケアサービスを提供しているところは、有資格者の充実だけでなく、福祉現場で

※品質競争
財貨・サービスのよりよい品質を求めた競争。

※コストダウン競争
価格競争では一般的だが、価格競争がみえない場合でも、一定の効果をできるだけ低いコストで実践するために非営利組織でも存在する競争。

※ヒヤリハット対応
施設サービスや在宅サービスで事故や感染症などで、従業者や利用者がヒヤリとしたり、ハットすることが起こるが、それを予防するか、そうなった場合に迅速、的確に対応すること。

※リスクマネジメント
第Ⅳ部第1章第4節（76頁）を参照。

※PT（physical therapist）
理学療法士。

※OT（occupational therapist）
作業療法士。

※ST（speech therapist）
言語聴覚士。

の不断の研修やサービス業務研究などを怠らず、日常的にチームワークで組織的に対応しているところがほとんどである。

サービス管理は財貨の生産管理と異なり、サービスを担う人々の人事・労務管理と密接不可分であることは当然である。

第4節　人事労務管理

人事労務管理は、福祉サービスの在り方にとって最も重要なものである。それは福祉サービスのほとんどが、直接的に人によって提供されているからである。ただし、それらは労働組合対策や労務対策などという単純なものではなく、福祉サービスを担う人々の総合的な対応を意味する。また単に給与水準や待遇条件を上げればよいというものでもない。

まず、福祉サービスにおいて標準的な基準を満たすために、最低限の人材確保が必要不可欠である。その後、サービスの充実に向けてさらなる人材確保が図られなければならないが、現在の雇用情勢ではきわめて困難である。

人材確保は、景気が低迷している時期には社会サービス分野が安定的という評価から、比較的容易にできるだろう。ところが、全体として景気が回復すると他産業へ労働力が引きつけられて、困難になる。

福祉現場の人事・労務管理では、職員の適切な労働条件を保証し、キャリアパス※などを通じて仕事のやりがいを実感でき、専門職としての成長を可能とする職場環境をつくるこ

※キャリアパス
ある職務や職位・職階に到達するために必要な業務経験及び到達までのルートのこと。

とがまずもって必要である。

そのためには、給与やその他の労働条件も関与するが、より十分な研修や※福利厚生の充実も重要である。

とりわけ私の印象では、優れた実績を上げている社会福祉法人では例外なく職員研修が意欲的に行われている。外部研修の活用のみならず内部研修の体制が整っていて、職員の向上意識も大変高いと感じている。さらに人材の能力の正しい評価※（人事考課）も不可欠である。

人事・労務管理は決して単純なものでないが、福祉経営学的には、適切な※人件費比率の維持も必要である。通常の施設では、約3分の2を超過しないようにすることが目標とされている。

ちなみに浴風会全体では64％で3分の2近くが人件費となっている。人件費比率の達成には、各事業部門の業務条件の改善や省力化対応なども図られなければならないだろう。

また、労働条件に関しては福祉サービスでは女性職員の比重が高いため、※育児・介護休業法（1991（平成3）年）の度重なる改正により職員の育児・介護休業はとりやすくなってきたものの、法人内の保育施設整備や※産休代替職員の確保などの積極的対応も求められている。

近年では、対人サービスによる心身の慢性的疲労からバーンアウト※（燃え尽き症候群）が起こることで継続雇用が困難になることを避けるため、職員の※ストレスチェックやメンタルヘルス対策が重要視されるようにもなった。きめ細やかな職場対応も必要となってきている。

※福利厚生（fringe benefits）
通常は法人の法定内福利厚生（社会保険への企業負担）と法定外福利厚生に分かれ、通常の賃金・給与にプラスした多様な福祉的対応。

※人事考課（personnel evaluation）
職員の業績、能力を組織的に調査し、格付ける制度。国家公務員ではすべての分野において義務づけられている。なお、90頁及び161頁を参照。

※人件費比率
サービス経費のうち、人件費が占める割合のこと。

※育児・介護休業法
「育児休業、介護休業等育児又は家族介護を行う労働者の福祉に関する法律」の略称。

※産休代替
女子職員が出産のため、一時期休職するのに対し、代替要員を一定数確保すること。近年では必ずしも女子のみが代替要員とならない。

いずれにしても、やりがいのある職場がよりよい福祉サービスを保障するのである。社会福祉法人のトップ（理事長、代表理事など）はサブリーダーと十分な連携を図り、労働組合や職員組織との良好な関係を築きつつ、働きやすい職場環境をつくることに注意を怠ってはならない。

第5節　施設設備管理

いうまでもなく、福祉サービスを提供する社会福祉施設は利用者が生活する場所（生活空間）である。同時に、職員の働く場所（就労空間）でもある。

今日では、施設や設備は関係法令に適合していることは当然として、加えて安全で使いやすく、頑丈で長持ちすることが求められる。従来のような狭隘な収容施設としての色彩は嫌われ、居室の個室化やユニットケア※が重要視され、アメニティ（快適性）が設計段階から維持保全の段階まで重要視されるようになっている。

これまで福祉業界では、人によるサービスが重要視されるあまり、施設・設備などのハード面が軽視される傾向にあった。しかし、人手不足の社会情勢だからといって、ハード面の役割を軽視するのは決定的な誤りである。今後21世紀を経てさらに改善されていくべきだろう。

私の経験では、時代的に新しく建った施設等が、既存施設と比較して機能的にも外観的にも優れているといった印象は否めない。

施設を建築した後の、設備の維持管理・保全は特に重要だ。わが国は高温多湿で、風水

※燃え尽き症候群
対人サービス部門で働く職員が過労の余り、自分を消耗してしまう病理現象。

※ストレスチェック
ストレスチェックは２０１４（平成26）年の改正労働安全衛生法で定められた。職員の精神保健に関するチェック機能を有し、すべての法人に義務づけられている。

※ユニットケア
施設環境を家庭的な小規模ユニットに分割して、入居者の生活リズムを尊重した支援。２０１１（平成23）年に厚生労働省から委託を受け日本ユニットケア推進センターが発足した。

害や地震多発の地域ということもあり、①法定建物管理労務、②建築一般の保全・点検、③建築付帯設備の保安・点検を怠ってはならない。いざというとき、国の災害救助法の適用や民間補助金に期待するところも大である。

施設の維持管理で最も重要なテーマは、安全性の確保である。特に異常気象による突発的災害や外的原因による事故災害の発生を想定し、日頃から体系的な整備を図っておく必要があるだろう。

かつて施設における福祉用具といえば、利用者の生活支援というよりも、施設で使用する浴槽や洗濯機などを意味していた。しかし、今日では福祉用具は利用者や地域の人々の生活支援機器として重要な役割を担っている。そうした意味では、毎年1回、東京ビッグサイトで開催される国際福祉機器展※は歴史的に大きな貢献をしたといえる。

特例を別にすれば、施設における福祉用具としては、①起居関連用具（ギャッジベッドなど）、②移動関連用具（車いすなど）、③移乗関連用具（スライディングボードなど）、④排泄関連用具（ポータブルトイレなど）が一般的である。

なお近年ではペット型介護ロボット※なども人気が出ている。ただ、福祉用具導入に前向きの対応は結構だが、予算面の準備や相談要員の配置などを怠れば、宝の持ち腐れになりやすい。

わが国の科学技術は大きく発展が見込める。これは施設設備管理にも関連してくる。社会福祉は、科学技術の恩恵を最も得にくい分野と誤解されることもあるが、正反対といっていい。労働力不足の状況下では特にである。利用者へのプライバシー配慮は必要になるが、例えば、夜間の監視カメラや防災対策などで労働力を省力化、安全対策などにも役立

※国際福祉機器展（HCR）
毎年開催される、全国社会福祉協議会と保健福祉広報協会の主催の福祉機器に関する国際的展示会。1986年に事実上、最初の国際機器展が開催され、今日に至るまで毎年開催されている。

※介護ロボット
介護用に開発されたロボットで、掃除やペットなどの役割を担う。

たせることができるだろう。

福祉施設における設備管理は大変地味な分野だが、将来における技術進歩を呼び込むことで、さらなる発展が大いに期待できる分野であるといえよう。

第6節　財務管理

財務管理は、公益法人に限らず民間営利法人においても、広義的には「法人の資金に関する活動の全般を管理すること」を意味する。

なお、狭義的には財務諸表※（資金収支計算書※、事業活動計算書、貸借対照表※、財産目録）を作成し、当年度の経営管理について第三者による監査を受け、それに基づき財務を健全に管理することを意味する。

このように、財務管理は、①サービス管理、②人事労務管理、③施設設備管理の三つを財務面から統括するものとして、きわめて重要である。

２０１６（平成28）年3月に「社会福祉法人等の一部を改正する法律（以下、改正社会福祉法）」が国会を通過したが、その中心的課題は、社会福祉法人の財務規律の強化など財務管理である。既に、公益法人に関しては社団法人や財団法人の財務改革が先行していたので、社会福祉法人はやや出遅れたが故に、より厳しいものとなったともいわれている。

より具体的にみると、公益性を担保する財務規律については、⑴適正かつ公正な支出管理、⑵余裕財産※の明確化、⑶福祉サービスへの再投下の3点が定められた。

※財務諸表（financial statements）
企業、団体が決算時に作成する会計報告書の利害関心をもつ外部者にその経理状況、財産・負債・資本変動の内容に関する情報を提供するもの。

※収支計算書
一定期間の企業・団体の収入と支出の状態を表わす財務諸表。

※貸借対照表
バランスシートともいい、一定時点における企業・団体の財務状態（資産と負債）を表示する財務諸表の一つ。

※余裕財産
再投下対象となる法定化された法人の剰余財産。

今後の社会福祉法人の財務管理においては、余裕財産が生まれても放置することはできなくなる。各法人は、将来にわたる社会福祉事業の量的・質的拡充や公益事業としての地域貢献事業の充実、職員給与等への待遇改善などを社会福祉充実計画として明確化しなければならない。

ただ社会福祉法人が税制優遇や補助金などで民間企業と比べてイコールフッティング※の観点でそぐわないが故に、いわばオブリゲーション（責務）として余裕財産を再投下しなければならないと後ろ向きに捉える見解には疑問が残る。

仮に余裕財産が現時点で不十分であっても、社会福祉法人の使命として、地域貢献事業などでは将来を見据えて前向きに取り組まなければならないのである。

財務管理は、単年度の経営方針にとって不可欠であるばかりでなく、中長期的な経営方針の一環としても重要である。その際、財務諸表分析から算出された経営指標も、経営方針の科学的根拠を示すものとして積極的に利用していかなければならない。

独立行政法人福祉医療機構※（Welfare And Medical Service Agency：WAM）の社会福祉施設の経営診断※は参考になる。例えば、特養の主な経営指標として13項目を挙げ、全国平均値と当該施設との差を経営診断に役立つようにしている。

もちろん、全国平均値に近いのが優れた経営であるとか、逆に著しい乖離があるのが劣った経営だとか、一概に決めることはできない。望ましい乖離と改善すべき乖離があり、個別判断が不可欠である。

法人トップマネジャーからみると、福祉医療機構（ＷＡＭ）の経営診断は一つの目安と経営改善のヒントに十分なり得ると考えている。

※イコールフッティング
民間企業と比べて、同様なサービスを提供している社会福祉法人が優遇税制（24頁脚注参照）や補助金などできわめて有利なことへの批判として、同等の援助をすべしとする意見。

※福祉医療機構
従来の特殊法人。社会福祉医療事業団が２００３（平成15）年に独立行政法人に改組されたもの。福祉施設や病院などへの低利融資などを行う公的金融機関。

※経営診断
ＷＡＭの『社会福祉施設の経営診断・指導に関する検討会報告書』（２０００年）による。

第7節　経営戦略

2016（平成28）年4月にスタートした改正社会福祉法。これに伴う社会福祉法人改革は、演劇で例えると、今後の社会福祉法人経営にとっての「舞台装置の改革」ということになる。

社会福祉法人による実際の事業経営は、あくまでそうした舞台装置の上に立って行われるものである。よりよい舞台装置が製作されて、よりよい演技がなされる条件が準備されても、演じるのは舞台上の俳優なのであり、俳優の演技能力いかんである。

周知のとおり、経営戦略※（マネジメント・ストラテジー）は、軍事用語を企業経営に適用した概念である。それは1960年代後半から企業社会で急速に流行してきた。

バブル経済までは経営戦略をもたなくても、ほぼすべての企業がそれなりに勝ち組になり得た。しかしその後、右肩上がりの経済成長は終わりを迎え、個々の企業も経営戦略がなければ勝てない時代になってきている。

日本の大企業もようやくそのことに気が付き始めてきたが、社会福祉法人は2000（平成12）年前後の社会福祉基礎構造改革期にはもちろん、2017（平成29）年以降も改正社会福祉法に対応するのが精いっぱいで、法人としての新たな経営戦略をもっているところはごく少数であるように思われる。

まして、当初は消費税10％引き上げ延期による財政難の下で、特に後期高齢者を中心に膨張する福祉需要にどのように対応するのかなど、各法人にとってきわめて困難な課題であった。［しかし2019（令和元）年10月1日以降の消費税率引き上げ後は順調な経営

※**経営戦略**
企業等の経営に関する中長期戦略。

が展開されている。〕

改正社会福祉法によって新たな法人基盤が整備された今、これからは法人の経営戦略を創造的に打ち立てなければならない。私が会長を務める福祉法人経営学会の存在意義もまさに、そこにある。

私ども浴風会の例を紹介すると、創立90周年を契機に新しい法人の基本理念を定めて基本構想を練り直し、創立100周年を目指して作業部会を設けて中期的事業計画（いわゆる中期計画）を検討している。

わが国の社会福祉法人は、1法人1施設が歴史的に多く、約9割は零細企業体質をもっている。そのほうが、法人のトップリーダーにとって小回りが効いて便利な面があるとしても、合理的経営を行うには無駄が多すぎるのではないか。

厚生労働省は、法人の合併や連携を推進する施策をとろうと努力してきたが、遅々として進まない。

考えてみれば、民間企業のようには倒産の憂き目にあわない零細の社会福祉法人にとって、よほどのメリットがない限り合併などは起こらないのは当然である。

私は一つの提案として、中小企業等協同組合法（1949（昭和24）年）に基づき、合併ではなく、新たな協同組合の形成であれば十分あり得るのではないかと考えている。

同法は、企業のみならず公益法人にも適用できるはずである。それにより、一元的事務体制や消耗品の共同購入、研修の共同実施、福利厚生の充実、人材確保と人材活用などが組合を通して行われるようになり、合理的経営に拍車がかかると思われる。

実際には、協同の内容が多様だと思われるので簡単ではないが、少なくとも1法人1施設の経営の限界を突破できることは間違いないだろう。

第8節　戦略的課題

社会福祉法人にとっての戦略的課題には社会福祉事業の発展が含まれるが、今日では当然、それにとどまらない※地域公益事業その他の課題が存在する。大規模社会福祉法人の場合を例にして考えてみると、最低限、以下の6点が挙げられる。

第1に人材確保対策、第2に地域貢献事業、第3に地域包括ケアシステム推進、第4に災害対策、第5に病院経営（または他の病院との連携）、第6に本部機能の強化である。

(1)人材確保対策

社会福祉法人の人材確保対策といっても、給与待遇条件にとどまらず、キャリアパスの仕組みや研修体制、福利厚生、広報の充実など幅広い対応から成り立っている。場合によっては、※人材派遣業（者）の適切な活用も不可欠である。

(2)地域貢献事業

改正社会福祉法に基づき、地域における公益的な取り組みをいわば法的義務として行うことになった。ちなみにコミュニティ・カフェ活動や給食支援、ボランティア支援など多様なメニューがある。これらを財政的に支えるために※「社会貢献勘定科目」（全国社会福祉協議会・※斎藤十朗前会長提案）の設定を前向きに検討すべきである。

(3)地域包括ケアシステム推進

高齢者を中心とする地域包括ケアシステムの構築は、今やすべての市町村にとって戦略

※地域公益事業
改正社会福祉法で定められた地域における公益的事業で、通常は本来事業としての社会福祉事業以外のものを指す。

※人材派遣業（者）
法人に人材を派遣することでリベートを取得して営業する民間事業者。かつては医療で、特に看護師の確保で活躍が顕著だったが、今日では介護職や保育職でも、その活躍が期待されている。

※社会貢献勘定科目
第Ⅵ部第2章第4節（171頁）を参照。

※斎藤十朗（1940～）
元厚生大臣、元参議院議長。社会福祉士法及び介護福祉士法等の生みの親。2007（平成19）年から全国社会福祉協議会（全社協）会長。現在は同会顧問。

的課題となっている。社会福祉法人は、地域包括ケアシステムの構築において中心的な役割を果たすことが求められる（２０１５（平成27）年2月12日「社会保障審議会福祉部会報告書―社会福祉法人制度改革について」より一部抜粋）。地域の公益事業を組み合わせて、「我が事・丸ごと」※の地域づくりに取り組むことが期待されている。

(4)災害対策

改正社会福祉法においても、社会福祉法人がハード及びソフトの両面で災害拠点としての十分な資質を有している。まずハード面では、病院に準じた災害対応も可能である。ソフト面でも、日常的に地方行政と連携がとれ、災害対応が可能な職員が常時いて、災害訓練プログラムなどをもっている。

(5)病院経営（または他の病院との連携確保）

これまで社会福祉法人が経営する病院は、無料低額診療を中心としてきたが、今後は在宅医療に目を向け、地域に開かれた医療を展開するべきであろう。社会福祉法人による病院経営は各地で多種多様ではあるが、介護などとの連携を深めるなど、社会福祉法人らしい手法が求められている。

(6)本部機能の強化

かつて措置制度が中心だった時代は、施設会計はあっても法人会計※は事実上存在しなかった。しかし、２０００（平成12）年前後の社会福祉基礎構造改革を経て、さらに２０１６（平成28）年4月から改正社会福祉法が施行されたことにより、法人経営の主体性を確保する動きが認められた。そのために本部会計の存在が重要視され始めている。

以上の6点が最低限の社会福祉法人の戦略的改革課題であろう。国も地方行政も、今後

※**我が事・丸ごと**
厚生労働者の戦略で、様々な課題を他人事ではなく自らの課題と捉える地域づくりを行う。それとともに、個別課題を各々の専門機関・専門職が縦割りに対応することなく世帯全体の課題を含めて受け止めること。

※**法人会計**
施設ごとの会計ではなく法人本部の独立した会計。

は性悪説からでなく、性善説で社会福祉法人の自主性の発揮を重んじる方向に転換する必要がある。

私ども社会福祉法人においても、社会福祉学界と経営学界の両分野で、これまで未確立の福祉経営学の構築を近い将来に実現しなければなるまい。

以上、本文に先立って多少の重複を承知で福祉経営学のエッセンスをはじめに述べさせていただいた。

（初出）『福祉新聞』２０１８年5月14日号、5月21日号、5月28日号、6月4日号、6月11日号、6月18日号、6月25日号、7月2日号。

なお、一部〔　〕で補足したところがある。

第Ⅰ部

福祉経営学の構築に向けて

第Ⅰ部の概要

福祉経営学の構築は長年にわたり社会福祉学界の悲願であり、私が創設した福祉法人経営学会も時宜にかなったものであることを述べている。

２０００（平成12）年前後の社会福祉基礎構造改革で福祉経営学の開発普及は新たな段階に入ったものの、その後10数年経つまでは社会福祉法人制度改革が問題提起されてこなかった。２０１６（平成28）年３月の改正社会福祉法により、その法的基盤が整備されて、本格的改革の論議はまさにこれからである。福祉法人経営論の従来の暗いイメージを脱して「明るく楽しい豊かな経営」のイメージを創造することが福祉経営の戦略課題である。

第２章で経営学とは何かを明らかにしている。そこでは「金儲け」でなく「顧客満足度を高めること」であるとしている。「金儲け」は、顧客満足度を高めた経営の結果である。ちなみに企業のマネジメントの役割も「金儲け」でなく「顧客の創造」（ドラッガー）である、としている。

第1章

福祉法人の経営

私ごとで恐縮だが、現在2019（令和元）年時点で私は福祉法人経営学会の初代会長として、約5年を経ている。なお「福祉法人」とは、狭義の社会福祉法人に限らず、社会福祉に関わる社団や財団などの公益法人や日本赤十字社などの特殊法人を含んでいる。もちろん、その中心は全国で2万ほどある社会福祉法人である。本学会は、全国社会福祉法人経営者協議会（以下「経営協」[※]とする）のような社会福祉法人の政策的合意形成を図ったり、あるいは法人経営に関わる各種研修などを行ったりする利益集団（インタレスト・グループ）ではなく、社会福祉の経営のあるべき姿を探究する本邦唯一の学術団体（アカデミック・グループ）である。

こうした学会を立ち上げるには、「措置から契約へ」をスローガンとする2000年前後の社会福祉基礎構造改革が契機の一つであった。しかし、それ以前の日本社会福祉学会でも一番ケ瀬康子他編『戦後社会福祉の総括と21世紀の展望（I～III）』ドメス出版、

※**経営協**
全国社会福祉法人経営者協議会の略称。全国社会福祉協議会内に設置された社会福祉法人の経営者からなる全国組織。1981（昭和56）年に発足し、2018（平成30）年には約7800法人で組織され、多様な活動を展開している。

１９９９年）で私がそのⅠ巻の編集委員となり、本邦初の論文「福祉経営の視点」（同Ⅰ巻所収）を執筆したことであった。私のオリジナルな社会福祉学の三相構造（福祉政策―福祉経営―福祉臨床のトリアーデ）（注１）をベースに、わが国の社会福祉学で最も遅れているのが福祉経営論の領域であるとの認識に基づいていたものだ。そこから早急に、社会福祉学界に福祉経営学会（仮称）を創設すべきと問題提起してみた。この問題提起は、ごく一部の社会福祉法人の経営者に刺激を与えたものの、学界がその後20年近くも無視し続けてきた感は否めなかった。ただし社会福祉学界の重鎮であった※一番ケ瀬康子先生の場合は例外であり、『京極高宣著作集』への栞《しおり》「京極さんに聞きたかったこと」で次のような「遺言」というべき提案をしている。

「ところで京極理論のなかで、今後期待することは、福祉経営学をしっかり打ち立てていただきたいということであり、私は、10年余り社会福祉法人の理事長をした経験がある。また今ＮＰＯの推進をしているなかで、必要性そしてその筋道の立て方というのは、きわめて重要なことのように思う。それだけに京極さんの提起されている福祉経営学の体系化を期待したいのである。」（中央法規出版編『福祉文化の探究―京極高宣像を語る』中央法規出版、２００４年、62頁）

そこで私が２０１０（平成22）年7月に社会福祉法人浴風会の理事長に就任した後に、やっとのことで福祉法人経営学会を立ち上げたわけである。

※一番ケ瀬康子（1927~2012）
日本女子大学教授等を歴任し、日本社会福祉学会の会長をはじめ、戦後日本の社会福祉学界の重鎮。

第1節　「措置」時代の終えん

ちなみに、旧措置制度の時代にはいわゆる福祉経営の視点が欠けていた。その理由は行政指導により①サービス対象決定（ニーズ判定）、②サービス提供、③財政負担（一部の費用徴収を除く）を3点セットで行政がすべて担うため、社会福祉法人はいわば措置の受け皿で、その施設は「措置箱施設」※と呼ばれ、自主的な経営を展開することが困難だったからである。そこで行政指導としては、措置費（厳密には措置委託費）がきちんと使われているか否かが最大の関心となり、福祉サービスがいかに地域住民に喜ばれているか否か、またその効率的な経営がいかになされているかなどには無関心になりがちであった。したがって、多くの社会福祉施設経営者がいうように、例えば特に1法人1施設の社会福祉施設は、施設の「運営管理」はあっても法人の「経営管理」は存在しなかったといって過言ではなかった。もちろん、複数の施設を有する大規模法人の経営に至っては、実際上の法人経営陣が日夜苦労を重ねていてもさして問題にもならなかったのである。そこで旧措置制度の時代にあっては、放漫で杜撰な経営で措置費を使い切り、剰余金※の存在が認められないならばよい施設として評価され、逆に効率的な経営で少なくない剰余金を残すのはよくない施設として評価されていた場合もあったのである。そこから例えば、年度末には豪華な応接セットや高級車などを購入し、剰余金を残さぬ福祉法人経営もよいとされた。

ちなみに私は1984（昭和59）年4月～1987（昭和60）年4月まで、日本社会事業大学助教授から3カ年、厚生省社会局庶務課（当時）に社会福祉専門官として「出向」した。その間、社会局の監査記録はすべて克明に目を通したが、その印象はわが国の社会

※**措置箱施設**
従来の福祉措置制度のもとで、いわゆる措置費（措置委託費）の消極的な受け皿となっていた社会福祉施設のこと。

※**剰余金**
福祉措置制度のもとで、措置費を使い切れず残したお金という意味。本来は生じないはずの剰余金は次年度以降に繰り越されるが、場合によっては国庫に返済される性格のものとなっていた。

福祉法人には、法人経営論が存在せず施設運営論がすべてであったことである。大多数の社会福祉法人経営者も国や地方の多くの行政官も、社会福祉実践（ソーシャルワークとケアワーク）を誇る大学教授なども、それがおかしいと疑問すら呈していないようにみえた。

もちろんこうした状況は、先にふれた社会福祉基礎構造改革で大きく変革され、特に経営協の指導者が積極的な経営論を展開するようになった。経営協は社会福祉施設経営者協議会から社会福祉法人経営者協議会に名称変更され、その主要メンバーによる社会福祉施設運営管理論も社会福祉施設経営管理論に変わった（例えば浦野正男編著『社会福祉施設経営管理論（2019）』全国社会福祉協議会、2019年を参照。そこでは社会福祉基礎構造改革以降の状況を反映し、現代経営学のエッセンスも多少盛り込むアップ・ツー・デイトのものとなっている）。

さらに、近年においては経済界から、社会福祉界には多くの参入規制※があり、多額の補助金や優遇税制※の手厚い対応などがあることからイコールフッティングや規制緩和の圧力がかけられるようになった。社会福祉法人もかつての社会福祉基礎構造改革の時期のようなのんびりした状況ではなく、より厳しい対応を迫られた。そこで政府においても、2016（平成28）年3月に社会福祉法等の一部を改正する法律案が国会を通過し、2017（平成29）年4月以降、社会福祉法人改革全体の火蓋が切られたのである。2019（平成31）年4月以降は、新しい社会福祉法の基盤の上で本格的な社会福祉法人経営が開始された。

※**優遇税制**
税法上、特別に非課税ないし軽減税として有利な税制が講じられていること。一般に公益法人は優遇税制が講じられているが、なかでも社会福祉法人はその性格上、最も優遇された税制（39頁**表2**参照）となっている。

※**規制緩和**
社会福祉界で多岐に及ぶ行政の規制がある。例えば特別養護老人ホームの設置は地方行政か社会福祉法人などに制限されており、施設運営経費も施設基準を遵守するものでないと、費用流用ができないなどがある。

第2節　経営管理の必要性

数多くの社会福祉法人は、これまで２０１７（平成29）年4月を目途に、法人定款の変更や監査法人[※]の受け入れなどで「てんてこ舞い」の様相を呈していたが、国や地方の適切な行政指導と経営協による前向きな対応で今のところ、どうにか平穏無事に収まりそうである。そこで、今後の長期的な戦略をめぐっては私どもの福祉法人経営学会の役割もますます大きなものと期待されてくる。

次なる経営協のトップリーダーである浦野正男氏の発言は、経営協のますますの発展への期待とともに福祉法人経営を学問的に高める意義についての鋭い示唆を与えてくれている。

「社会福祉関係者は、クライエント（利用者）の支援（養護、介護、保育、療育、相談援助……）については永きにわたって学んできたが、それに比べて経営管理に関する学びは浅かったと言うべきであろう。経営自由度のほとんどない措置制度のもとではその必要が薄かったということでもあろう。しかし今日の事業環境は、まさに経営管理の学びを必要としている」（浦野前編著（２０１７年）、「まえがき」[※]より）。この学びこそが福祉法人経営論なのである。

さらに浦野氏は、次のような重要な指摘を続けている。

「その際、経営管理の多くの知見は営利組織の分野における研究によって形成されてきたという歴史がある以上、そこから多くを学ぶべきであることは当然である。それと同時に、非営利組織である社会福祉施設だからこそ、必要な経営管理があることにも思慮を及ぼす必要がある」（同上）。

※監査法人
法人の財務諸表が適正に作成され、それに基づいて適正な運営がされているかなどをチェックする公認会計士などからなる法人監査のための法人。社会福祉法人も２０１６（平成28）年の改正社会福祉法で、一定規模以上（例えば年間売上30億円以上）の法人に対し、法人会計を正しく監査するために監査法人の設置が義務づけられるようになった。

※浦野「まえがき」
浦野編著『社会福祉施設経営管理論（２０１７）』の「まえがき」参照。本書は毎年、更新され今日に至っている。

そこで、以下私が、普段考えている私流の社会福祉法人経営論をそれなりに体系化して述べてみることにしたい。なお、私のトップマネジャーとしての浴風会法人経営のエッセイについては、やや古いが法研の『週刊社会保障』で22回「風の村だより」２０１３年４月15日号～２０１５年３月16日号を連載したもの（**表1**）を参照されたい。

周知のごとく私は社会福祉研究の領域では、例えば『京極髙宣著作集（全10巻）』（中央法規出版、２００２～２００３年）やその他の社会保障論で政策論・計画論を中心にいくらか論じてきた。しかし、経営論に関しては学部レベルでの農業経営論や大学院レベルでの経営管理論やシステム工学などを多少かじっただけで、本格的な研究は行ったことはなかった。ただし日本社会事業大学（以下、日社大とする）時代の、１９８２～１９８６年に、私が中心になった日社大社会福祉施設運営研究会で大規模な「民間社会福祉施設運営調査」を敬友・故阿部實教授らの協力を得て行い、措置制度下の収容型民間社会福祉施設の経営実態に踏み込んだ本邦最初の調査に取り組んだことがある（注２）。

いずれにしても、私の福祉法人経営論は多分に、現在の私の立場を反映して、90年以上の歴史のある大規模法人浴風会の理事長として約９年間の実践経験を踏まえたささやかなもので、必ずしも理論的かつ体系的なものでない。しかし、福祉現場に近い、かなりリアルなものとなっていることは、あらかじめお断りしておきたい。

なお、今後の論述に関しては、私ども浴風会を中心に紹介していくが、それは、私が他の優れた法人経営をあえて紹介する立場になく、ましてや他法人の欠点を挙げつらねる立場にない。また浴風会が模範的な経営を行っているといった判断を有しているからでもない。あくまでも現在の私の立ち位置が実際的な分析を行う前提であるからである。

むしろ近い将来の課題として福祉法人経営学会の総力で、改正社会福祉法による社会福祉法人改革の実施状況を踏まえた本格的な福祉経営学講座などを刊行してゆきたいと願っている（注3）。

表1　風の村だより（『週刊社会保障』より）

回	タイトル	掲載号［発行日］
①	医療と介護との連携の悪さ—その1—	No.2723［2013.4.15］
②	医療と介護との連携の悪さ—その2—	No.2728［2013.5.27］
③	地域社会とのつながり	No.2732［2013.6.24］
④	組織の偉大さはトップリーダーによる	No.2736［2013.7.22］
⑤	—まず幹部職員の養成を図る—	No.2743［2013.9.16］
⑥	—トップリーダーの死を悼んで—	No.2748［2013.10.21］
⑦	—ミドルマネージャーの重要性—	No.2752［2013.11.18］
⑧	法人経営にとって在宅ケア推進は生命線	No.2756［2013.12.16］
⑨	地域包括ケアシステムは21世紀型社会保障の姿	No.2761［2014.1.27］
⑩	未来の社会保障の鍵は人材確保にあり	No.2765［2014.2.24］
⑪	社会保障における「連携」とは何か？	No.2769［2014.3.24］
⑫	社会保障の積極的意味を問う	No.2773［2014.4.21］
⑬	社会保障・税一体改革の行方—その光と影—	No.2777［2014.5.26］
⑭	医療・介護改革の長期方向を問う	No.2781［2014.6.23］
⑮	地域包括ケアを阻む既存タテ割り制度	No.2786［2014.7.28］
⑯	危機に応じた進化を！	No.2791［2014.9.8］
⑰	念願の総合センターを開設	No.2796［2014.10.13］
⑱	福祉は人なり—総合センターの人材確保と運営—	No.2800［2014.11.10］
⑲	地域包括ケアへの対応いかん	No.2804［2014.12.8］
⑳	地域包括ケアシステムの発展段階	No.2809［2015.1.19］
㉑	地域包括ケアシステムは誰がリーダーシップをとるのか	No.2813［2015.2.16］
㉒	夢が現実を呼び、現実から新たな夢が生み出される	No.2817［2015.3.16］

第3節　3Kイメージの経営から脱却して

さて、社会福祉法人の経営戦略に関して現代経営学の巨匠、P・F・ドラッカー※の名著『マネジメント（上・中・下）』（上田惇生訳、ダイヤモンド社、２００８年）にちなんで、「第Ⅰ部　マネジメントの役割」「第Ⅱ部　マネジメントの方法」「第Ⅲ部　マネジメントの戦略」という枠組みを大まかな順序として私見を述べてみることにしたい。

なお、本書では、福祉法人の経営（マネジメント）を端的に「福祉マネジメント」と呼ぶことにしたい。これは私の造語であり、必ずしも一般的な規定でないことはお許しいただきたい。

いずれにしても、私の福祉法人経営論が、従来のように福祉現場の３Ｋ（キケン、キツイ、キタナイ）に象徴された「暗く苦しい貧しい経営」のイメージから大きく脱却して、未来に向けての「明るく楽しい豊かな経営」のイメージを創造することを目的として執筆していることは確かである。

現代社会の光と陰の諸課題に前向きに挑戦している社会福祉法人の経営とは、その代表たる経営陣にとって夢と希望を与える学問としての確立が与えられなければならないからである。

※P・F・ドラッカー(Peter Ferdinand Durucker 1909~2005)
オーストリアのウイーンで生まれ、その後アメリカに渡り、数々の大学で教え、コンサルタント活動をしながら、現代経営学の祖となる。また非営利組織経営にも関心を広げた。その主著『マネジメント：課題・責任・実践』（１９７３年）は世界37カ国以上日本だけでも４００万部発行されているといわれている。

第2章

経営学とは何か

第1節 経営学への誤解

一般に経営学は、アメリカでビジネス・アドミニストレーション（"business administration"「経営管理論」）と呼ばれている。それはイギリスでいうソーシャル・アドミニストレーション（"social administration"「社会福祉運営管理論」または「社会福祉経営論」）と対比される。これを日本語でわかりやすく表現すれば、後者が社会福祉で、前者が事業経営なのである。

いうまでもなく経営学は、狭く営利企業の事業経営（business management）に限定されるものでは決してない。民間企業に限らずあらゆる事業運営を、組織を生かして、限られた可能な資源でより大きな効果を生むように管理するものだからである。しかし、近年の経営学は狭義の経営の科学としての経営科学※を意味するようになってきたと思われる。

※経営科学（management science）
営利事業に限らず、あらゆる組織の経営に関する数量的手法による学際的な総合科学を意味する。

ところで、経営の概念に関する大きな誤解がそもそも二つある。

その最大のものは、経営は「儲けること（利益を得ること）」、具体的には「金儲け」であるという偏見である。もちろん、営利企業にとって金儲けとしての利潤獲得は第一義的な目的とはなるが、営利企業にとっても、何も利潤極大化※だけが経営のすべてではない。例えば、よりよい品質の製品やサービスをつくり顧客満足度を高めることがまず重要である。次いで待遇条件などによる職員満足度なども追求されねばならない。したがって、しばしば誤解されるように株主への配当の満足度のみが追求されれば、経営は大変ゆがんだものとなる。さらに近年、企業は利益の追求だけでなく、環境保護・人権擁護・地域貢献など社会的責任を示すべきである経営理念としてのCSR（企業の社会的責任）が企業目標の一つに数えられるようになっている。また、災害や事故などによって企業活動が一時的に危機に陥っても、その後立ち直って継続的に活動を再開する方策であるBCP※（事業継続計画）の作成も企業の最低限の責任に数えられる。

このように営利企業においても、「金儲け」はマネジメントの唯一の目的でも目標でもない。ましてや非営利組織にとっては、事業収支差がマイナス（赤字）にならないことに留意するのは当然であるとしても、「金儲け」は第一義的な目的では全くない。もちろん、後に詳述するように非営利組織にとってYWCA※や組合などの団体運営を円滑に進めるマネジメントと、医療や福祉サービス、あるいは教育サービスなどの公共サービスを合理的に経営するマネジメントとは、目標も手法も相当に異なる。後者は公共サービスのビジネスマネジメントとして営利企業のマネジメントに酷似しており、唯一の違いは、営利を第一義的な目標としているか否かである。

※利潤極大化
総収入と総費用の差である利潤を極大（最大に）すること。利潤目的の営利企業が最大限の利潤を得ようとする行為を指す。しかも企業経営にとっても一義的目標ではない。

※BCP
business continuity plan の略。事業継続計画のことで、21世紀に急速に発達した企業戦略。

※YWCA（young woman's christian association）
キリスト教女子青年会のことで、戦前アメリカで派生し、戦後全世界に普及したボランティア組織。YMCAに対抗する。

その次なる誤解は、現代経営学の巨匠であるドラッカーが指摘する「利益と社会貢献は対立するとの謬見」（注1）である。なぜかといえば、企業は高い利益を上げてはじめて社会貢献を果たすことができるからである。倒産する企業は、働くには適したところでもコミュニティのよき隣人とはなり得ない、というのがドラッカーなどの主張である。

いずれにしてもマネジメントの役割は、営利企業にとっても非営利組織にとっても基本的に変わりはない。すなわち、組織の合理的な運営によってより少ない資源（費用cost）でより大きな効果（performance）を合目的に達成し、かつそれを中長期的にも持続的に実現することである。したがって、社会福祉法人の経営においても、営利企業と共通するマネジメントの役割と機能があるという点をまず確認することから始めなければなるまい。福祉経営学は、いわば経営学の単なる応用にすぎないところがある。その上で、社会福祉法人のような非営利の公益組織の特性を十分に踏まえた経営戦略が打ち立てられなければならないだろう。

にもかかわらず、ドラッカーが名著『マネジメント』※で次のように指摘していることは忘れてはならないことである。

「手本となるものは企業のマネジメントである。マネジメントを論ずるには企業を真ん中にもってこざるをえない」（注2）とすれば社会福祉法人は企業のマネジメントを大いに学ぶ必要がある。

※ドラッカー『マネジメント：課題・責任・実践（上・中・下）』（上田惇生編訳、ダイヤモンド社、1975年）
本書は、ドラッカーによるマネジメントの集大成（上田惇生）といわれている。

第2節　企業のマネジメントの役割

企業とは何かを知るためには、企業の目的から考えなければならない。それは決して金儲けではなく、一言でいえば「顧客の創造」だということである。そのために企業はあらゆる活動をしなければならないが、ドラッカーによれば、利益至上主義は禁物であり、「利益とは目的ではなく結果である」（注3）ということである。

ところで企業をマネジメントするということはどういうことか。それは、ドラッカーにより次のように端的に指摘されている。

「企業の活動とは、マーケティングとイノベーションによる顧客の創造である」（注4）

ちなみに「マーケティング」※とは、企業の行う市場活動のすべてをいい、単なるセールス（販売活動）とは異なる。マーケティングとは、消費者の動向を調査し、消費者の求める商品を企画して、広告などの販売促進活動を展開し、最も理想的な販売活動によって、これを総合的かつ計画的に販売しようとするものである。マーケティングを企業特有の機能と考え、顧客の創造を経営者の任務と考えるのは、ドラッカーもそうだが、それ以前に１９５０年代、C・H・マコーミック※が最初であるといわれている。わが国には１９５０年代後半になってマーケティングが取り入れられるようになったが、各企業によるマーケティングは大きく分けて、市場調査、製品計画、販売計画、販売促進、販売管理の5分野から成り立っている。

特に１９６０年代以降は、コマーシャリズムの高まりに対する企業側の対応として、ソーシャル・マーケティングの考え方が広まりつつあり、企業は目先の短期的利益を追求

※マーケティング
顧客ニーズの充足を目標とした、一切の企業活動。市場調査を行い、製品計画を立て、市場へのコミュニケーションによって需要の顕在化、及び製品供給などを行うこと。

※C・H・マコーミック（Cyrus Hall McCormick　1809～1884）
イギリスの収穫機の発明者で企業家。マーケティング手法を最初に展開したといわれる。

するだけでなく、消費者全体の活動の向上という長期的社会的視点に立って活動しなければならないとしている。

また「イノベーション」とは、J・A・シュンペーター※による造語で、主として技術革新の意味で使われるが、それだけでなく、新市場や新商品の開発、新資源の獲得、生産組織の改革あるいは新制度の導入を含む新機軸をいう。シュンペーターはイノベーションを経済発展の最も主要な原因であるとしているが、ドラッカーは先にみたマーケティングと並んで企業のマネジメントの最も重要な役割とみている。

いずれにしても、ドラッカーによればマーケティングとイノベーションによる「顧客の創造」が企業のマネジメントの第一義的役割である。

ところで、創造された顧客は何を求めるのかが次の課題となる。

ドラッカーは、顧客が製品を買うものだという世間の常識に反論して次のようにいう。「顧客が買うのは製品ではない。欲求の充足である。顧客が買うものは価値である」(注5)

さらに顧客が満足を得られていない欲求を追求することが企業の成長につながる。

また、ドラッカーは次のようにもいう。「最初に消費者の欲求のうち、〝今日の財やサービスで満たされていない欲求は何か〟を問う必要がある。この問いかけを発し、かつ正しく答える能力をもつことが、波に乗るだけの企業と成長する企業との差になる。波に乗っているだけの企業は、波とともに衰退する」(注6)

私は必ずしもドラッカーの完全な信奉者ではないが、彼の指摘は、企業にとってのみならず、公益法人にとっても、なかんずく社会福祉法人の福祉サービスの在り方にも大きな示唆を与えてくれる。

※ J・A・シュンペーター(Joseph Alois Schumpeter 1883~1950)
オーストリア生まれのアメリカの大経済学者。ハーバード大学教授でアメリカ計量経済学会の創始者。『資本主義・社会主義・民主主義』(1942年)など著書多数。

ちなみに近年、急成長している全国各地の社会福祉法人は、地域住民の満たされない欲求に広く応えるべく壮大な事業展開を図っており、その結果として、法人の事業規模の拡大が実現しているようにみえる。逆に、地域住民の欲求に無関心でいて現在の利用者の欲求充足にのみ関心をもつ社会福祉法人は停滞を余儀なくされているようである。かつての福祉措置制度のように行政措置の単なる受け皿であった社会福祉法人は、従来の事業の維持のみにとかく関心がいきがちであり、地域住民の欲求（福祉ニーズ）の充足に十分な関心がなされないことから、社会福祉法人の発展が阻害されがちであるからである。

私ども浴風会も他の全国的モデル法人に学んで、21世紀において「地域と共に未来を拓く」を標語として、杉並区民のニーズ充足と主体形成に先駆的に取り組んでいく所存である。

第II部

福祉マネジメントの役割

第Ⅱ部の概要

第1章で福祉法人のマネジメントについて明らかにしており、すなわち、それは⑴従来の社会福祉事業、⑵地域公益事業、⑶付帯的収益事業をプラスの収支差を保ちつつ総合的に運営管理することである。特に法人理事会の役割は重要であり、法人経営のトップマネジャーの役割をもつようになっている。

また、第2章でコーポレート・ガバナンスの意義について述べており、団体統治（企業統治）は福祉施設の運営管理より幅広く、福祉法人全体の統治が重要となっている。特に法人全体で余裕財産が生じたら、法的義務として地域公益事業等へ投資する計画を立てなければならないが、ここで注意を要するのは、地域公益事業へは、地域の福祉ニーズ充足のために収支差いかんにかかわらず、福祉法人の使命として関わるべきである。また法人運営といったコンプアイランス（法令遵守）は社会福祉法人においても例外とされない。

第1章 福祉法人のマネジメント

第1節 福祉マネジメントの意味

社会福祉法人のマネジメントも企業のマネジメントと本質的には大差はない。ただ、演劇の比喩を使わせていただくと、今回の社会福祉法改正による社会福祉法人の在り方の変化も経営協の組織的対応も、ある意味では、「舞台装置」の改革であるということである。社会福祉法人による実際の事業経営は、あくまで、そうした舞台装置の上に立って行われるものである。その演技は演出家（トップマネジャー）の指揮の下で各俳優（スタッフ）が演技（福祉サービス）を競いあうもので、それが実際の経営であろう。よりよい舞台装置が製作されても、演じるのは、あくまで舞台の上の俳優（演技者）なのである。そこには社会福祉法人か民間企業かを問わない、マネジメントに共通のものがある。大胆にいえば、違いは舞台装置の相違にすぎないのではないか、ということもできる。

　さて、ここで舞台装置としての社会福祉法人の経営特性について考えてみることにしよう。社会福祉法人は、社会福祉法第22条に規定された「社会福祉事業を行うことを目的として」設立された非営利の公益法人である。特に特別養護老人ホームなどの第一種社会福祉事業は、同法第60条で「国、地方公共団体又は社会福祉法人が経営することを原則とする」と厳しく規制されている。広く特別養護老人ホームとしての社会福祉事業をみても、その90％以上は社会福祉法人が設置経営しているものである（**表1**）。公営はわずか6％にすぎない。なお、保育所においても私営（特に社会福祉法人）は5割を超えている。これは、今後も社会福祉施設の経営は社会福祉法人が中心として続くことを示唆していると思われる。

　さらに2016（平成28）年の社会福祉法改正で、社会福祉法人は主たる社会福祉事業のみならず地域への社会貢献が義務づけられ、いわゆる地域公益事業を行わなければならなくなった。

　そして社会福祉法人が経営する事業は、次の3種類となる。すなわち⑴従来の社会福祉事業、⑵地域公益事業、⑶付帯的収益事業である。このうち事業収益に関しては、⑴と⑵が非課税となり、⑶が減額課税となる。さらに、国や地方公共団体からの助成金のほかにも、固定資産税[※]その他優遇税制がなされているのが社会福祉法人の特性となっている（**表2**）。社会福祉法人はNPO法人と比べても、道府県民税及び市町村民税においても固定資産税においても非課税として優遇されている。

　その他社会福祉法人に関しては、社会福祉法人改革で従来の法人定款の変更を大きく行うことになっているが、社会的バランスからみて財団法人・社団法人などの他の公益法人

※**固定資産税**
土地・建物等の固定資産に関わる課税。

表1 社会福祉施設の経営主体

施設の種類 / 経営主体		特別養護老人ホーム		保育所	
公営	国・独立行政法人	—	—	1	0.00%
	都道府県	50	0.70%	2	0.01%
	市区町村(広域連合・一部事務組合含む)	352	5.20%	8,970	39.00%
	公営施設小計	402		8,973	
私営	社会福祉法人(うち社協)	6,335 (10)	94.00%	12,174	52.90%
	社団・財団・医療法人・日本赤十字社他	7	0.10%	46	0.20%
	その他の法人等注1)	—	—	1,799	7.80%
	民営施設小計	6,362		14,019	
合計		6,764		22,992	0

注1：学校法人、宗教法人、NPO、営利法人及び個人を含む
注2：特別養護老人ホームについては、「平成26年介護サービス施設・事業所調査」にある『介護老人福祉施設』の数値
注3：保育所については、「平成26年社会福祉施設等調査」(平成26年10月1日現在)による

表2 法人主体別の税制

	社会福祉法人 (社会福祉法)	NPO法人 (特定非営利活動促進法)	株式会社 (商法)
法人税	原則非課税	原則非課税	課税
道府県民税	原則非課税	課税	課税
市町村民税	原則非課税	課税	課税
事業税	原則非課税	原則非課税	課税
固定資産税	社会福祉事業の用に供する固定資産については非課税	課税	課税

注：筆者作成

と比べても、一層規制が厳しくなされている。優遇税制を一つとっても、他法人と比べて有利なので社会貢献などに全力を尽くさなければならないだろう。

ただ、今後の社会福祉法人経営で、効果的かつ効率的な経営により、プラスの収益差が生じた場合は、事業の再拡大計画※が法的に義務づけられる。もちろん当分の間、そうしたプラスの収益差がある社会福祉法人はごく少数（２０１９（令和元）年11月現在、１割弱）であることが見込まれる。それにもかかわらず、これまでの社会福祉法人が守りの姿勢で経営を行ってきた古い体質であると同時に、プラス収益差を生じにくくさせる悪しき規制が現在もなお数多く存在していることも看過できない。

ちなみに同じ効果の福祉サービスなら、そのコストは通常より少なくてよいのが市場原理だが、浮いたコストの在り方への規制はいまだかなり多く残っている。例えば、福祉用具や電子化などで、浮いた人件費コストを活用する方途が必ずしも十分でなく、それを法人経営に活用できない仕組みなどが残っていることもそれにあてはまる。

※再拡大計画
２０１６（平成28）年の改正社会福祉法では、余裕財産が生じた場合、法的義務として、社会貢献などのための再投下計画が定められている。

第2節　社会福祉法人理事会の役割

既にふれたように措置制度の下では、施設会計はあっても法人会計はほとんど存在しなかった。なぜなら、行政措置はあくまで施設への措置費を投入することで、その措置費をいかに有効に管理運営するかは施設長の権限だったからである。従来は1法人1施設において理事長は、しばしば無給の名誉職として位置づけられ、事実上は特定の施設長が常務理事などとしてトップマネジャーの位置にいたのである。

　しかるに、近年、法人理事長の法人経営への責任が議論されて、評議員会が選定する理事がトップマネジャーの役割をもつようになってきた。特に業務担当理事が事実上、当該事業部門の経営責任者（トップマネジャー）として位置づけられてきている。さらに今日の社会福祉法人改革においては、法人経営の責任は理事長以下、理事会（特に業務執行理事）が担うとされることから、理事はトップマネジャーの地位に就くことになる。したがって、1法人複数施設においては、施設長は理事でない場合、必ずしもトップマネジャーではなく、その施設を管理する業務担当理事がトップマネジャーということになる。こうした理事会が、社会福祉法人の最高経営陣（CEO）[※]として法制上でも位置づけられよう。かつての旧措置時代と異なり、法人会計は施設会計に優先され、その管理責任は理事会に委ねられる。その場合の施設長は、利用者へのサービスのスーパーバイザーであることは従前どおりだが、施設の運営管理者として必ずしもトップマネジャーではなくなりミドルマネジャーとして位置づけられ、トップマネジャーからなる理事会の管理監督下に置かれる。もちろん、実際の施設運営が法人経営にダイレクトに影響を与える以上、仮にトップマネジャーではなくなっても、その役割はきわめて重要である。これは、仮に大企業メーカーの株式会社において、その傘下の工場長が必ずしも常勤役員には就かなくても、ミドルマネジャーとして重要な役割を果たすことと同じである。ただし大企業（メーカー）では、メインの工場長が常務取締役としてはトップマネジャーの地位を与えられているのは社会福祉法人の施設長と同様である。したがって、社会福祉法人の理事会では、従来のように年度内の会計などの決定や年度事業報告や決算案の形式的承認にとどまらない、実際的な社会福祉法人の経営方針を決定する機関となってきている。一方、従

※CEO
chief executive officerの略。最高経営責任者の意で、必ずしも社長ないし重役という法人上の地位でなく、実質的な経営責任者を指す。

来、理事会との役割分担が必ずしも明確でなかった評議員会は、今回の改革であたかも国政上の国会に相当し、執行機関の内閣（法人本部）を監督、先導する役割をもつことが期待されるものとなっている。

さて、従来の社会福祉施設運営管理論では、当然ながら施設長をトップマネジャーとみなしていたが、今後は異なる。現在、社会福祉施設経営管理論ではいまだ、施設長＝施設経営者（トップマネジャー）という過去の遺物が残るとはいえ、今後、施設長は基本的には施設の運営管理者であっても、法人の経営管理者（トップマネジャー）では必ずしもなくなってくる場合もあり得ると思われる。その意味では、理事長、常務理事、業務執行理事等の責任は、一般的な施設長などの役割と区別されて、これまで以上に大きなものとなってくるだろう。

大規模法人は、幹部職員の構成がきわめて重要であり、単に生え抜き職員だけからでなく、行政ＯＢや企業ＯＢなどの中途採用の職員を抜擢することも有効である。ちなみに私ども浴風会では、行政（厚生労働省、東京都、杉並区）のＯＢ、企業や大学からの中途採用者なども幹部職員の構成に加えていて、法人経営にとってきわめて有効なものとなっている。

第2章

コーポレート・ガバナンスの意義

第1節　コーポレート・ガバナンスとは？

※コーポレート・ガバナンスは、企業の場合は「企業統治」と訳され、企業そのものを誰がどのように統治するか、特にその中心的課題である経営者（経営陣）をチェックすることを意味する。端的には「企業を経営する経営者を統治する、ここがコーポレート・ガバナンスの中核なのである」（注1）。この概念は、なぜか既に参照したドラッカーの名著『マネジメント（上）（中）（下）』（上田惇生訳、ダイヤモンド社、2008年）ではほとんど言及されていない。その原典であるP. F. Drucker, "Management : Tasks, Responsibilities, Practices"（1973）が出版された頃は、ガバナンスは余り問題とされておらず、ドラッカーもせいぜい複数事業を経営する大企業のマネジメントに限定した議論をしているかにみえる。

※**コーポレート・ガバナンス**
企業統治のこと。個別事業分野だけでない法人の全体的統治を指す。

しかし、コーポレート・ガバナンスは、広い意味でのマネジメントの裾野を構成するものの、企業マネジメントとは異なる（注2）。

そこで、前章で述べた演劇の舞台の比喩を使えば、企業のガバナンスは、耐震構造などの安全管理やその他公共的視点からの安全性の確保などを担う演劇場の全体設計と総合運営である。企業のマネジメントは演劇場の中で行われる舞台上の演技、すなわち経営者によって行われる事業活動の統治行為である。他方、コーポレート・ガバナンスは、その経営者（ないしは経営陣）に対する全体的チェック機能（演劇場の全体設計と総合運営）なのである。したがって、企業規模が小さく企業群も少ない従来の経営においては、企業のマネジメントのみでも事足りたが、近年のように、企業規模が大きく企業群も大きい経営においては、ガバナンスが必要となる。例えば、個々の事業では一見成功しているようにみえても、大企業に企業不祥事※が発生したり、企業買収の餌食になったりすることなどが起こりやすく、1980年代から1990年代のアメリカではコーポレート・ガバナンスへの関心が俄《にわか》に高まった。また、1990年代以降、ヨーロッパ諸国や日本でも多数の企業不祥事が発覚し、経済的停滞が続く中でコーポレート・ガバナンスが注目されるようになった。

そこで、このコーポレート・ガバナンスの主権者は誰か（誰が企業を統治するのか）という問題は、「会社（企業）は誰のものか」という問いに置き換えられ、日本でも多くの議論を呼んできた。

国際比較からいえば、アメリカでは会社は株主のものであるというイメージが強く、ドイツでは会社は株主と職員という二元的所有のイメージが強いのに比べ、日本ではドイツ

※**企業不祥事**
企業の株買い占めによる乗っとりや内部不正、不正な独占行為、不良商品の隠蔽など、反社会的企業行為を指す。

以上に株主、職員、顧客、銀行などという多元的イメージが強いともいわれている。
いずれにしても、こうしたコーポレート・ガバナンスの議論は、社会福祉事業を複数経営する大規模な社会福祉法人にも、今日では不可欠なものとなってきている。

第2節　社会福祉法人のガバナンス

社会福祉法人のコーポレート・ガバナンス（以下「社会福祉法人のガバナンス」とする）は、企業の場合と同様に「社会的ルールを遵守し、公正かつ適正な経営を可能とする実現性のある組織体制を構築すること、そのためにその組織を統治すること」（注3）といえる。

しかし社会福祉法人の場合は、企業のように株主が存在せず、それに代わって評議員に代表される当該地方自治体、地元利害関係者や地域住民などが存在する。したがって、ある意味では評議員会が法人統治の役割を担うといえる。

他方、企業の取締役会（またはＣＥＯ）の代わりに社会福祉法人における理事会が執行機関として存在する。また法人の監督は会計監査人（注4）及び監事の機能として位置づけられている。

ここで、今後における社会福祉法人のガバナンスを簡単に図示にすると以下のようである（**図1**参照）。

まず、法人内部の機関については、従来のように評議員会の役割は理事会の単なる諮問機関ではなく、必置の議決機関となっている。評議員会は理事会で検討され提出された議

図1　社会福祉法人のガバナンス

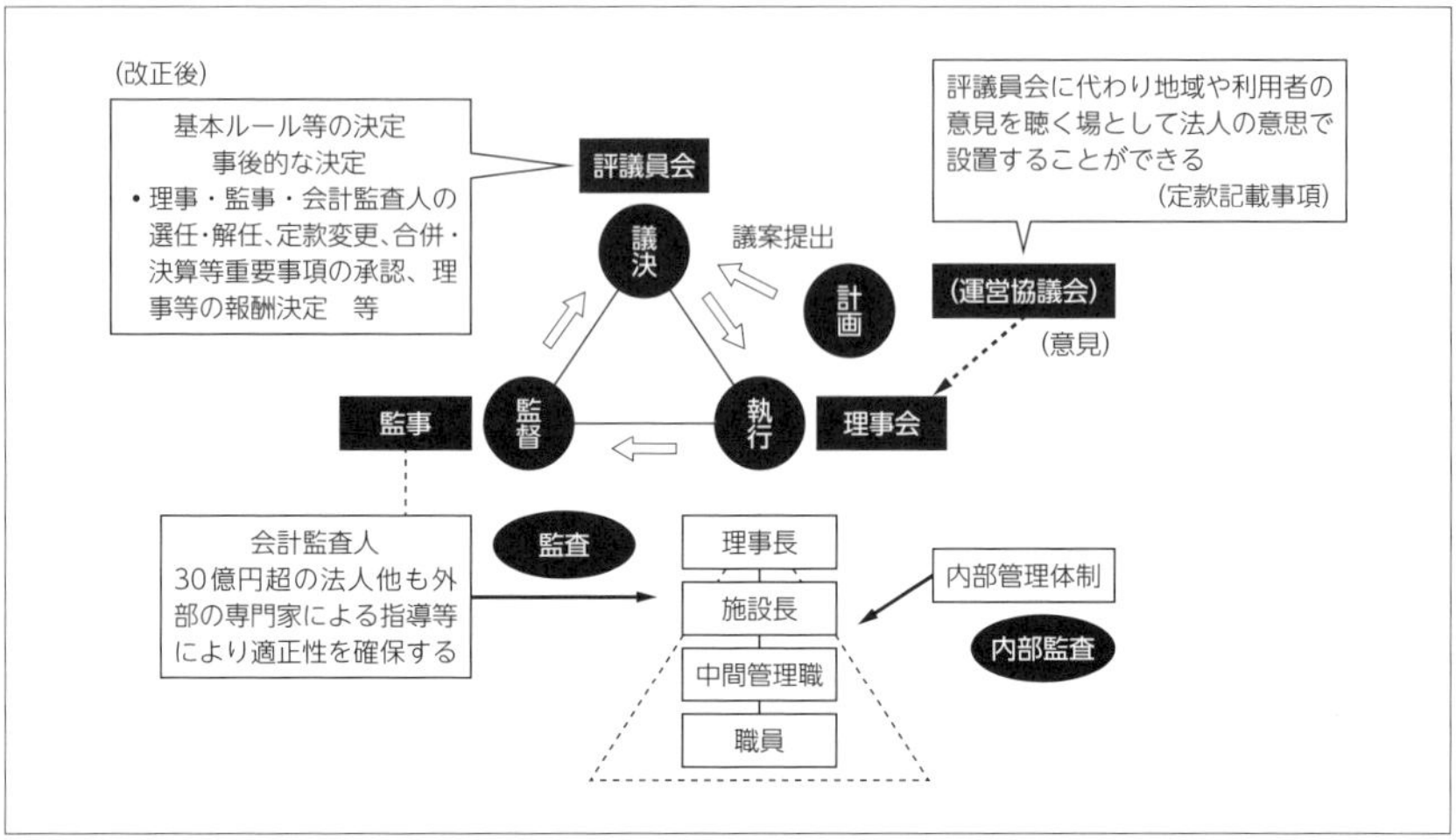

（出典）『（社会福祉学習双書2017）社会福祉概論Ⅱ』全国社会福祉協議会、2017年、205頁

案を決議する役割をもつことになる。決議すべき事項は、定款にある法人の基本ルール等の重要事項や、決算、事業報告書等の決定などである。具体的な内容としては、理事監事、会計監査人の選任・解任、役員報酬等の決定などもある。評議員会は、法改正後は法人の最高議決機関であることから中立公正な立場から審議を行える構成員からなり、理事及び職員との兼任は認められない。その人数は、理事数プラス1名以上を原則とする。

また、理事会は理事長を中心とする執行機関の役割をもっており、法人職員からなる業務執行理事などは企業でいうCEOの役割を担い、経営の最高責任を負うものとされる（注5）。

一方、社会福祉法人のガバナンス

に関連して、公益法人としての財務規則の「適正かつ公正な支出管理」を行い、内部留保[※]を明確化しなければならない。もちろん、社会福祉法人の内部留保の定義は、これまで必ずしも明確に定まっていなかった。それは、第1に既に土地や建物となっているもの、第2に建物の減価償却や運転資金など社会福祉事業を継続的にやっていくための必要な資産などを差し引いた残額（余裕財産）がプラスであれば、それを社会福祉法人の本旨である福祉サービスに再投下していくことが法的義務とされるようになった。

ところで、私はかつて、これからの社会福祉法人の経営では措置制度では「剰余金」（措置費を使い残した金）という時代錯誤の概念を廃止して、適切な規制緩和により「プラスの収支差（収益）」を生じるように経営改善し、かつそれを有効に使えるようにするべきと主張していた（注6）。

「今日ではいかなる（社会福祉）法人といえども、効果的で効率的な経営によって生み出されたプラスの収支差は、単なる剰余金でなく経営努力の成果物であると言わなければなるまい。とすれば、むしろ将来それを積極的に使ってもしかるべきであろう」（注7）

それから、**図2**のようないわば「3分割原則[※]」で、その3分の1は地域への社会貢献として、次の3分の1は利用者サービスの向上へ、最後の3分の1は職員の処遇改善に使用することが期待されよう。もちろん、この提案はあくまで目安であり、厳密に利益を3等分すべきことを主張しているわけでなく、今後の大まかな方向性を示しているものである。なお基金は〝法人全体〟に設けられるもので、既に浴風会では10年以上前に「浴風会夢基金」として数億円を計上していたが、浴風会高齢者保健医療総合センターの創設でほぼ全額を費やしてしまったが、今後の課題として「夢基金」の再度の充実は重要である。

※内部留保
法人の減価償却や当面の運営資金のために必要な原資を留保して将来に備えること。

※3分割原則
拙著（『福祉レジームの転換』中央法規出版、2013年）で私が提唱した社会貢献・利用者サービス向上・職員処遇改善へ各々3分の1を配分する剰余金の新たな使用法。

図２　社会福祉法人の弾力化

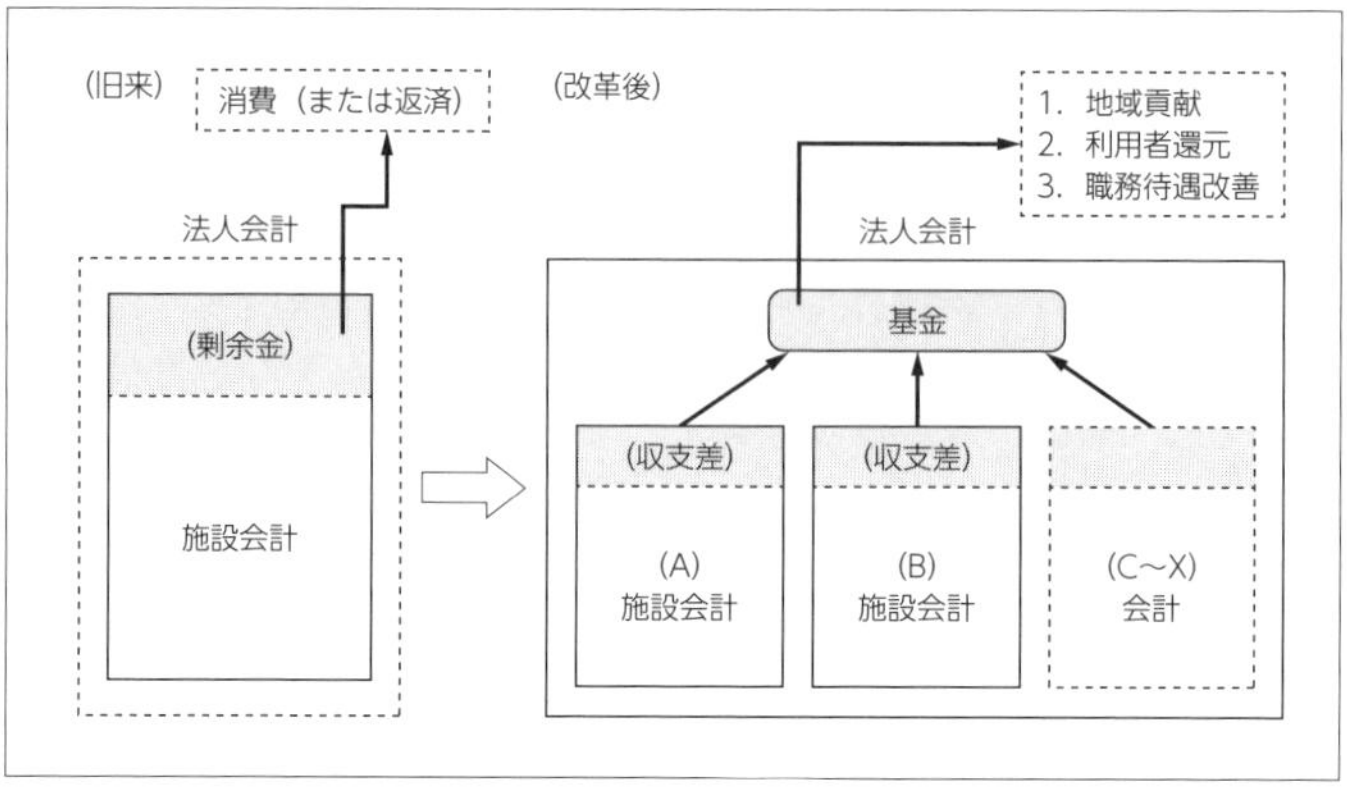

（出典）京極髙宣『福祉レジームの転換』中央法規出版、2013年、117頁

さらに一定規模以上の事業を行う社会福祉法人には、会計監査人（公認会計士または監査法人）の設置が義務づけられ、しかも誤った財務諸表が作成されないよう、幅広い適切な仕方で公開されるようになる。社会福祉法人の経営管理の在り方の見直しと適正かつ公正な支出管理は、公益法人としての社会福祉法人のガバナンス確立の車の両輪となろう（注８）。

また、社会福祉法人は社会福祉事業を主たる事業として実施される法人組織だが、制度周辺に生じた新しいニーズにいち早く目を向け、地域における公益的な事業を行うことが新たに義務づけられる。これは誤解のないように述べておくと、余裕財産の有無や収支差のいかんにかかわらず社会福祉法人の公共的な使命となされなければならない。私見では、仮にプラスの収支差がなくとも、社会福祉法人の使命として一定規模で行うべきである。

「先のガバナンスの強化は、社会福祉法人

が他の主体と比較して相対的にどれだけ公益的な組織となるかといった課題であるが、この課題は、社会福祉法人が本来保持すべき絶対的な価値をもつことができるかの課題である」（注9）。

さらに、社会福祉法人の福祉サービス供給に関しては、２０１４（平成26）年から法人の現状報告書、貸借対照表、収支計算書については、インターネットを通して国民に開示されることになったが、今後は役職報酬基準やその総額、定款、事業計画など法人経営に関する情報も、書類の据え置き、閲覧またはインターネットによる公開が義務づけられるようになる。

いずれにしても、情報公開は、社会福祉法人のガバナンスの発展にとっても、また有効のマネジメントにおいても必要不可欠である。

第3節　社会福祉法人のコンプライアンス

社会福祉のコンプライアンス※（法令遵守）も広い意味でのガバナンスに含まれる。

例えば、施設内虐待は、介護ストレスによる家庭内虐待の場合と異なり、介護職員による密室での犯罪行為であり、何としても防止しなければならない。法的にも２０１５（平成27）年に改正された高齢者虐待防止法で自らの勤務している施設等で虐待を発見した職員は速やかに市町村に通報する義務を負う（同第21条第1項）。また通報者が特定されないように市町村には守秘義務が課せられる（同法第23条第1項）。いずれにしても虐待自体を未然に予防する措置を社会福祉法人が講じ、また市町村の強制力を備えた調査権限を

※コンプライアンス
企業の法令遵守はしばしば、営利活動を優先することからおろそかにされ、法令に違反することが生じやすい。法人として労働基準法や公取法など各種の法令に違反しないようにすることが重要である。

付与しなければなるまい。

また、コンプライアンスには労働基準法の遵守など各種の労働法制を積極的に守ることが含まれ、特に３Ｋ（キケン、キツイ、キタナイ）のマイナスイメージを払拭する取り組みも不可欠である。近年、多くの若者が社会福祉に関心を高め、社会福祉法人に就職するようになっていることに鑑みれば、社会的にかつての暗いイメージを払拭すべきであろう。

また、社会福祉法人は公益法人として率先して会計基準を遵守し、不正経理を根絶し、かつ無報告の過大な役員報酬などを規制しなければならない。

さらに、建物の建築基準等の遵守は大規模災害対策以前の前提として地震多発国であるわが国では特に留意すべきである。

いずれにしても、社会福祉法人においても、⑴コンプライアンスの徹底を経営の基本原則として位置づけ、⑵社会福祉法人としての高い水準のコンプライアンス体制を推進しなければならないだろう。**図3**は、現在の経営協による最も体系的な社会福祉法人のコンプライアンス推進体制を図示している。

ちなみに私ども浴風会の内部管理体制の基本方針ではコンプライアンスに関する管理体制は**表1**のような四つの柱からなっている。

図3 コンプライアンス推進体制（体系図）

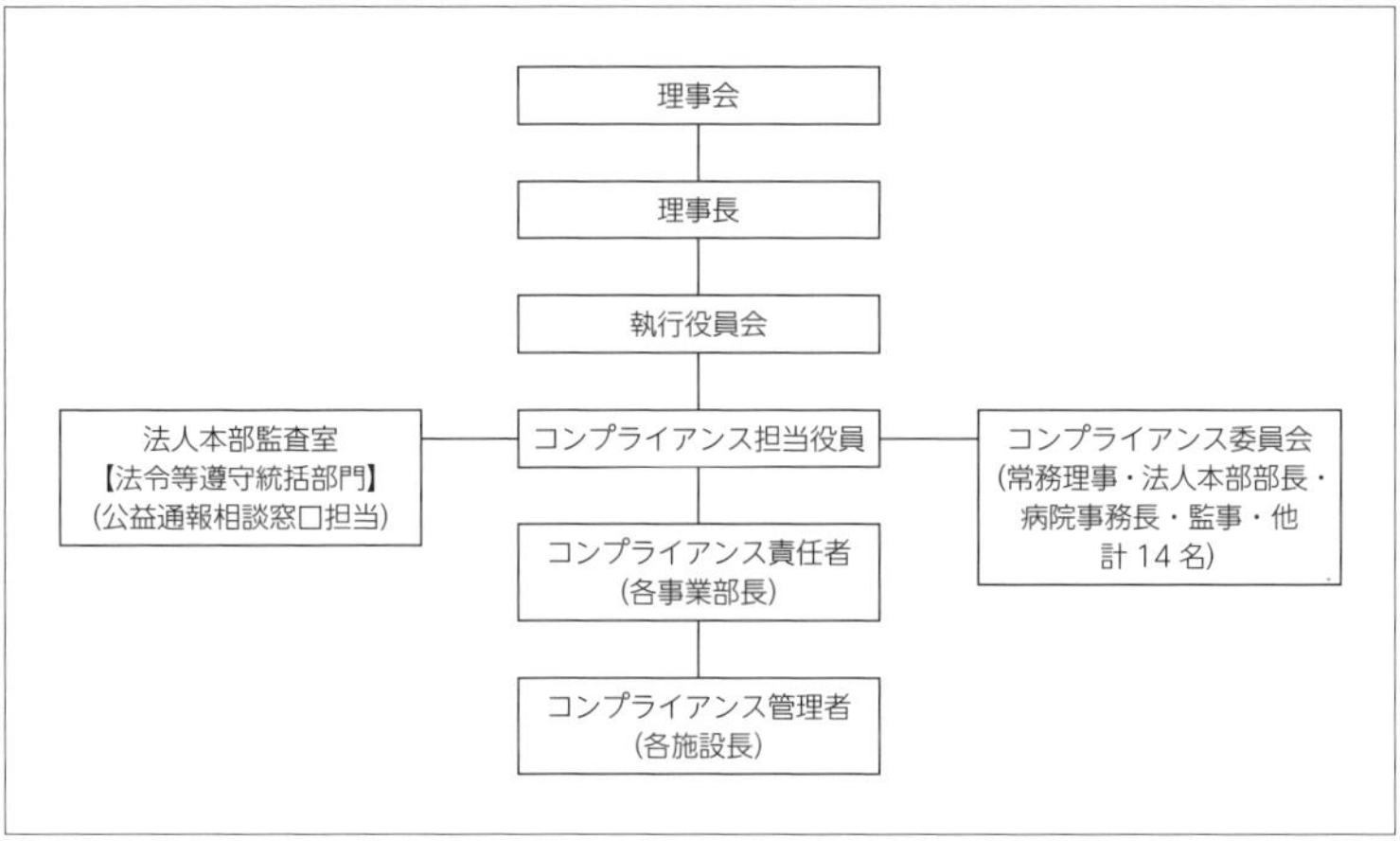

（出典）浦野正男編著『社会福祉施設経営管理論（2016）』全国社会福祉協議会、2016年、335頁

表1 浴風会のコンプライアンスに関する管理体制

① 理事及び職員が法令並びに定款及び当会の規程を遵守し、確固たる倫理観をもって事業活動等を行う組織風土を高めるために、コンプライアンスに関する規程等を定める。
② 当会の全ての役職員のコンプライアンス意識の醸成と定着を推進するため、不正防止等に関わる役職員への教育及び啓発活動を継続して実施し周知徹底を図る。
③ 当会の内外から匿名相談できる通報窓口を常設して、不正を未然防止を図るとともに、速やかな調査と是正を行う体制を推進する。コンプライアンスに関する相談又は違反に係る通報をしたことを理由に、不利益な取扱いは行わない。
④ 内部監査部門は、職員等の職務遂行状況について、コンプライアンスの観点から監査し、その結果を経営者会議等に報告する。理事等は、当該監査結果を踏まえ、所要の改善を図る。

第Ⅲ部

福祉マネジメントの方法（Ⅰ）

第Ⅲ部の概要

第1章で福祉サービスの管理体系について述べている。それはサービス管理（業務管理）を中心として、生産要素のヒト・モノ・カネに対応した⑴人事労務管理、⑵施設設備管理、⑶財務管理が的確に定められなければならない。

第2章として、福祉法人マネジメントの各部門において、適切な数値目標の設定の重要が指摘されており、それに基づいて、適切なコストを投入しなければならない。いずれにしても全体としては、達成すべき総効果（P＝Σp）を、それを実現させる総費用（C＝Σc）で除した生産性ないし経営効率（X＝P/C）を最大にすることが経営目標となる。

第1章 福祉サービスの管理体系

第1節 福祉マネジメントの理念

社会福祉法人が提供する福祉サービスに関しては、わが国では社会福祉法第3条で、その基本的理念が法的に定められている。

「福祉サービスは、個人の尊厳の保持を旨とし、その内容は、福祉サービスの利用者が心身ともに健やかに育成され、又はその有する能力に応じ自立した日常生活を営むことができるように支援するものとして、良質かつ適切なものでなければならない。」（第3条）

ここで留意しなければならないことは、この福祉サービスは従来の社会福祉事業としての福祉サービスにとどまらず、介護サービスやその他の福祉サービスも含むことである。さらに、社会福祉法人が提供する無料低額の医療サービスも含むものと思われる。

ところで社会福祉法人は、社会福祉事業以外にも、公益事業及び収益事業を行うことができる旨、同法第26条で定められている。

「社会福祉法人は、その経営する社会福祉事業に支障がない限り、公益を目的とする事業（以下「公益事業」という。）又はその収益を社会福祉事業若しくは公益事業（第2条第4項第4号に掲げる事業その他の政令で定めるものに限る。第57条第2号において同じ。）の経営に充てることを目的とする事業（以下「収益事業」という。）を行うことができる。」（第26条）

そして、旧来の措置制度の時代と異なり、今日では社会福祉法人を経営する原則に関しても、同法第24条で明確に規定されている。

「社会福祉法人は、社会福祉事業の主たる担い手としてふさわしい事業を確実、効果的かつ適正に行うため、自主的にその経営基盤の強化を図るとともに、その提供する福祉サービスの質の向上及び事業経営の透明性の確保を図らなければならない。」（第24条）

以上みたように、社会福祉法人は本来の使命を実現するために、⑴経営基盤の強化や⑵福祉サービスの質の向上⑶事業経営の透明化などといった福祉サービスの基本事項のみならず、社会福祉法人としての経営に関する独自の基本理念（法人基本理念）※をも自主的に定める必要もあろう。そのような理念に基づいてこそ法人の各福祉事業が主体的かつ具体的に実施されるのである。

ちなみに私どもの浴風会は創立94周年を迎えたが、長い伝統に甘んじて近年まではそうした基本理念が必ずしも明確に定められていなかった。そこで創立90周年に至って次のような基本理念を理事会・評議員会の討議を経て定めたわけである。

すなわち、①地域との協働と社会貢献、②利用者中心のサービスの提供、③専門職の連

※法人基本理念
社会福祉法人が単に行政措置の受け皿でなく、地域住民の福祉ニーズに主体的に取り組むにあたって、各法人で基本理念を独自に定めることが、2000年前後の社会福祉基礎構造改革以降、一般的になっている。

携を活かした職場づくり、がそれである。加えて、2017（平成29）年度からは、④着実な事業実施のための経営基盤づくり、が追加された。

したがって浴風会の当該年度の各事業報告書も、この四つの理念に基づいて既になされているものもあるが、今後はより具体的になされ、また次年度の各事業計画も同様になされる。この事業報告及び事業計画は、理事長等が提案するものを評議員会で決定（プランplan）し、それを理事会が執行（ドゥdo）し、監事が監査（チェックcheck）し、見直した行動（アクションaction）を行うというPDCA※のサイクル（あるいはplan-do-seeのサイクル）を経て各事業が展開されてゆくものである。

これは、社会福祉法人のガバナンスと理解されているものだが、法人のガバナンスの下で展開される福祉マネジメントそのものでもある。その中で適切な事業計画と予算案が立てられ、ヒト（人的資源）、モノ（物的資源）、カネ（財源）を効果的に活用して、提供する福祉サービスの量と質を確保することができるのである。

第2節　福祉マネジメントの枠組み

社会福祉法人の経営管理（福祉マネジメント）の枠組みに関しては、まず本来事業である福祉サービスに関する管理、すなわち(1)サービス管理（業務管理）をはじめとして、それを実現可能とするヒト・モノ・カネという3大生産要素に従い、(2)人事労務管理、(3)施設設備管理、(4)財務管理という体制が主要なものとして考えられる（注1）（**図1**参照）。なお、生産要素に第4のものとして情報を入れる考え方も理解できるが、本書では、第1に

※PDCA
プラン（plan）–ドゥ（do）–チェック（check）–アクション（action）は現代経営学のガバナンス概念でもあるが、日本福祉大学招聘教授の田島誠一氏の指摘によれば、ソーシャルワークの古典的な行為概念でもあるといわれる。

図1　福祉サービスの経営体系図（再掲）

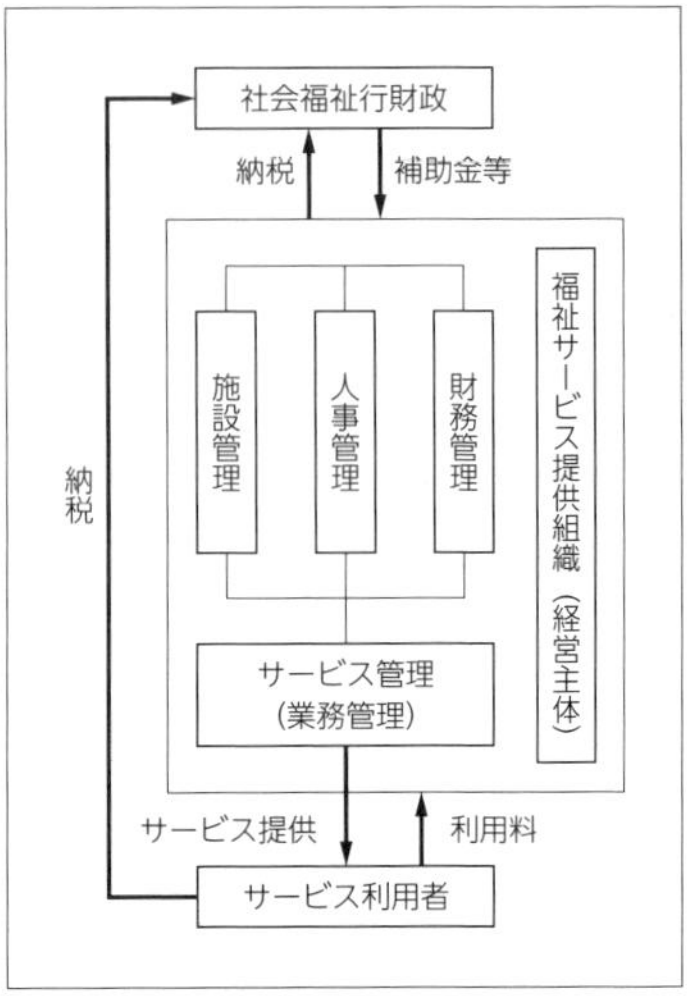

（出典）京極髙宣『現代福祉学の構図』
中央法規出版、1990年、181頁の図を大幅修正

従来の整理の範囲を越え、第2に必ずしも現在の私にとって理論的整理ができないので、今後の課題として捨象している。

例えば、社会福祉施設にとって(1)サービス管理は、施設の経営管理にとって最も重要なものといえる。そのため人材育成に努め、組織のモチベーションを高め、サービスの質的向上に努める必要がある。

また(2)人事労務管理では、職員の適切な労働条件を保障し、キャリアパスなどを通じて仕事のやりがいと専門職としての成長を実感できる職場環境をつくることが大切である。

さらに(3)施設設備管理は、社会福祉施設の建物設置の保守管理を行うなど施設経営の中できわめて重要である。事故防止チェックリストなどを作成し、施設や備品の定期的な点検を実施することなども必要である。

さらに(4)財務管理は、社会福祉法人の資金に関する活動の全般を管理することをいう。新しい社会福祉法人の会計基準の下では法人単位の会計の中で具体的な経理処理は法人の自主性にかなり任されるようになった（注2）。

図1は、措置時代の施設経営を念頭に置いて描かれていたものではあるが、現在の法人経営にも在宅ケアや地域貢献などの施設外サービス加えれば、そのまま今日でもあてはま

るものと思われる。

さて、公的扶助のような金銭給付を別として、福祉サービスをサービス経済学的にみると、福祉サービスの提供はあくまで福祉サービスの生産過程[※]であり、それは福祉サービスを担う人々と諸設備などを必要とするが、福祉サービスの消費過程と同時に行われることが特徴である。つまり、生産即消費がサービスの特徴である。古典派経済学的表現をあえて使えば次のように換言できる。

「それは福祉の仕事に携わる人々の協働によるサービスそのものを創り出す生産過程であり、かつ福祉サービスを必要とする人々の生活過程《消費過程》、すなわち人々の明日の生きる力を養う生活力を生産する過程（労働力の再生産過程をいう意味での消費過程）でもある」（注3）

生産と消費の不可分性との関係で、いわゆる無形状性（使ってみるまでは全く品質がわからないこと）があり、財貨のように分割できない性質（非分割性・流動性）があり、サービスにモノと異なる在庫しておくことができない性質（非在庫性・消滅性）などがある。したがって福祉サービスには在庫管理論は存在しないのである。

また福祉サービスは、今日では旧措置時代のように措置権者としての行政によるサービス提供を利用者たる対象者に与えるという上から下への関係でなく、提供者と利用者がある意味ではパートナーとしての対等な関係にあるべきであろう。

さらに、福祉サービスは財貨の生産と比べると、利用者に対する対人サービスとして労働集約的なところが大きく、かつ反省的なサービスとして利用者の意向に添ったものなど、いくつかの特徴をもつ。

※福祉サービスの生産過程
生産過程とは、必ずしも財貨の生産過程ばかりではなく、医療・福祉・教育などの対人サービスの生産過程を含む。

いずれにしても福祉サービスにおいては、その流通過程においては一般の財貨やサービスとは異なり、利用者の満足度を高めるサービスの品質競争があっても、法定料金のため価格競争は存在しない。また一物一価の原則が必ずしもとられず、応能負担の配慮により、むしろ一物多価が採用されているのが通常である。というのも、その料金は租税によるか社会保険によるかにかかわりなく、応能負担または応益負担の原則による法定料金であり、市場経済のようなサービス提供者による自由料金は許されていないからである（注4）。だがコストに関しては、福祉サービスの生産過程で見えざるコストダウン競争があり、問題はそれによる収益を他にまわせるか否かが問われる。かつては福祉措置制度の下で厳しいしばりがあり、剰余金とされがちであったのである。しかし、今後の社会福祉法人の経営にとっては、省力化・省エネ化はもちろん、非正規労働者の適度な採用や業者委託の導入などによる意欲的なコストダウンの成果を法人の再投下資金の源泉として当然活用されていくべきである。こうした適切な施設の経営管理によって豊かな法人経営は十分に可能となる。それにより利用者や住民によりよいサービスが提供される。

次部以降、詳しく述べるが、福祉サービスの品質管理は、対人サービスの生産管理であり、かつ対人サービスの消費管理でもあることから、他のサービスと同様に製造業における財貨の生産管理と比べてきわめてフレキシブルで多様性があるのは確かである。利用者の満足度を増すよう福祉サービスの品質を高め、利用者が使いやすいようにし、それによって利用者の購入意欲を増進させるには、普段のサービス改善努力が不可欠である。例えば介護リーダーの指導性と介護チームの総合力が大いに試されるわけである。

また、リスク管理も福祉サービスの一環であり、事故や感染症対策、ヒヤリハットなど

表1　浴風会のリスク管理に関する体制

①　リスク管理に関し、体制及び規程を整備し、役割権限等を明確にする。
②　「個人情報保護方針」及び「個人情報保護に関する諸規定」に基づき、個人情報の適切な管理を行う。
③　事業活動に関するリスクについては、法令や当法人内の規程等に基づき、職務執行部署が自律的に管理することを基本とする。
④　リスク統括管理については、内部監査部門が一元的に行うとともに、重要リスクがもれなく適切に管理されているかを適宜審査し、その結果について業務を執行する理事会及び経営会議等に報告する。
⑤　当会の経営に重大な影響をおよぼすおそれのあるリスクについては、経営会議等で審議し、必要に応じて対策等の必要な事項を決定する。
⑥　大規模自然災害、新型インフルエンザその他非常災害等の発生に備え、対応組織や情報連絡体制等について規程等を定めるとともに、継続的な教育と定期的な訓練を実施する。

が適切に対応されなければ、いくら普段の福祉サービス提供が優れていても結果的には対応策のコスト増により台無しとなる。そこで、リスクマネジメント※も福祉サービス管理の重要な一環となってくる。

ちなみに私ども浴風会では、リスク管理に関する内部管理体制を以下のように定めている（**表1**参照）。

リスク管理はサービス管理の一環であり、一方では法人全体で組織的に対応すると同時に、他方で事業体ごとに責任体制がとられなければならない。ちなみに社会福祉施設の利用者は何らかの重いハンディキャップをもつことから利用者任せにはできないので、一般のサービス以上に社会福祉法人のリスク管理は重視されねばならない。

※リスクマネジメント（risk management）
事故や災害などで起こり得るリスクに対応した経営管理。

第2章

数値目標設定の重要性

既にみた福祉マネジメントの各部門（具体的には⑴サービス管理、⑵人事労務管理、⑶施設設備管理、⑷財務管理）の具体的内容に入る前に、科学的な経営管理法においては、各々の部門の適切な数値目標を設定する意義について述べてみよう。

結論を先取りすれば、適切な数値目標（厳しすぎず甘すぎない目標）の設定抜きには、科学的な経営管理は不可能である。ある意味では、こうした数値目標を定めること自体があらゆる事業の経営管理の基礎作業（土台）であるといえる。思い起こせば経営学の嚆矢《こうし》となった初期のテイラーによるテイラーシステム（Taylor System）の生産管理研究においても、標準時作業員のノルマに対する適切な数値目標の設定が出発点であった。

もちろん各部門の経営管理が、今日の段階では目標を必ずしも数値化できないところも残っているが、主要な目標は必ず数値化されなければならないことはいうまでもない。

また数値目標間の相互関連もあり、さらには「帯に短かし襷《たすき》に長し」といった相矛盾する曖昧な数値の存在があることから、どれもが100％の達成を目指すことが原則的にできないことがある。問題は、各々の数値目標間の適正なバランスを発見することであろう。

さらに重要なことは、各サービスの数値目標を実現するためのコスト（資源投入）を計算に入れることである。過大なコストによって達成される数値目標は、かえって経営管理の阻害要因となる。

近代経済学でいう「収穫逓減の法則」※が福祉サービス部門でも存在し、ある限界を超えてコストを増加させても便益はきわめて少ししか増加せず、場合によっては便益をかえって損なうこともあり得る。福祉サービス経営では人がすべてといっても、よいサービスを提供するには必ずしも人件費だけを増やせばよいわけではないのである（注1）。

ここで達成すべき効果（P＝Σp）を、それを実現させる費用（C＝Σc）で除したP/Cは経営効率をそれなりに表現するが、こうした経営効率ないし生産性（X＝P/C）を最大にするのが経営目標でもある。しかし実際には、PもCもいろいろな条件から成り立っており、両者の関係はかなり複雑であることはいうまでもない。ただし、ある時代とある環境においては相対的に最も高い現実的生産性の数値は将来更新されるにしても、その時点で定まるものである。

※収穫逓減の法則
特定の生産要素の投入量を追加的に等量ずつ増加してもよいとき、追加的に得られる生産量の増加が次第に減少すること。

第Ⅳ部

福祉マネジメントの方法（Ⅱ）

――部門別経営管理論――

第Ⅳ部の概要

ここでは、部門別経営管理論を展開している。

第1にサービス管理である。ここでサービスの質を標準的なものとすると、施設福祉管理に力点を置くと、ベッドの利用率を高めることと要介護度を平均的に高くすることが2大ファクターとなる。

第2に、人事労務管理についてはサービス管理と密接不可欠である。サービスの質的管理は職員の質、人事コーディネートの質、苦情解決やヒヤリハットなどの制度改善が重要となる。また賃金のみならず福利厚生や研修の充実なども絡んでくる。

第3に、施設整備管理について、施設が利用者にとっての生活空間であるとともに、職員にとっての就労空間でもある。施設設置時に引き続き維持管理にも十分に配慮を払う必要がある。

最後に、財務管理について、広義には法人の資金に関する活動の全般を管理する関係上、その管理は福祉経営の最も重要な鍵となる。

第1章
サービス管理

第1節　福祉サービス管理の量的管理

福祉サービスのサービス管理は、例えば社会福祉事業の業務管理を中心とする最も重要なものである。

そこで提供される福祉サービス※の品質が標準的なものであれば、その管理方法は大きく福祉施設管理と在宅福祉管理の2部門に分けられる。ここでは主として前者に力点を置いて分析を行うことにしよう。

入所型社会福祉施設においては、また病院等の医療施設においても同様に、ベッドの利用率がサービス管理の最も基本的な数値目標となる。

既に述べたように100床の特別養護老人ホーム（以下「特養」）でベッドが80床しか利用されていなければ、利用率は80％となり、残りの20％は空ベッドとして利用されない

※**福祉サービスの品質**
サービスの担い手の人材により規定され、また、その他のノウハウなどによって規定されるもので、最終的には顧客満足度で測定されるもの。福祉サービスの量的管理は一定品質を前提としている。

ことになる。そこで得るべき収入も80％にとどまる。とりわけ、特養の入所希望が多くあるにもかかわらず、待機者に20％の空ベッドを提供できないとすれば、社会資源の無駄遣いを放置することにもなる。こうしたことは、入所者選定に関する地元行政や施設現場の頑《かたく》なな対応で十分起こり得るのである。

もちろん１００％達成が理想的だが、施設入所の利用者が急病で入院したり、死亡したり、あるいは何らかの原因で退所される可能性もあり、現実には１００％は不可能であることが多いため、１００％により近い目標値の現実的設定が必要である。当然ながら入所を定員オーバーさせて１００％以上にすれば、１００％の利用率は不可能ではないが、それは違法行為の対応と批判されざるを得ない。

例えば、都市部では特養は現在のところ95％以上の利用率であれば、それで十分にペイできるといわれている。ただし、中間施設としての介護老人保健施設（老健）では、３～６カ月の入所で約半数が退所することを目標にしている限り、90％くらいが限界に近いともいわれている。ちなみに浴風会の最近のデータでは職員による感染症対策や事故防止などの努力も実り、一時的だが特養は97％、老健は95％の利用率となっている。

また、入所者の平均要介護度も重要な指標であり、今日では軽度の要介護者（要介護1～3度）の入所は避けられていることから、要介護４度以上の入所者を多く獲得することにより、経営的には採算がとれているといわれている。ちなみに浴風会の特養（例えば南陽園）では平均要介護度４・16である。ただし例外的に軽介護者の諸事情で入所を認めることがあってよいとも考えられる。

このように入所型社会福祉施設では、特養に限らずベッドの利用率の数値目標化と平均要介護度などの目標値が最も重要である。いわば「箱モノ」は、ベッドが100％利用されるのが理論的上限であり、それ以上の伸び代はないのである。

他方、在宅福祉分野では、地域のサービス利用者数がどれだけ多く獲得できるかが重要であり、伸び代の限界は理論的にはない。しかし、現実的には厳しい限界があり、一方で在宅サービス提供側のキャパシティの限界もあり、他方で地域の利用者がどれだけ利用してもらえるのかに不透明性などがあるので、利用者数の適切な現実的数値目標を立てる必要がある。もちろんその数値目標も、できるだけ100％近くへもっていくように運営努力が図られるべきであろう。

第2節　福祉サービスの品質管理

先に、福祉サービスの量的管理について述べたが、その際はサービスの品質は所与とされていた。しかし実際には、福祉サービスの品質管理[※]（QC）は福祉マネジメントの要石である。すなわち、品質の高い福祉サービスを生産し、そのサービスの品質を利用者に理解した上で当該サービスを利用してもらい、より高い顧客満足を獲得するために組織的活動を推進することである。

いうまでもなく、「福祉は人なり」であり福祉サービスの品質はそれを担う福祉人材のレベルによって規定される。したがって、福祉サービスを担うケアワーカーのレベルとそれを支えるソーシャルワーカーのレベルが決定的に重要なものとなるのは当然である。

戦後日本の社会福祉界にとって、2000（平成12）年前後の社会福祉基礎構造改革が

※品質管理（quality control）
科学的に品質を管理する方法で、製品の品質が変動する原因を統計分析して平均値（ないし傾向）を見いだす。これにより、品質の安定、向上が可能となる。わが国では、世界に先がけて従業員の小集団がQC手法によって製品の品質向上を図り、生産性向上に役立てている。

重要な画期であったのはいうまでもないが、それ以前に1989（平成元）年に成立した福祉職の国家資格化（社会福祉士及び介護福祉士法の成立）（注1）は、わが国においては福祉サービスの品質を大きく底上げするものになったと改めて評価してよいだろう。またそれ以来、国家資格取得後の各種専門研修も飛躍的に充実されるようになった。

したがって福祉サービスの品質については、現在の段階では業界で必ずしも常識化されてはいないものの、各種の福祉専門職の国家資格である社会福祉士、介護福祉士、精神保健福祉士、保育士が一定量、確保されているか否かが、一応のメルクマールとなろう。

しかし集団作業としての福祉サービスの品質に関しては、福祉人材の質的高さのみで決まるものではない。

福祉サービスの品質マネジメントは、⑴利用者の要求にあった品質のサービスを提供すること、⑵サービスの品質のバラツキを減少させること、⑶品質基準に適合しないサービスの再発を防止することを目的として行う法人・施設の組織的活動といえる（注2）。

現代経営学では、品質マネジメントは品質に影響を及ぼす次の三つの要素、すなわち⑴サービス提供過程（process）、⑵サービスの物的要素（physical evidence）、⑶サービス従事者（people）の三つのPを中心に進められる。これらの三つのPの在り方を検討する基軸は、法人の基本理念である。例えば現在の浴風会では①地域との協働と社会貢献、②利用者中心の福祉サービス、③専門職の連携を生かした職場づくり、④着実な事業実施のための経営基盤づくりという基本理念がそれである。

⑴プロセス（process）

サービスの品質向上を目指す社会福祉法人においては、第1にプロセスの標準化、文書化（可視化）に取り組み、第2にプロセスの継続的な改善を行わなければならない。

ちなみに福祉サービスを含めて、サービス一般に付きまとう品質管理上のリスク（出荷前検査ができない、返品や取り換えがきかない、ヒトの違いによって品質のバラツキが生じやすいなど）を軽減する上で、ISO9001※が有効であるといわれる。ISO9001は製造業の品質管理に適用している国際基準であるが、対人サービス業にも適合するといわれる。例えばわが国で最初に、ISO9001を導入した社会福祉法人松美会では、「24時間365日均質かつ良質な選択される介護サービスとして利用者満足を追求し、実現できるシステムとして構築したい」との思いから、1999（平成11）年10月1日に、ISO9001の認証を取得し成果を得ているといわれる（注3）。

(2) サービスの物的環境要素（physical evidence）

特養の例を挙げると、近年の大きな変化の一つは、個室化・ユニットケア型の導入であり、そこで利用者が受ける食事介助、入浴介助、排泄介助等の個別サービス自体には従来と大差ないとはいえ、利用者（顧客）の満足度では大きな違いが生じているといわれる。もちろん従来型の特養においても、長期療養者にとって喜ばれる料金の低廉化を確保しつつ、できる限り個別処遇の質を高め、個室化・ユニットケア化に近いサービスの追求に努力していることは事実である（注4）。

また近年、福祉工学※の発展により、施設のデザインや福祉機器の目覚ましい進化は、サービス品質向上に大いにプラスしている。次章以降の施設設備管理のところで言及するが、こうした配慮もこれからのサービス管理の重要分野である（注5）。

※ISO9001
国際標準化機構（ISO）による品質マネジメントに関する規格の総称で、その中心がISO9001「品質システム製造、据付における品質保証のためのモデル」である。

※福祉工学
従来の人間工学より、合目的な福祉サービスを支える機器等の開発を行う技術的対応。

(3) サービス従事者（people）

サービス従事者の質においては既にいくつか述べたが、福祉サービスは製造業のように機械化、自動化の余地が少ないことから、属人的なスキル等の人的要素に依存する度合いが高い。また、サービスの特性にある生産と消費の不可分性から、サービス提供者と利用者との協働から「サービス・エンカウンター」（提供者と利用者が共有する時空間）（注6）が生まれる。そこから福祉サービスの従事者の高い対人能力（「暖かさ」や「やさしさ」）を要求される。サービス管理者は、こうしたエンカウンターを画一的に管理できないので、上司・先輩職員の指導や研修により人材育成に力を注がなければならない。

なお福祉サービスに関しては既に述べたが、在庫管理は、サービスの生産＝消費の同時性から在庫そのものがないので存在しない。なお品質管理（クオリティ・コントロール：QC）は厳密には製造業向けの概念で、対人サービスでは品質保証※（クオリティ・アシュアランス：QA）と呼ぶべきもので、モノづくりQCに比べて、より人間的なもので、施設の各フロアのチームでも日常的に行われているものである。

第3節　福祉サービスの評価と苦情解決制度

福祉サービスの品質を担保するには、一方で利用者がサービスを選ぶための情報としての福祉サービスの第三者評価※（自己評価を踏まえての第三者による客観的評価）があり、他方でサービスを選んだ後の苦情解決のシステムが必要である。その意味では、両者は福祉サービスの質的向上のための「車の両輪」として位置づけることができる（注7）。

※品質保証（QA）
クオリティ・アシュアランス（quality assurance）のことで、モノづくりのニュアンスの強いQCに比べてより柔軟な対応として一定の品質を担保するための一連の行為を指す。

※第三者評価
福祉サービスは医療と比べてもその評価は主観的になりがちで、困難さが伴うが、当事者と担い手からの評価でなく、第三者による評価が必要となる。

前者の福祉サービスの評価に関しては、通常以下の四つが挙げられている。

第1に行政による指導監査がある。それは法令に規定された最低限度のものにとどまりがちである。

第2にサービス提供者による自己評価がある。

それには管理者による評価と職場単位による自己評価があり、管理者による評価と職場単位による評価を各々行い、その相違点を両者で検討し、課題や改善点を明確にすることが可能である。

第3に利用者による評価がある。利用者自身がどのように提供される福祉サービスを評価しているかは最も基本的なものであろう。

第4に、第三者による評価がある。契約当事者（事業者、利用者）以外の公正中立な第三者機関が、専門的かつ客観的な立場から評価するものである。それが、各々の人々に信頼できるものであれば事業者と利用者の双方の有義なものとなろう。これは医療の世界では、既に一般的で、例えば日本医療機能評価機構※による評価基準は、余りにも有名である。福祉サービスに関しては、経営協や福祉医療機構によるものが、ごく一部行われているほか、２００４（平成16）年5月の厚生労働省の行政指導が国、都道府県、全国社会福祉協議会、都道府県担当者会議、第三者評価機関に各々の役割をもたせている。第三者評価機関に属する評価調査者は「運営管理委員」「専門職委員」「一般委員」の3者からなり、各種の調査を行い、その調査が義務づけられている。それらはまだ端緒についたばかりで、２０１４（平成26）年4月に、福祉サービスは第三者評価基準ガイドが設けられ、例えば、「認知症高齢者グループホームの第三者評価」がそれである。また、福祉サービ

※**日本医療機能評価機構**
１９５５（昭和30）年に設立された公益財団法人。国民の健康と福祉の向上に寄与することを目的とした科学的な第三者評価機関として医療の質的向上と信頼できる医療の確保を行う。

表1a　浴風会の第三者評価結果（平成28年度現在）

施設名	浴風園	松風園	ケアハウス
評価時期	自　平成27年10月13日	自　平成27年10月22日	自　平成27年7月28日
	至　平成28年3月28日	至　平成28年2月8日	至　平成27年10月22日
フィードバック	平成28年2月18日	平成28年1月28日	平成27年9月17日
評価機関	（公財） 日本チャリティ協会	特定非営利活動法人 シニアライフ情報センター	特定非営利活動法人 シニアライフ情報センター

表1b　浴風会の第三者評価結果

施設名	南陽園	第二南陽園	第三南陽園
評価時期	自　平成27年7月13日	自　平成27年7月13日	自　平成27年7月13日
	至　平成27年10月22日	至　平成27年10月24日	至　平成27年10月27日
フィードバック	平成27年11月19日	平成27年11月19日	平成27年11月19日
評価機関	関東シニアライフアドバイザー協会		

スの提供過程には先にみた、ＩＳＯ※（国際標準化機構）の評価もある（注8）。ちなみに浴風会の第三者評価は**表1a**及び**表1b**のようだ。

なお、福祉サービス評価に関しては経営管理も重要であり、サービスの質はよいが経営的に赤字が重なっていて倒産寸前である事業者では、利用者が安心してサービスを受けられないし、高品質のサービスの安定的な提供も保証されない。

さて、もう一方の苦情解決に関しては社会福祉法上、二つのものが定められている（注9）。

その一つは、社会福祉事業者が自ら構築する苦情解決体制である。社会福祉法第82条で、利用者の契約上の権利を補強するための制度として社会福祉事業の経営者に苦情可決の努力義務を課している。各社会福祉法人には、苦情受付担当者、第三者委員、苦情解決責任者が置かれるようになっている。ちなみに浴風会の苦情解決システムは**図1**のようである。

もう一つの苦情解決システムは、運営適正化

※ISO
既に第Ⅳ部第1章、71頁でふれたもの。ここで再度述べれば、International Organization for Standardizationは、本来は工業生産の国際的基準規格であったが、近年では医療や福祉等の対人サービスにも適用されるようになった。特にＩＳＯ９００１が有名である。

図1　浴風会の苦情解決の大まかな流れ

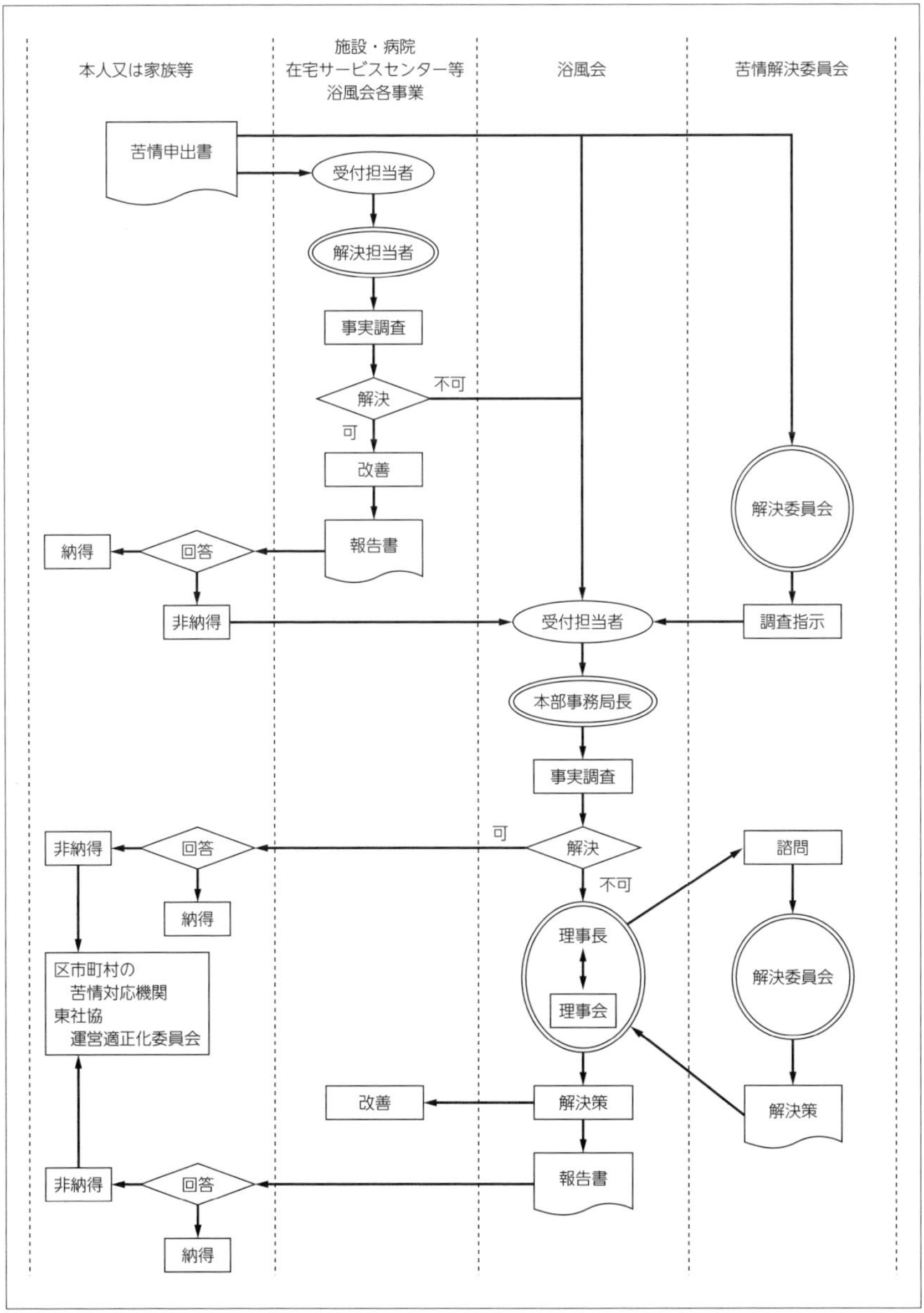

(出典)浴風会「令和元年苦情解決委員会のお知らせ」3頁

委員会による苦情解決制度で、同法第83条で、都道府県社会福祉協議会等に設置されることになっており、必要に応じて、「あっせん」という紛争解決の場を設定する役割をもっている（同法第85条）。

いずれにしても、現時点では、苦情解決制度は十分に機能しているかと問えば、否といわざるを得ない状況にある。ただし、様々な課題が山積しているものの、苦情解決制度があることで、福祉サービスの難点が発見され、サービス改善へのヒント等になることは確かである。

今後は、福祉サービスの第三者評価事業者と苦情解決制度という「車の両輪」がバランスをもって回転し、さらに顧客も満足度の高いサービスが利用者に提供されるよう期待されるところである。

第４節　リスクマネジメント

福祉サービスの品質管理では、モノではなく、ヒトを相手にする対人サービスの管理である限り、製造業以上に福祉サービスのリスクマネジメントが不可欠である（浴風会のリスク管理に関する体制については、第Ⅲ部第１章第２節の**表1**でふれた）。

「リスク」とは、一般に、ある行動に伴って生じる損失や事故などの可能性をいうが、福祉サービス提供においても、特養を例にとると、転倒、感染症、誤与薬、徘徊などがそれである。ただし、そのために身体拘束やベッドへのしばりつけなど必要以上に過剰な管理体制をとることは、利用者の尊厳を損なうことになるので、避けなければならない。ある意味では、利用者の自立生活を尊重すれば、「リスク」は偏る可能性もあるが、極端に管理的になりすぎて、サービス提供が事業者の都合により行われるとすれば、利用者に対して人間としての尊厳を奪い、福祉サービスの基本理念に逆行することになりかねない。

通常、リスクコントロールの方法としては次の三つがある（注10）。

(1)回避（事故の起こりそうなことをやめる）、(2)分離・移転（事故の起こりそうなことを切り離す）、(3)予防・軽減（事故の起こりそうなことであってもとめたりせず、万が一発生した際の被害の最小化を図る）がそれである。

特に社会福祉施設のリスクマネジメントでは、事業者の都合による(1)や(2)を絶対に避け、いつもどおり福祉サービスを提供する中で、リスクを予防したり、万一事故が発生した場合に、その被害を最小限にする視点が重要となる。

ちなみに、厚生労働省の省令においても、リスクマネジメントに関して、「再発防止に努めなければならない」と記述されているだけで、具体的な実施方法に関しては何ら記載されていない。そこで社会福祉施設においてはその運営管理者である施設長自らがその必要性を吟味し、必要だと判断したことに関しては、何を、どのように、いつから行うかなどを組織の内外に周知させねばならない。

そのため、特に大規模福祉施設においては組織を挙げてリスクマネジメントに取り組む必要があり、その相談役としてのリスクマネジャー※（注11）を任命する必要も出てくる。幹部職員などにより、リスクマネジメントに関する専門の教育と訓練を受けたものがリスクマネジャーの任務にあたるわけである。その際、リスクマネジメントには、施設長等の管理者が自ら行う部分と、現場が関わる部分の大きな二つの側面があり、リスクマネジャー

※リスクマネジャー
組織的なリスクマネジメントを行うため、法人が採用した専門委員のこと。通常の施設では、施設長又は施設長補佐がこれを行う。

はその双方の橋渡し的な存在になる。

また事故報告書やヒアリング報告書は、再発防止に向けての事故情報を収集する上で重要なツールであると同時に、保護者からの訴訟などで事故状況を第三者に説明する上での重要な証拠書類となる（注12）。

そのために、私ども浴風会は未設置だが、必要に応じて施設長、リスクマネジャーを中心として、リスクマネジメント委員会を定期的（月1回程度）に開催し、必要に応じて緊急時の開催も用意しなければならないこともある。

事故発生にあたっては、「誠実にして」「速やかに」かつ「記録をとって」対応しなければならないが、そのためにも日頃から利用者や家族との円滑なコミュニケーションが図られる必要があろう。

たとえ事故が発生しても、特に「記録をとって」おくことで解決に向けての話し合いがスムーズに運ぶからである。

第2章

人事労務管理

第1節　人事労務管理の意義

人事労務管理（略して労務管理ともいわれる）はかつて、しばしば誤解されたように労務対策（労働者統制）や労組対策（労働組合対策）では決してない。それは経営管理における経営資源（ヒト・モノ・カネ）の一つである人材に関わるすべての施策である。人事労務管理は福祉サービス提供組織（いわゆる福祉現場）における経営管理の中核でもある。というのも、第1に福祉サービスのほとんどすべてが直接的に人によって供給されていること、第2に支出総額の60～80％が人件費であること、第3に福祉サービスの品質がサービスの担い手（福祉人材）によって大きく規定されているからである。

また福祉サービスの人事労務管理は、製造業（メーカー）における生産管理から相対的に独立しているのと比べ、サービス管理を一体的に運用させるものである。前章でふれたサービス管理と本章の人事労務管理は、いずれも経営管理の重要な領域である。各々固有の専門性もあるが、福祉サービス部門では、両者が一体的に検討されていくことが重要である。両者が連携を強めることによって、より健全な経営管理がなされ得るからである。

第2節　人事労務管理の主な数値目標の設定

現在、どこの福祉現場も人がなかなか集まらず、かつ離職者も少なくないという状況を抱えている。直接サービス（ケアサービス）の担い手である介護や保育の人材不足は特に深刻である。そこで、最低限の人材の量的確保がまず最重要課題となっている。

しかしながら、例えば社会福祉施設の場合、最低限の設置基準としての人材配置が義務づけられており、その人材配置基準を１００％達成することを、第１の数値目標としなければならず、それはおおむね実行されている。その最低限の人材配置基準が人材不足のために達成できなければ、当初目標のサービス収入は確保できず、経営は赤字になってしまうからである。その際、非正規の職員（産休代替などを含めて）を必要人数を計画的に採用することが重要となる。

もちろん福祉サービスの品質は、その担い手の人材の質によって左右されるが、既にふれたように、例えば福祉職の国家資格の有資格者率を高めることがまず重要であり、さらに後述するような職員研修の充実も必要不可欠である。もちろん、現実には有資格者確保が困難でも無資格者に就職後3年で得られる受験資格を与え、その上で資格取得を誓約させる方法でもよい。

さて浴風会では、各職場を縦軸とし、人材配置の実態を横軸として、人事労務管理の実態が把握できるような人件費比率に関する表（次頁**表1**参照）を作成して、それによる法人全体及び部門ごとの人事労務管理を行っている。データはやや古いが今日においても大差ない。

表1には、前章でみた施設サービスのケアワーカーの配置が明らかに示されている。各分野で右欄に定数が示され、職員比率はいずれも3：1を上回り2・12：1等々になっている。まず基準定数は満たされているので、職員配置の定数のみで表記されている。

また各部門の人件費比率（**表2**）を表わし、人件費比率が過度に高くて、一方でサービス向上の妨げにならないように、また他方で若手のプラスの収支差が出るように、弾力的に管理している。例えば、南陽園の人員配置計画をみると、利用者定員が254名で、それに対応する職員は2・12対1で、111・0名となる。しかし2017（平成29）年4月1日見込みの在職者は、契約社員を含めて100・2名であり、若干名の不足（10・8名）が生じている。これをベースに転出者1名転入者3名プラス新入3名で埋める対応とするものである。

社会福祉施設では人件費は通常は約3分の2を越えないような取り組みがなされるとよいとされるが、福祉サービスは労働集約型なので、それはなかなか困難な目標でもある。

ちなみに、**表2**にみるごとく、浴風会では施設ごとに人件費比率は異なる。老人福祉施設では、※養護老人ホーム（浴風園）、※軽費老人ホーム（松風園）、※ケアハウスの順で人件費の割合は51・9％、33・2％、29・1％となっている。また特別養護老人ホームでは60～70％台で、第二南陽園（71・2％）、第三南陽園（65・9％）、南陽園（62・9％）と低く

※養護老人ホーム
老人福祉法に基づく低所得高齢者（65歳以上で居宅で養護を受けることが困難な者）のための老人福祉施設。

※軽費老人ホーム
老人福祉法に基づいて無料または低額な料金で高齢者を入所させ、食事の提供その他の便宜を供与する老人福祉施設。

※ケアハウス
軽費老人ホームのC型。食事、入浴、その他の日常生活支援のサービスが提供される低額利用料の施設。

表1　浴風会のケアワーカー人員配置計画

施設名		利用者定員	A 29年度当初計画人員						B ①	C 29年4月1日見込みの在籍者 ②					③		D不足人数④		E 4月1日の異動計画 転出者			転入者（＋新卒採用7名）					
			合計	正職	契約等	正・契比率	看護	職員比	契約	合計	正職	契約＋派遣	契約ー登用者	派遣他	正職	契約	正職	契約＋派遣	正職			正職					
浴風園	養護老人ホーム	205	27.7	17	10.7	0.61			0	27.7	17	10.7	6	4.7	0	0	0	0	A	B		D	新1				
松風園	軽費老人ホームB型	200	11	8	3	0.73			1	11	8	3	3	0	0	0	0	0	C			新2					
ケアハウス	軽費老人ホームC型	100	3	3	0	1			0	3	3	0	0	0	0	0	0	0									
南陽園	特別養護老人ホーム	254	110.0	73	37	0.66	10	2.12対1	1	100.2	68	32.2	14.1	18.1	0	0	5	4.8	D			A	C	H	新3	新4	新5
第二南陽園	特別養護老人ホーム	156	67	45	22	0.67	7	2.11対1	3	62.3	45	17.3	9.3	8	1	0	0	4.7	E			新6					
第三南陽園	特別養護老人ホーム	222	96	65	31	0.68	9	2.11対1	2	91	69	22	12	10	3	0	△4	9	F			G					
ひまわり	高齢者グループホーム	18	16	4	12	0.25			1	16.8	6	10.8	10.8	0	0	0	△2	1.2	G								
南陽園センター	認知症デイサービス	12	7	2	5	0.29			0	6.7	2	4.7	4.7	0	0	0	0	0.3									
第二南陽園センター	デイサービス	40	14	5	9	0.36			0	11.3	5	6.3	6.3	0	0	0	0	2.7									
老健くぬぎ	介護老人保健施設	100	31.6	25	6.6	0.79	10	2.4対1	0	30.8	25	5.8	0	5.8	0	0	0	0.8	H	I	J	E	F	新7			
くぬぎデイサービス	通所リハビリ	30	6	1	5	0.17	1		0	5.4	1	4.4	1.8	2.6	0	0.6	0	0.6									
病院		250	57	49	8	0.86			1	55	49	6	6.2	△0.2	0	0	0	2									
			446	297	149	0.67	37		9	421.2	298	123.2	74.2	49	4	0.6	△1	26.1	10			17（←上記＋相談員職変3名）					

①4月登用見込
②育休中・産休中等を含む（4月登用見込者は正職員にカウント）
③そのうち産休育休等で年度中に復帰が見込めない職員
④＋は必要、△は剰員（産休・育休中は考慮せず）契約等は常勤換算数介護保険施設については対利用者比の確認のため、看護師の人数を掲載

A欄：年度当初の計画人数。担当常務理事と協議のうえ決定した人数。
　ただし、病院の看護師は対象外
B欄：正職員として29年度登用される見込みの契約職員の人数
C欄：計画時点での4月1日の見込み職員数（今後の採用予定を除く）
D欄：計画人数に対する不足職員数
B・I・Jは生活相談員に職種変更

表2　浴風会の事業活動収入に対する人件費比率　　単位：千円

施設名		平成27年度		
		事業活動収入	人件費	割合
社会福祉事業	浴風園	461,483	239,618	51.92%
	松風園	336,773	111,800	33.20%
	ケアハウス	155,333	45,246	29.14%
	老人福祉事業計	953,589	396,682	41.60%
	南陽園	1,114,387	700,761	62.88%
	第二南陽園	670,612	477,439	71.19%
	第三南陽園	958,445	631,293	65.87%
	特別養護老人ホーム小計	2,743,444	1,809,493	65.96%
	南陽園在宅サービスセンター	54,651	29,915	54.74%
	第二南陽園在宅サービスセンター	91,729	71,136	77.55%
	ヘルパーステーション	59,596	48,792	81.87%
	ひまわり	84,831	67,164	79.17%
	介護保険事業計	3,034,251	2,026,500	66.79%
	浴風会病院	2,709,042	1,756,461	64.84%
	老健くぬぎ	482,179	327,075	67.83%
	認知症介護研究研修センター	281,892	107,267	38.05%
	本部経常部	35,261	126,913	359.92%
	計	7,496,214	4,740,898	63.24%
公益事業	地域包括支援センター	50,065	43,818	87.52%
	居宅介護支援事業	25,500	20,070	78.71%
	浴風会ケアスクール	18,798	5,463	29.06%
	計	94,363	69,351	73.49%
収益事業		19,410	542	2.79%
合計		7,609,987	4,810,791	63.22%

注：事業活動収入に含まれないもの
（共通）借入金元利償還補助金収入、共済会退職金収入（及び支出）、固定資産売却益、積立資産・繰越金取崩収入、貸付金回収収入
（本部）軽費特別収入、4特養減価償却分繰入収入

なっている。また浴風会全体では、64・8％となり、3分の2近くが人件費である。また地域サービス部門では、地域包括支援センター（87・5％）で、比較的に人件費比率が高くなっている。なお、浴風会全体では、人件費は63・2％と約3分の2で、業界ではまあまあの割合となっているといわれている。

第3節　人事労務管理の体系

今日では、人事労務管理は民間企業や公益法人等を問わず、以下の制度的体系をもっている。もちろん、個々の法人においてはそのどれかを欠くとしても、アトランダムに上げれば次のような七つの制度体系として運用されている。

第1に、職員の採用能力開発によって、組織に必要な人材（労働力）を確保・育成すること。

第2に、そのための職員研修制度を設けること。

第3に、こうした人材を、人事交流を含めて適材適所に配置すること。

第4に、労働条件、賃金その他の処遇等を整備、管理すること。そこには職員の昇給・昇任を定めることが含まれる。

第5に、そうした人材の能力を評価（人事考課）すること。

第6に、職員の福利厚生を充実させること。

第7に、労使関係の適切な管理を労働関係法令にのっとり行うこと。

以上である。

いずれにしても、こうした人事労務管理の諸制度は、法人のトップマネジャーによって、またサブマネジャーの各施設長によって有機的関連をもって運営されるべきであろう。右記の七つのうち、最小限必要なものを選んで、以下、順次述べていこう。

第4節　職員の採用及び職員研修

従来、社会福祉法人の職員採用は、家族、関係団体等からの縁故採用が主要なものであったといわれる。しかし、今日では、公平に採用人事を行い、熱意ある職員を広く獲得することが通常となっている。その際、法人による適正な情報提供が公表されなければならないが、必要によっては人材派遣業（者）の協力を得ることもやむを得ない。

その場合、全く新規学卒者の採用に限らず、他職種の経験のある中途採用を図ることも職員人事の幅を広げる上で含めて有効である。特に行政経験や企業の実務経験をもつ人材を適度に採用することは、法人の人事政策にとって有効なことが少なくない。また福祉職の国家資格者に限らず、将来の資格取得を期待して、幅広く採用することも重要である。

一方、人材確保においては、必ずしも正規職員のみで目標数の職員が確保できないので、一定数の非正規職員を採用することが現実的である。ただし、その後の職員の資格取得や仕事ぶりで正規職員に任命することは労働意欲と帰属意識を高める上で重要である。

職員研修は、採用した職員の能力開発にとって重要であるだけでなく、職員の帰属意識を向上させ職員の定着率を強固なものにするので、法人の人事労務管理にとって、きわめて重視されねばならない。

職員研修は各法人の力量や背景において⑴ＯＪＴ（職場を通じての研修）、⑵Ｏｆｆ・ＪＴ（職場を離れての研修）、⑶ＳＤＳ（self development system「自己啓発援助研修」）があり、多種多様の研修を意図的かつ有機的に組み合わせて実行することはきわめて有効である。そのため法人本部内に研修企画部門を設けて組織的かつ体系的にも考えなければならない。

また法人内部の研修にとどまらず、特に中小規模法人の場合は、都道府県社協や市町村社協の研修はもちろん、各種の研修の機会を有効に利用しなければならない。ただし、大規模法人の場合は法人内研修の比重が大きく、職種別あるいは職階別の研修を体系的に整備し、職場の上司がそれぞれの必要性と意義を十分に認識し、職員の意向を尊重して実行する必要がある。

職員研修の評価効果に関しては、現在のところ必ずしも定まってはいないものの、将来的には福祉サービスの質的向上に有効なばかりでなく、職員の満足度を高め、定着率の上昇にも大いに役立つものといわれている。

職員研修の全体体系（例）に関して、一般的には**図1**のようであり、現在の段階では、きわめて多種多様な研修機会が制度上は与えられている。ただし、その機会をどのように生かすか否かは、法人の取り組みと職員の意欲により、多様な対応が可能であり、かつ現実的には制約もある。

ちなみに私ども浴風会の職員研修（ＯＪＴ）の体系を参考に図を示しておく（**図2**参照）。もちろん、例えば整然とした最も優れたモデル的研修体系（聖隷福祉事業団※の典型例、**図3**参照）などには足元にも及ばないが、中小規模の社会福祉法人にはいくらか参考

※**聖隷福祉事業団**
済生会を除く、創立80周年を迎えた日本最大の社会福祉法人の一つで、その規模は病院中心に1万3000人の職員を抱え、その研修システムは全社協中央福祉学院のキャリアパス研修体系の元本となっている。

図1 職場研修体系（例）

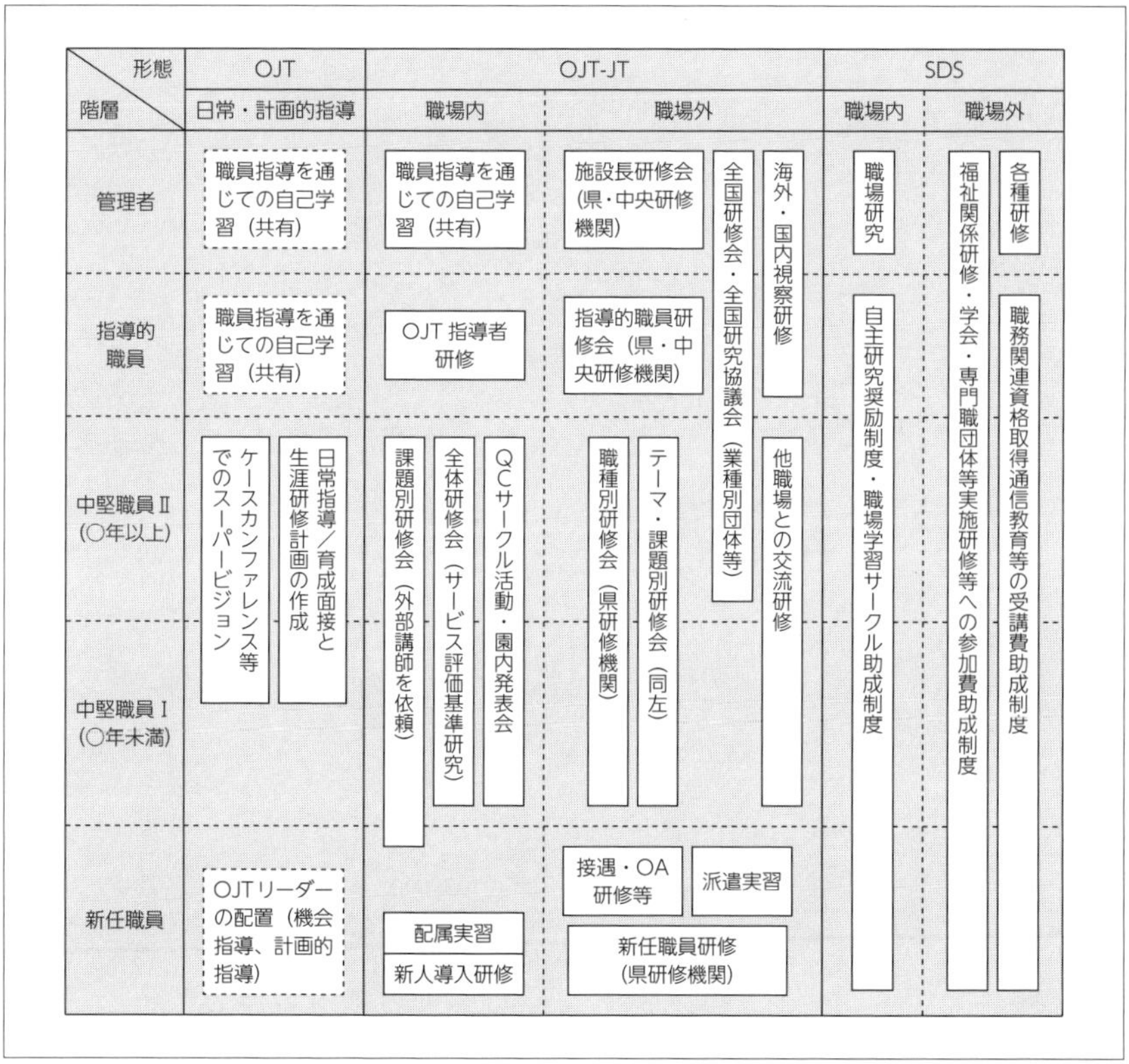

（出典）「福祉職員生涯研修」推進委員会編『「福祉職員研修テキスト」管理編―マネジメントを学ぶ』全国社会福祉協議会、2002年、97頁

図２　浴風会の人材育成・研修体系

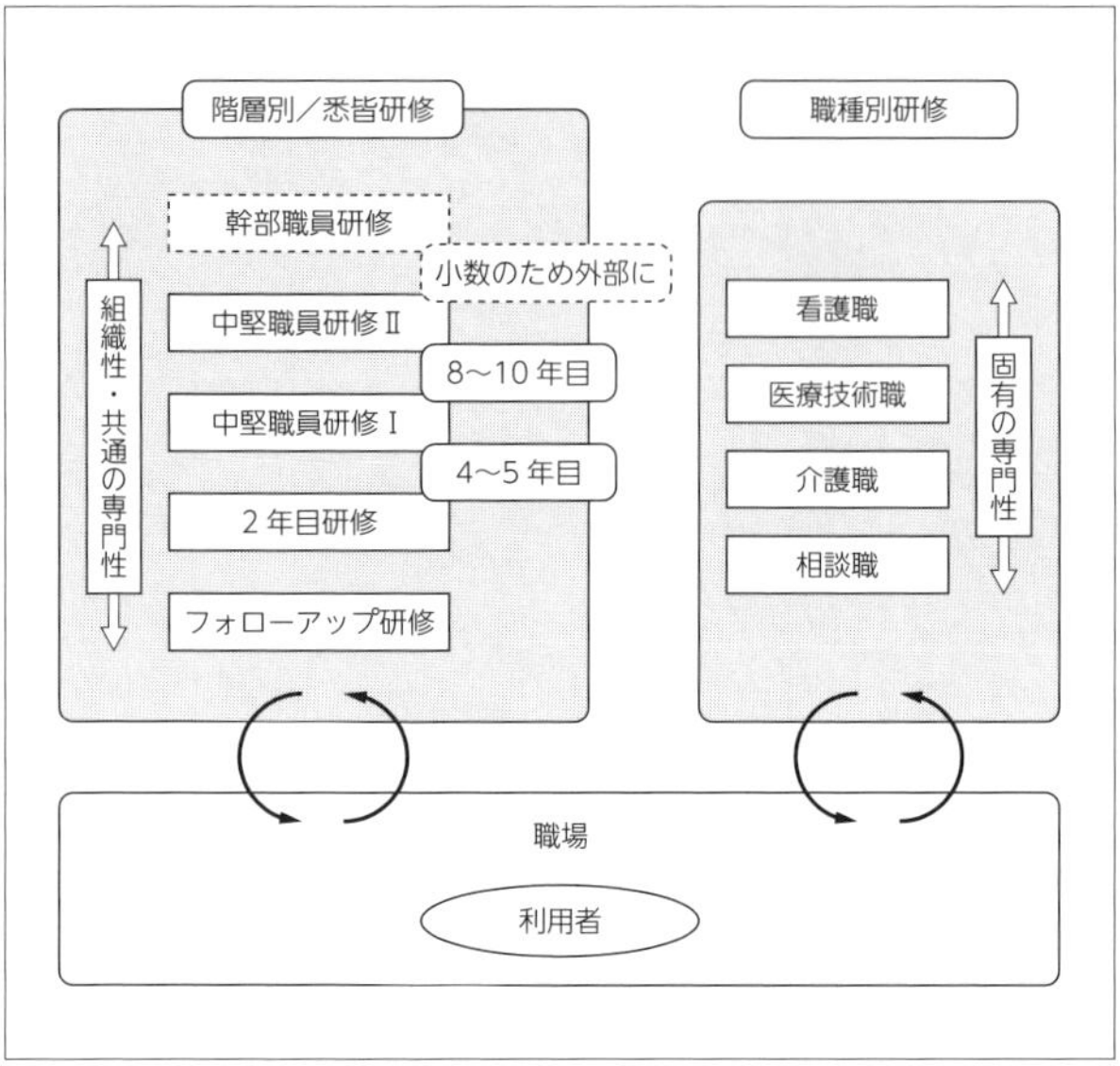

（出典）浴風会本部研修企画部長　宮島敏氏作成

図3　聖隷福祉事業団研修体系

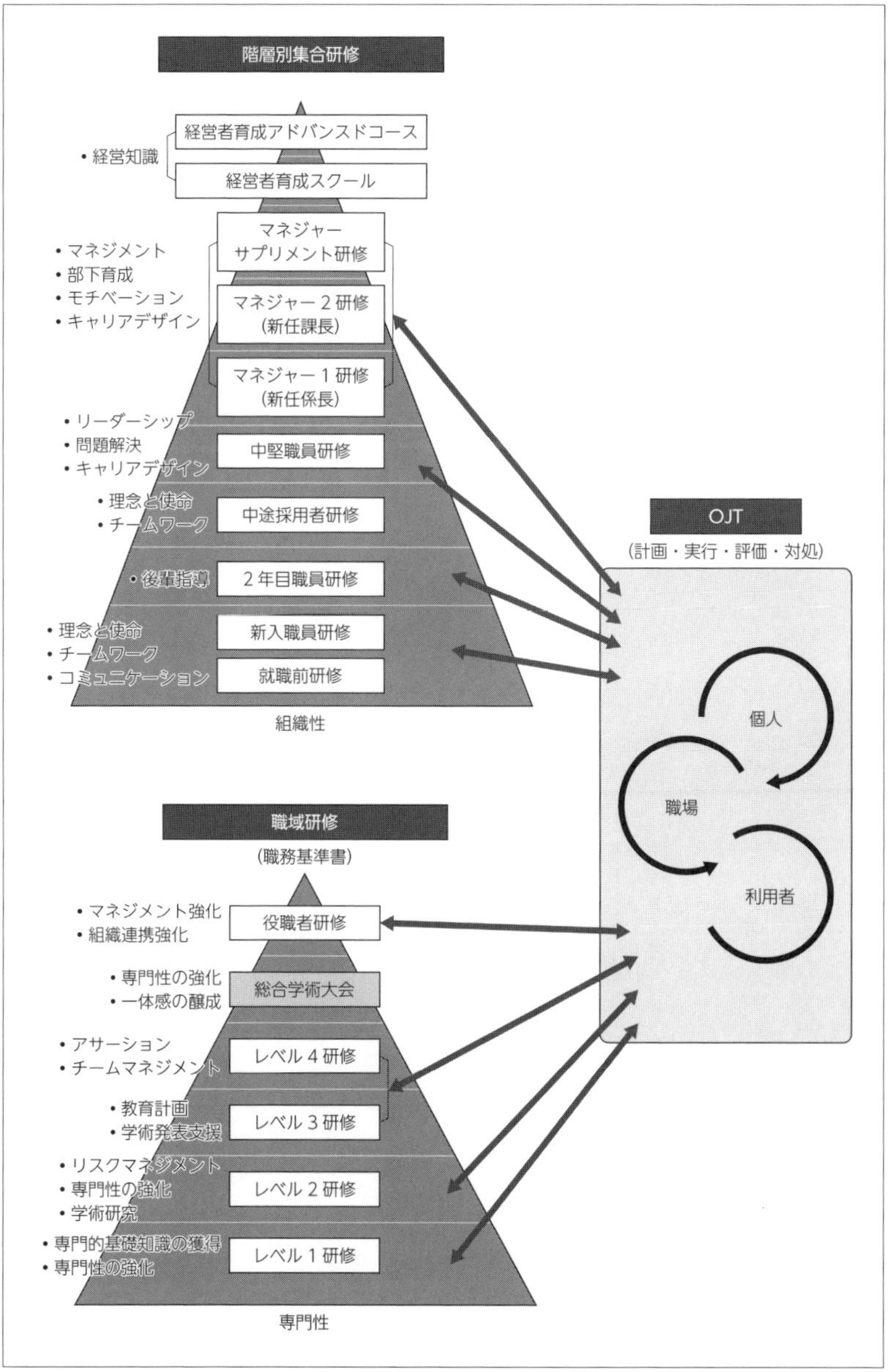

（出典）聖隷福祉事業団本部

になるところもあると思われる。その特徴は、階層別（悉皆研修）にあり、新人→フォローアップ→2年目→中堅職員（ⅠとⅡ）→幹部研修と、きめの細かく研修体系が構築されているところにある。なお、幹部研修は法人本部職員自らが例えば社会福祉法人経営論などの講義を行うほか、中央福祉学院や経営協その他の外部研修に充てている。

第5節　賃金の管理と人事考課制度

これまで社会福祉法人の人件費（賃金・給与）の管理は公務員に準じて、人事院勧告※による改正が一般的であったが、これからは、各業界や各法人の主体的な独自の決定がかなりなされるようになってくる。

いずれにしても、例えばケアワークに関わる職員の年功給のみによる賃金体系を見直し、職務遂行能力や成果・業績主義※による賃金体系を考慮すべき時代に来ている。

また人事考課の導入により、これまでの年功序列賃金※を改め、優秀な職員には手厚く給与・賞与を対応することも、幾分図られるようになってきている。ただし、人事考課制度は、福祉現場は集団労働によるチームワークの存在があり、個々人の職員の能力や業績だけで必ずしも判断できないところもある。

ちなみに浴風会では、現在のところ賞与（ボーナス）に関してのみ人事考課による俸給表を導入しているが、将来の給与に関する人事考課に関しては、今検討中である。場合によっては部門ごとの全体的な人事考課と個々の個別的人事考課を組み合わせて評価することが有効かもしれない。いずれにしてもケアワーカーに関しては事務職と処遇にそれなり

※人事院勧告
国家公務員の給与等に関して、国民の立場から政府に勧告する国家行政機関。

※成果・業績主義
賃金を年功序列型ではなく労働成果を評価し昇給させる仕組み。

※年功序列賃金
就業年数や学歴等による賃金昇給システムで日本の伝統的な賃金体系。

に差をつけ現場員の働く意欲と働く力を発揮向上させるものでなければならない。

現在のところ、人事考課制度がある社会福祉法人が約3分の1にとどまっているが、近い将来は、過半数に近づくものと思われる。

また、賃金水準を大きく底上げすることは困難でも、意欲ある職員が将来に向けてキャリア・アップしていく展望を指し示すことは、特に大規模法人にとってはきわめて重要である。1法人1施設ではキャリアパスに実際的な限界があっても、大規模法人では職種及び職階などで大きなゆとりがあり、キャリアパスの仕組みを多様に用意することは十分に可能であるからである。いずれにしても、全体的な人件費の構成を踏まえ、基本給と賞与の上昇率の伸び率を検討しながら、人件費の管理を進めていくことが必要である。

第6節　福利厚生

福利厚生は、企業などの法人が職員に対して通常の賃金・給与にプラスして支給する諸施策をいう。それは、⑴従業員の確保・定着、⑵勤労意欲・労働能率の向上、⑶労使関係の安定などの人事労務管理上の諸効果を期待して、職員とその家族を対象に賃金・給与以外の生活条件の施策として、法的義務あるいは任意に実施するものである。その際、法定福利と法定外福利に大別され、前者は各種社会保険料の事業主負担で、その実施が法的に義務づけられており、後者は企業などの法人が任意に実施する施策として、その内容は多岐にわたる。

ここでは福利厚生を法定外福祉に限定してみると、例えば経団連※の調査では、①住宅、

※**経団連**
日本経済団体連合会の略。日本経団連と日本経営協が合体してできた日本最大の経営者の全国団体。

表3　ソウェルクラブ基本サービス

健康管理	●生活習慣病予防健診費用助成 ○こころとからだの電話健康相談 ○健康生活用品給付	最大4,120円助成 相談料・通話料無料 面接カウンセリング年5回まで無料 毎年1品給付
慶事のお祝	○永年勤続記念品贈呈 ●長期勤続者退職慰労記念品贈呈 ●結婚お祝い品贈呈 ●出産お祝い品贈呈 ●入学お祝い品贈呈	5,000～5万円相当の記念品 ※第2種会員は5年勤続のみ 2万円相当の記念品 1万円の商品券 1万円の商品券 5000円の商品券
万一の際	●会員死亡弔慰金（就業中・通勤途上の事故） 〃（上記以外） ●配偶者死亡弔慰金 ●高度障害見舞金 ●後遺障害見舞金 ●入院手術見舞金 ●災害見舞金（法人） ●災害見舞金（個人）	180万円 60万円 10万円 60万円 120万円（最高） 入院：1日につき1,000円 手術：内容に応じて給付 20万円 1万円
資質向上	○資格取得記念品贈呈 ○各種講習会 ●海外研修	5,000円相当の記念品 受講料・教材費原則無料 総費用の半額程度
余暇	●クラブ・サークル活動助成	1人あたり1,000円助成
情報提供	○各種情報提供 　ホームページ、ハンドブック、オリジナル手帳、情報誌、ソウェルクラブニュース、提携企業からの情報	

（出典）福利厚生センター『ソウェルクラブSowel club』2016～2017年、1頁

②医療・保健、③慶弔・共済・保険、④生活提供、⑤文化・体育・レクリエーション、⑥その他に分けられている。

社会福祉法人の場合、以前から1法人1施設が大勢をなしていたことから、かつて企業と比べて福利厚生は法定福祉以外にはきわめて脆弱であった。しかし、社会福祉法人※福利厚生センターが設立され、各社会福祉法人の福利厚生を支援することで、法定外福利は底上げされている（**表3**参照）。これは主要メニューであり、細かくみれば多種多様な制度があるだろ

※福利厚生センター
1992（平成4）年に社会福祉事業法第6条に基づいて1994（平成6）年に設立された社会福祉法人の福利厚生を支援する全国団体。

う。

ただし、各法人においては福利厚生センターの諸サービスを利用することで、当該法人の福利厚生とは必ずしも自覚されていないところがみられる。ちなみに経営協（全国社会福祉法人経営者協議会）の人事労務管理論においても福利厚生については通常ほとんどふれられていない。しかし、福利厚生センターのソウェルクラブ※会員になるのも当該法人の自主的な取り組みといえる。近年のように、財政難から賃金・給与面では十分な引き上げが困難な状況においても、福利厚生面では、各法人の努力でそれなりの効果が期待され、人材確保でも就職の際の魅力の一つになっていると思われる。

ちなみに浴風会では、**表4**のようにソウェルクラブ（加入）を通じて行う福利厚生以外に、浴風会が直接行う福利厚生と従事者共済会（加入）を通じて行う福利厚生が行われている。なお常勤なみの非正規職員は、かつてはソウェルクラブ（加入）の対象外であったが、近年浴風会では非正規職員の身分保証や定着率を高めるためにその対象に含めるようにした。

※ソウェルクラブ
福利厚生センターが定めた社会福祉法人職員の加入会員型福利厚生制度。第Ⅵ部第1章（163頁）参照。

表4　浴風会の福利厚生制度（法定外）

○浴風園が直接行う福利厚生
- 通勤手当、住宅手当、退職手当の支給
- 慶弔休暇、リフレッシュ休暇、傷病休暇等の付与
- 研修制度（法人内外）
- 社会福祉従事者相互保険、労災上乗せ保険への加入
- 職員親交会（旅行、慶弔等事業を実施）への助成
- 売店、食堂における割引
- 事業所内保育所の運営　等

○ソウェルクラブ（加入）を通じて行う福利厚生
- 健康管理　生活習慣病予防健診費用助成、メンタルヘルス相談　健康生活用品給付
- 慶事お祝い　永年勤続記念品、結婚・出産・入学お祝い品
- 弔慰金等　死亡弔慰金、障害見舞金、災害見舞金等
- 資質向上　資格取得記念品、各種講習会、海外研修
- 余暇　クラブ・サークル活動助成　等
- 優待割引　宿泊施設、パッケージツアー、レンタカー、レストラン、居酒屋、テーマパーク、遊園地、映画、プレイガイドチケット、スポーツ関連施設　等
- ライフ　貸付金制度、ソウェル団体保険　等
- ショッピング（割引）　デパート、事務用品、書籍、飲料・食品等

○従事者共済会（加入）を通じて行う福利厚生
- 退職共済金の給付
- 貸付金制度
- 宿泊施設等の優待割引　等

また育児・介護休業法（1991（平成3）年）の度重なる改正により、勤務する職員にとって育児・介護休業をとりやすくなってきた。特に社会福祉法人においては女性の比率が高いため、育児・介護と仕事の両立が困難で退職せざるを得ない状況があり、それを避けるための会内保育施設の整備や産休代替要員の確保などの積極的な対応が各社会福祉法人にとって不可欠である。

さらに近年、職員の健康保健管理（特にメンタルヘルス対策）が重視されており、特に社会福祉実践（ソーシャルワーク&ケアワーク）では、看護労働と同様に感情のコントロールなどが難しく、心身の慢性的疲労などからバーンアウト（燃え尽き症候群）が起こりやすい。したがって、そのため、ストレスチェックを含めたきめ細かなメンタルヘルス対策も特別に必要である。

第3章

施設設備管理

第1節　施設設備管理の意義

福祉サービスを提供する社会福祉施設は、各種のハンディキャップをもつ人々が生活する場所（生活空間）であると同時に、福祉サービスを提供している職員の働く場所（就労空間）でもある。そのため各施設はその目的や機能に従って必要な規模の建物や設備を装備しなくてはならない。その建物や設備は、関係法令に適合していることは当然だが、安全で使いやすく快適で長持ちすることなどが求められる。しかし、利用者の求めること、職員が求めること、管理者が求めることで共通点もあるが異なる点もあり、施設設備管理においては総合的バランスが必要である。

しばしば誤解がみられるように、施設設備管理は、建物・設備の維持管理や保守管理といった狭義の意味に限られない。それは(1)※イニシャルコスト、(2)※ランニングコスト、(3)※維

※イニシャルコスト（initial cost）
初期費用のこと。

※ランニングコスト（running cost）
運転費用のこと。

※維持保全コスト（maintenance cost）
全過程を維持保全するための間接コスト。

持保全コストの全般にかかわる経済性を含めた総合的バランスのとれた経営管理とならねばならないからである。

旧来の社会福祉施設は、その生活空間が狭隘で、いかにも収容施設といった色彩が強かったといわれるが、今日では利用者の居住・生活環境として、アメニティ（快適性）を重視したものに変わってきた。それによって居室の個室化やユニットケアが重視され、社会福祉施設の設計段階から維持保全の段階まで、そうした観点による対応が不可欠になっている。もちろん日常の保全管理では、安全・清潔が第一であり、全施設の安全・清潔が行き届いた管理のもとで保たれることが利用者のアメニティを支える源泉であり、施設の高い評価に、ひいては法人の高い評価につながる。

その際、国や都道府県による施設整備の各種補助金だけでは不十分な場合には、独立行政法人福祉医療機構の融資制度や車両財団※など民間の補助金が補完することもできる。

ここで特別養護老人ホームの個室化計画についてみると、厚生労働省は2015（平成27）年までに新設のユニット型特別養護老人ホーム（原則全個室化）に、従来型特別養護老人ホームのユニット化改修時の個室化と合わせて、70％以上の居室を個室とすることを目標としている（注1）。

近年においては、在宅の生活支援サービスが多様に進展し、多様な住まいが形成され始めると、従来の社会福祉施設も多様な住まいの一種に数えられるようになってきた。かつての社会福祉施設は、居住空間と生活支援サービスの提供が渾然一体化していたが、多様な住まいと多様な生活支援サービスの柔軟な組み合わせが考えられる時代となってきている。ある意味では、従来の社会福祉施設は、将来の「多様な住まいプラス生活支援サービ

※**車両財団**
競輪などの自転車、小型自動車（オートバイ）、自動車の公営競技収益の一部を社会福祉施設の改修整備に充当する公益財団。

図1　福祉施設機能の再統合
（イメージ図）

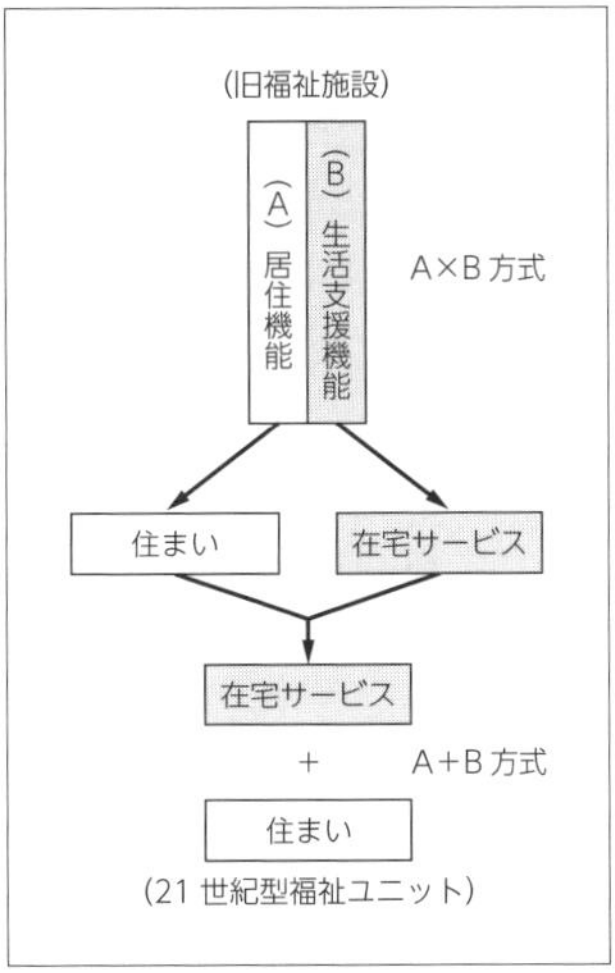

（出典）京極高宣『福祉レジームの転換』中央法規出版、2013年、108頁

ス」になるわけである（図1参照）。

低所得者向けの公営住宅を除くと、社会福祉施設としては、例えば養護老人ホームや軽費老人ホームなどを厚生労働省が主に所管してきた。しかし、ここにきて本来の公共住宅の所轄官庁たる国土交通省が福祉サービスを必要とする人々の多様な住まい[※]（サービス付き高齢者向け住宅（以下、サ高住））を提供することになり、サ高住は特に２０００（平成12）年以降、急増している。

いずれにしても、施設の利用者にとって、必ずしも個室化の恩恵が得られない場合においても社会福祉施設の居住機能は、従来以上に、より重要な価値をもってきているので、プライバシーや快適性などへの配慮はますます重要なものとなってくる。

なお一般的には、時期的に新しい施設ほど従来の施設設備の欠陥を乗り越え、快適で利用者の満足度が高く、建築クレームが少ないといわれる。

※サービス付き高齢者向け住宅　国土交通省が厚生労働省と連携して所管するサービス付き高齢者向け住宅が近年、特養不足を補いつつ急成長している。高齢者の住まいの新形態。京極高宣監修『サービス付き高齢者向け住宅の意義と展望』大成出版社、２０１３年、参照。

第2節　施設設備の維持管理

建設竣工に際した建設データ（初期工事記録）は、その後の建物の適切な維持管理にとって重要な情報であり、施設設備の維持管理にとってきわめて役に立つ。法人が的確な点検、調査、診断に基づいて、改善、改修、更新や日常の保守・修理を行うために建物維持管理の責任体制を築く必要があり、また専門業者と保守契約を結んで委託する方法もある。

(1)法定建物管理業務

一般の建物は、その設備や建築の仕様、規模などにより、法定の点検、報告を義務づけられている（**表1**）。

(2)建築一般の保守・点検

施設建物は日々、重ねる期間に数々の不具合や傷みが発生してくるので、各部に蓄積される目に見える劣化・老朽化の発見とその管理には定期的点検が不可欠である。その際、①構造的躯体部分と②各部仕上げ部分に分けて、対応することが有効である。

(3)建築付帯設備の保安・点検

建築付帯設備に関しては、その機能性の違いから次の4区分（すなわち①電気設備、②空気調和換気設備、③給排水衛生設備、④昇降機設備）に分けて定期的に点検を行うことが必要である。

以上、施設設備の維持管理についてその概要を述べたが、

表1　法令による点検等

法令名	対象	管理業務内容
建築基準法	敷地・構造・防火・避難・衛生 昇降機 建築設備	定期調査　1/3年 定期調査　1/1年 定期調査　1/1年
消防法	消防用設備等	外観点検　1/6月 機能点検　1/6月 総合点検　1/1年
労働安全衛生法	勤務環境 設備　ボイラー・圧力容器・エレベーター	1/2～6月 定期自主検査
建築物における衛生的環境の確保に関する法律	室内環境測定 清掃・ねずみ・昆虫 給水検査 給排水施設清掃	測定　1/2月 防除　1/6月 残留塩素　1/7日 水質検査　1/6月 受水層　1/1年 排水設備　1/6月
高圧ガス取締法	冷凍機	保安検査 1/3年 自主検査
大気汚染防止法	煤煙発生施設	測定　1/2月
水道法	簡易専用水道	清掃点検 1/1年
電気事業法	自家用電気工作物	保安規定に定めるとおり
電気通信事業法	電話機器	技術基準による

（出典）高橋徹『建築物の維持保全に関する告示の解説』『建築技術』、株式会社建築技術、1985年7月号、60～62頁

社会福祉施設の会計においては民間会社のような十分な予算を充てることはしばしば困難であることを考慮して、施設新築の際に、働きやすいことはもちろん、壊れにくく、保守管理しやすい建物や設備を建築することに力を注ぐ必要がある。そのため、国や民間の施設補助金※、例えば大規模修繕に対する施設整備費国庫補助制度、施設の措置費の修繕費引当金や補助金の活用、その他民間の各種補助事業も、できれば大いに活用すべきである。

※**施設補助金**
本体の福祉施設への補助金とは別途に福祉医療機構の大規模修繕費などの支援金。

第3節　危機管理・防災計画

(1)施設における非常時災害と安全性

施設の維持管理で最も重要なテーマは安全性であり、利用者もスタッフも安全性の確信がもてなければならない。特に非常時の災害は異常気象による突発的災害や外的原因による事故災害があり、**図2**のように、体系的な整備が必要である。

(2)避難計画と危機管理

火災時の避難は福祉の施設や設備により確実に実行できるように、各々の施設や利用者の特性に応じた避難計画を平素から立て、かつ定期的に訓練を重ねておく必要がある(**図3**参照)。

第4節　福祉用具の活用

かつて施設における福祉用具は、利用者の生活支援というよりは、社会福祉施設で使用

図2　非常時の安全性

火災―火災安全性

- 出火防止　（居室の内装・火気使用室の内装・使用火気など）
- 早期発見・伝達　（感知通報設備・非常放送設備など）
- 初期拡大防止　（初期消火設備・内装材・収納可燃物など）
- 延焼拡大防止　（床・壁・開口・防火区画・消火設備・本格消火設備など）
- 類焼防止　（外周壁・軒・開口・屋根など）
- 煙制御　（防煙区画・排煙設備・給気設備など）
- 避難安全性　（避難路・出入口・安全区画・階段など）

ガス爆発―爆発安全性

- ガス漏れ防止　（配管・ガス器具・ガス漏れ検知機など）
- ガス拡散性　（換気率・ガス比重など）
- 主体構造の耐爆　（床・壁）
- 周囲の安全性　（開口部の位置）

震災―耐震性

- 地盤・基礎の安全性―直接基礎の安全性、くい基礎の安全性
- 主体構造の安全性――主体構造の強度、主体構造の変形
- 各部構造の安全性――壁の変形性能、サッシの変形性能、天井の安全性、ドア枠の強度、設備の耐震固定、屋根ふき材安定性

地盤災害―地盤安全性

- 地震時の液状化の可能性、傾斜他の安定性

水害―水害安全性

- 河川洪水に対する安全性（保水能力・貯留能力・河川容量・遊水能力・築堤安全性）
- 地滑りに対する安全性
- 斜面崩壊に対する安全性（地盤構造・地盤の力学的特性・のり面の防災工法など）

風害―耐風性

- 主体構造の安全性―主体構造の強度、主体構造の変形
- 各部構造の安全性―開口部の安全性、屋根の安全性、壁の安全性

雪害―耐積雪性

- 主体構造の安全性―小屋根の強度
- 各部構造の安全性―屋根各部の安全性、雨どいの安全性

（出典）『社会福祉施設の建築物に関する手引書』車両競技公益資金記念財団

図3　各防災設備とその目的、時系列関係

発見・通報設備	自動火災報知設備 非常電話設備
初期消火設備	スプリンクラー設備 不活性ガス消火設備 屋内消火栓設備
避難を確保する設備	非常照明設備 非常放送設備 避難口誘導灯設備 通路誘導灯設備 非常解錠設備 排煙設備
延焼拡大を防止する設備	防火・防煙シャッター 防火ダンパー 防火戸
消防活動を確保する設備	消防用水設備 連結送水管 非常用エレベーター設備 非常用コンセント設備
システム全体を維持する設備	防災センター 種々の通信設備

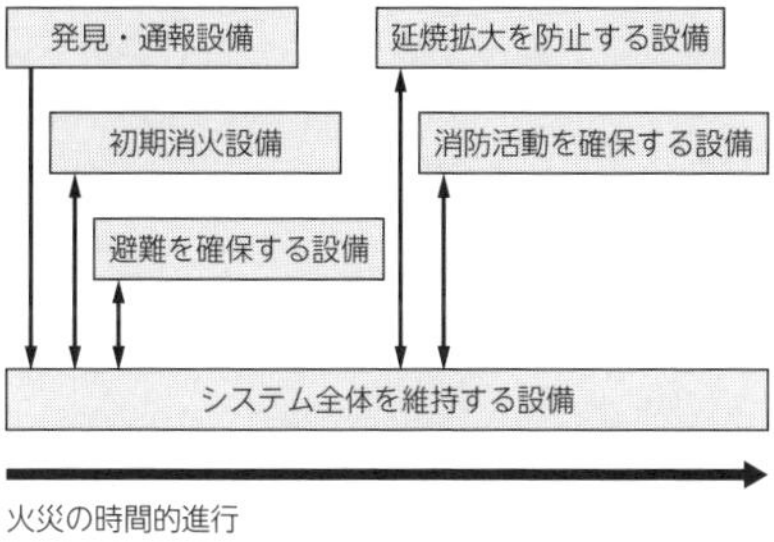

（出典）児玉桂子・高橋儀平『寮母・ヘルパーの家政学②住居』全国社会福祉協議会、1989年

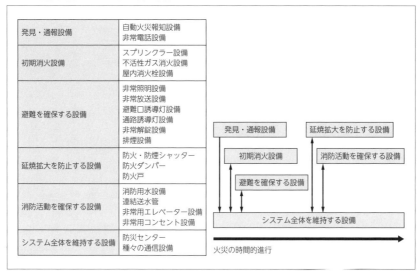

する浴槽や洗濯機などを意味し、画一的な利用が一般的であった。

しかし、今日では、福祉用具は個々人の生活目標を実現するために大きな利便効果を発揮するものとして、社会福祉施設にも常時備えておく必要が出てきた。また、ケアの質を高めて、介護職の労働災害を防止するためにも、福祉用具の適切な活用は不可欠である。

施設における福祉用具としては通常次の四つの分野、すなわち⑴起居関連用具（ギャッジベッド、ベッド付属品など）、⑵移動関連用具（車いす、歩行補助用具、ストレッチャーなど）、⑶移乗関連用具（立位補助用具、スライディングボードなど）、⑷排泄関連用具（ポータブルトイレなど）が区分される。近年、ペット型の介護ロボット導入なども要介護高齢者に人気が出ている。

福祉用具は購入費用も大きく、ある程度の初期投資が可能でないと導入できないので、そのメンテナンスとともに福祉用具を使いこなす福祉用具専門相談員や習熟したＰＴ（理学療法士）やＯＴ（作業療法士）、ＳＴ（言語聴覚士）の配置も不可避となる（注２）。

第５節　省力・省エネ化

近年、社会福祉施設における省力化・省エネ化は、経費節減の重要な課題となっている。電灯のＬＥＤ[※]化は旧来の白熱電灯と比べて２～３割安の大幅な省エネ化となっている。水漏れ防止や水道の節約も省エネ化となっている。なお、管内の監視カメラや防犯対策や危険防止に役立つ省力化ではあるものの、利用者のプライベートの障害になりかねないところもあるので、なるべく厳しく取り扱うようにし、そのほかにベッドからの転倒の

※ＬＥＤ (light emitting diode)
ライト・エミッティング・ダイオード（発光ダイオード）のこと。

ためのセンサー付ベッド※や介護ロボットなどが広く活用されるようになってきている。先にみた福祉用具の活用も、入浴や排泄などでも有効なものとされている。

これらは、毎年、国際福祉機器展で輝かしい実績をみることができる。

いずれにしても近年における福祉工学の発展により、また労働力（人材）不足などからも、省力化・省エネ化は施設の効率的経営にとってもきわめて重要な分野となっている。

特に、介護人材確保が困難な現在、福祉機器・福祉用具の積極的な活用は、喫緊の経営課題であるばかりでなく、先進諸国にとっては中長期的にみても人力を機器で代替する戦略的課題となろう（注3）。また、福祉機器、福祉用具の適切な組み合わせを行う、いわば「ハードマネジメント」を行う福祉用具プランナー※などの活躍も今後の課題である。

※センサー付ベッド
ベッドの下にセンサー付マットを入れたりして、転落予防などを行うセンサー内蔵ベッドのこと。

※福祉用具プランナー
公益財団法人テクノエイド協会（1987（昭和62）年～）が開発した福祉用具の専門職。なお同法人は各種の技術開発とともに義肢装具士（prosthetist and orthotist：PO）の国家資格試験の実施団体である。

第4章

財務管理

第1節　財務管理の意義

財務管理とは、広義には社会福祉法人の資金に関する活動の全般を管理することを意味する（注1）。具体的には、①収入と支出を把握し経営成果を管理すること、②資産や負債を把握し管理すること、③人件費を含む適切な経費を把握し管理すること、などが挙げられる。

なお狭義には、財務管理は財務諸表（⑴資金収支計算書、⑵事業活動計算書、⑶貸借対照表、⑷財産目録）を作成し、公開し、当年度の経営管理を第三者による監査を受けつつ、それに基づき財務を管理することを意味する。

２０１６（平成28）年３月に、社会福祉法等の一部を改正する法律が国会を通過し、社会福祉法人の財務規律の強化が行われるようになった。

すなわち、①会計監査人の設置、②関係者への特別な利益供与の禁止、③役員報酬基準の設置、④社会福祉充実残額の明確化、⑤財務諸表等の公表が、その財務管理の強化策である。

とりわけ⑤の社会福祉法人の財務諸表に関しては、ホームページへの掲載が求められている。社会福祉法人の財務内容に関して社会の関心が高まっており、それに意を払いつつ持続可能で自主的な財務運営が必要であるという認識が広がっているからである。

ちなみに財務諸表の種類で民間企業の場合と異なり、社会福祉法人では不動産売買の機会が比較的少ないことでその重要性がやや低いところの(4)財産目録を除外すると、次の3種類が主要なものである。

(1)資金収支計算書

資金収支計算書とは、一会計期間における支払資金の収入及び支出の内容を明らかにした書類であり、社会福祉法人にとって最も重要な財務諸表である。なお、浴風会の2019（令和元）年度資金収支予算総括表は（**表1**）のごとくで、収入総額85億1千万円、支出総額85億3百万円で収支差1214万円となっている（注2）。

その記載様式については、平成23年基準に第1号の1様式として例示されている。

(2)事業活動計算書

事業活動計算書とは、一会計期間における事業活動の成果を明らかにした書類であり、損益計算書※のことである。その記載様式については、平成23年基準に第2号の1様式として例示されている。

なお新しい会計基準（平成23年基準）では、上記の財務諸表を次の三つに分類して作成

※損益計算書（income statement）
財務諸表の中でも重要な計算書。一期間に帰属するすべての収益と費用に対比させた差額として利益を算定することにより、(1)企業の営業成績を表示するとともに、(2)利益処分の対象となる利益の金額を明らかにする書類。

表1　2019（令和元）年度浴風会資金収支予算総括表

（単位：千円）

拠点区分		[収入の部] 元年度予算額 (A)	[支出の部] 元年度予算額 (B)	[予備費] 元年度収支予備費 (A)－(B)
社会福祉事業	養護老人ホーム浴風園	478,406	478,406	0
	軽費老人ホーム松風園	345,963	345,963	0
	軽費老人ホームケアハウス	168,929	168,929	0
	老人福祉事業計	993,298	993,298	0
	特別養護老人ホーム南陽園	1,145,361	1,143,838	1,523
	特別養護老人ホーム第二南陽園	706,636	705,538	1,098
	特別養護老人ホーム第三南陽園	1,070,751	1,068,370	2,381
	南陽園在宅サービスセンター	40,024	39,413	611
	第二南陽園在宅サービスセンター	87,959	87,959	0
	ヘルパーステーション	63,876	63,218	658
	グループホームひまわり	106,818	106,795	23
	介護保険事業計	3,221,425	3,215,131	6,294
	浴風会病院	3,016,285	3,015,811	474
	老健くぬぎ	628,999	628,999	0
	認知症介護研究・研修センター	316,491	312,941	3,550
	本部事務局	179,224	178,076	1,148
A	社会福祉事業計	8,355,722	8,344,256	11,466
公益事業	地域包括支援センター	51,788	51,788	0
	居宅介護支援事業	28,712	28,712	0
	よくふう保育園	45,230	45,217	13
	浴風会ケアスクール	16,797	16,675	122
B	公益事業計	142,527	142,392	135
C	収益事業	17,200	16,660	540
合計（A+B+C）		8,515,449	8,503,308	12,141

（出典）浴風会本部資料（令和元年度）

図1 新会計基準の区分方法の変更ポイント（色付け部分は基準の適用範囲）

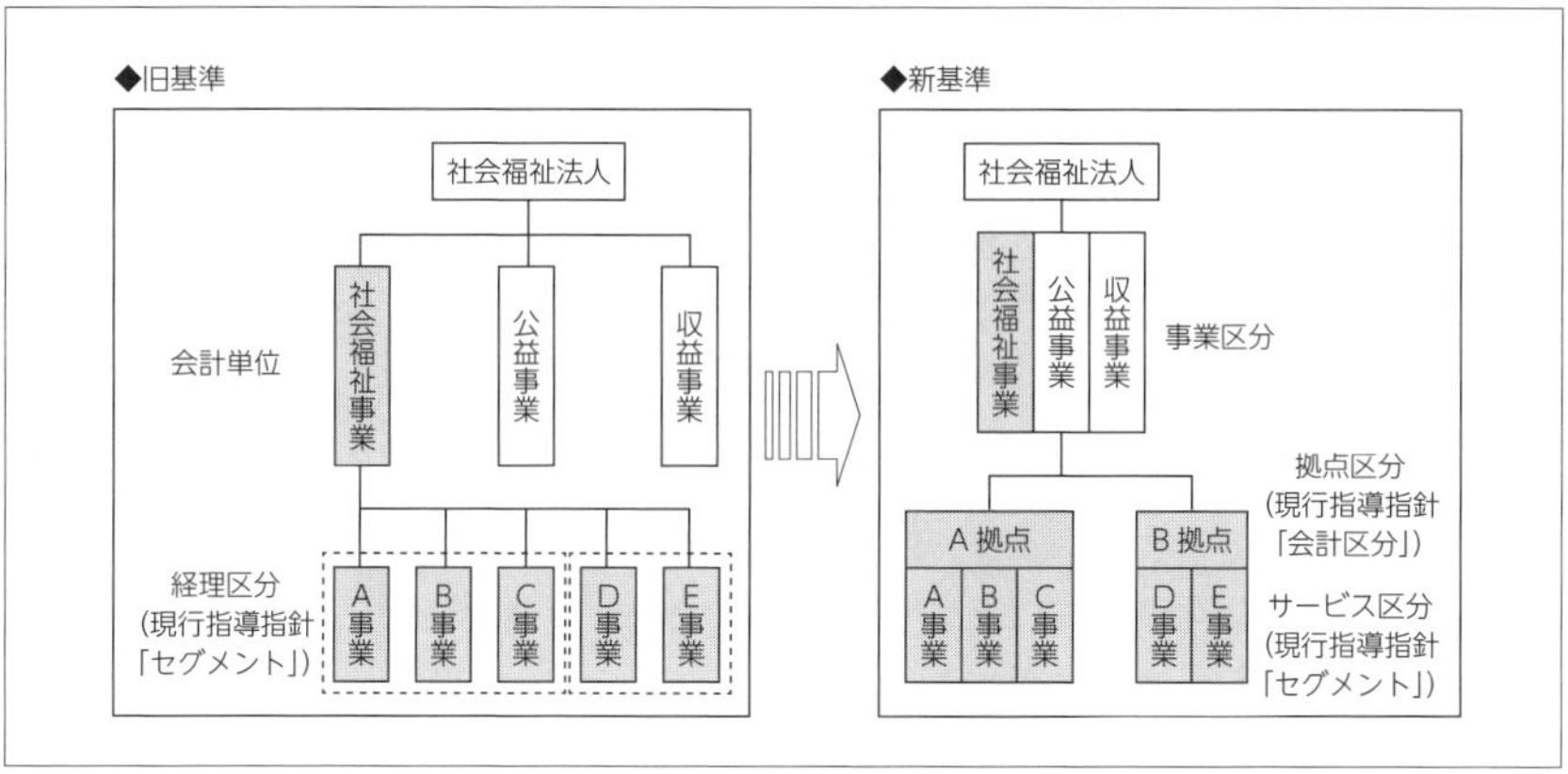

（資料）厚生労働省「社会福祉法人の新会計基準について」2011年

することとしている。すなわち①法人全体、②事業区分別、③拠点区分別がそれである。②事業区分では、法人全体の事業を「社会福祉事業」「公益事業」「収益事業」に区分したときのもので、③拠点区分とは、新しい会計基準ではじめて設定されたもので、事業区分を拠点別（一体として運営される施設、事業所及び事務所の別）に区分したもので、原則として予算管理の単位となっている。

(3)貸借対照表

貸借対照表とは、会計期間の末日現在における資産、負債及び純資産の金額を記載した書類である。いわば法人にとっての※キャッシュフローを明らかにするものである。その記載様式については、平成23年基準に第3号の1様式として例示されている。

以上の諸会計基準の区分方法の変更に関しては**図1**のようになっている。

こうした区分方法の変更により、かつて

※キャッシュフロー(cash flow)
現金収支のことで、営業活動や資産調達、返済、設備投資などを通じて生じる現金の流れを表わす。2000（平成12）年3月期から連結キャッシュフロー計算書では、営業活動、投資活動、財務活動の三つに分けてキャッシュフローを開示することになった。

は施設ごと事業ごとの会計単位が異なり、個々バラバラで法人全体の事業区分が見にくくなっていたのが、拠点区分とサービス区分を統一的に統括した法人全体の事業区分がより一層明らかになったといわれる。

第2節　社会福祉法人の財務管理

2016（平成28）年3月の社会福祉法改正で、社会福祉法人は財務規律の強化が求められることが法律に明文化された。公益性を担保する財務規律については、次の⑴適正かつ公正な支出管理、⑵余裕財産の明確化、⑶福祉サービスへの再投下、が定められた。この全体を図示すると**図2**のようである。これは今回の法改正の財務規律を大変わかりやすく図示した優れた総括図である（注3）。

⑴適正かつ公正な支出管理

これは余裕財産の計算の前段階として求められるものである。具体的内容としては「役員報酬基準の制定」と「関係者への特別な利益供与の禁止」が法律上、明文化されている。もちろん、これらは社会福祉法人ならずとも、少なくとも公益法人の基礎的前提であり、いまさら要請されずとも当然のことがらであるものとして、当然対応していなければならない。

⑵余裕財産の明確化

すべての社会福祉法人は、これからの社会福祉充実残額の明確化、すなわち余裕財産額の有無の判定を毎年行わなくてはならない。

図2　社会福祉法人の財務規律について

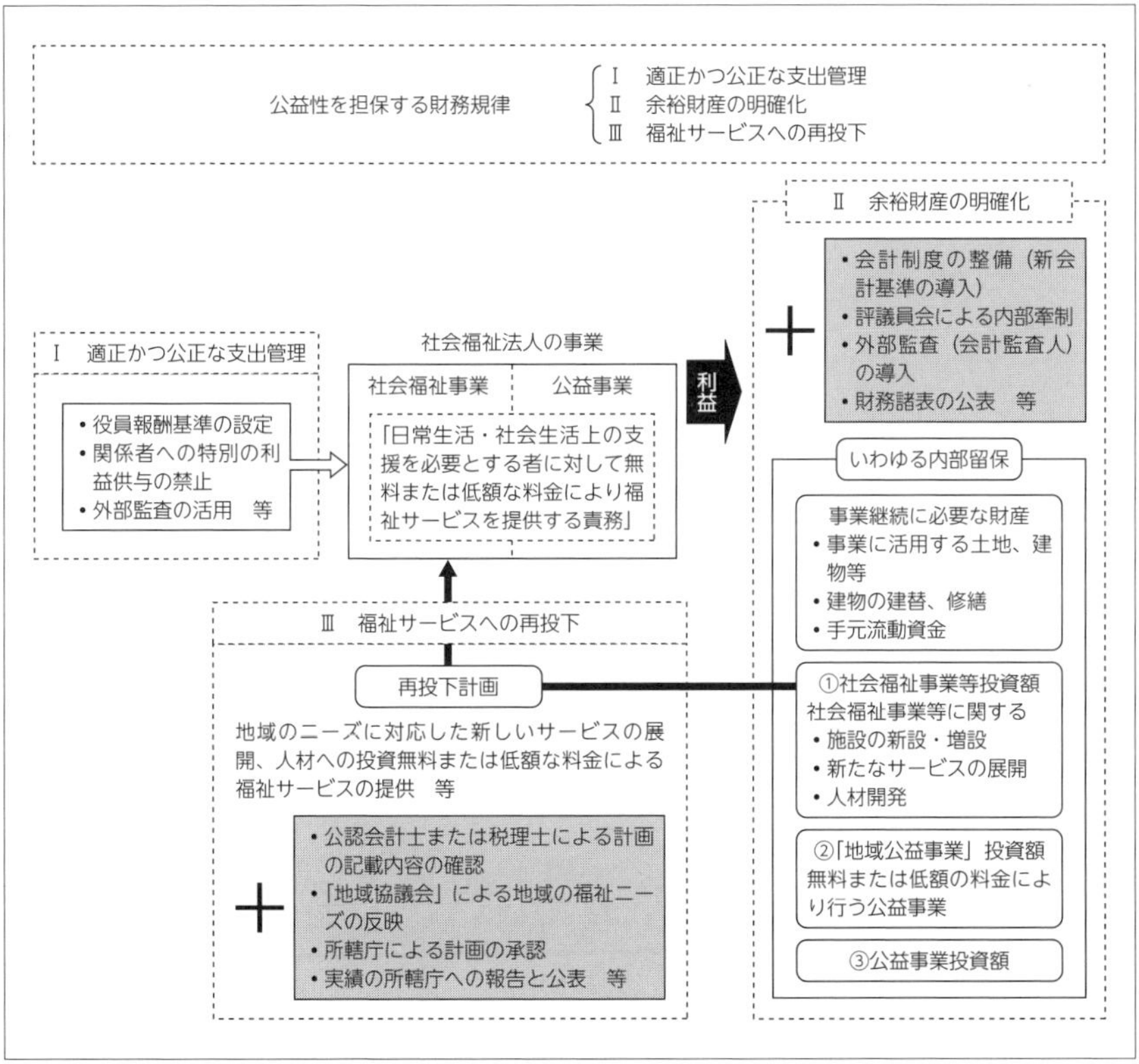

（出典）平成27年1月16日社会保障審議会福祉部会資料

余裕財産の定義は、内部留保から控除対象財産額を控除した額（再投下対象財産）とされ、内部留保は稼得利益の蓄積である次期繰越活動増減差額とその他の積立金の和である。なお控除対象財産とは、社会福祉事業のための不動産等の再生産に必要な財産（振替、大規模修繕の資金）と運転資金のことである。

いずれにしても、今後の社会福祉法人の財政規模においては、余裕財産が生まれぬ貧しい経営があってはならないと思われる。

(3) 福祉サービスへの再投下

各社会福祉法人は、法律上、余裕財産を①将来にわたる社会福祉事業の量的質的拡充、②公益事業としての地域貢献事業、③職員給与等への待遇改善などを社会福祉充実計画として明確化しなければならない。

ここで留意すべき点は、通常、社会福祉法人が優遇税制や補助金などでイコールフッティングに反するが故に、いわばオブリゲーションとして余裕財産を再投下しなければならないとネガティブに捉える考え方は疑問であるということである。

むしろ今後の社会福祉法人は、再投下できるような余裕財産を生み出す豊かな法人経営を行うことを目指していくべきである。そのための経営改革を積極的に試みなければならないということである（注4）。もちろん、社会福祉法人に対する都道府県の各種補助金は、特に東京都の場合は少なくないので、それを有効活用することで、経営の安定がもたらされるので、事務的には大変だが、こまめに各種補助金の実態に即して援助を汲み出す必要がある。

第3節　経営戦略としての財務管理

　財務管理は広義に捉えると、法人の将来を考慮に入れた事業戦略とそれに基づく3～5年の中期計画の立案も必要となる。財務管理は、単年度の経営にとって不可欠であるばかりでなく、中長期的な経営戦略の重要な一環でもある。中長期時にどのような財源を、どのような時期に、どのくらい、どこから用意するのかを検討した経営の戦略戦術を立てることが必要となっている。これは、しばしば経営戦略としてのみ捉えられているが、当面の目標からは、むしろ経営戦術として財務管理を捉えておく必要もある（注5）。

　その際、財務諸表分析により算出された経営指標も、経営戦術決定の科学的な根拠を示すものとして積極的に利用していかなければならない。例えば、独立行政法人福祉医療機構の『社会福祉施設の経営診断・指導に関する検討会報告書』（2000（平成12）年）では、特別養護老人ホームの主な経営指標として13の指標を示している（**表2**参照）。

　表2には、①入所利用率、②平均要介護度、③入所者1人1日当たり事業活動収入、④入所者10人当たり従事者数、⑤従事者1人当たり人件費、⑥人件費率、⑦労働分配率、⑧給食材料費率、⑨経費率、⑩減価償却費率、⑪労働生産性、⑫従事者1人当たり事業活動収入、⑬事業活動収入対経常収支差額比率の13項目が数値で示されているが、そのほかに七つの項目（①定員1人当たり有形固定資産額、②支払利息率、③純資産比率、④固定長期換金率、⑤流動資産、⑥純資産回転率、⑦純資産形状繰越差額比率）もチェックされている。データはやや古いが、考え方として今日も共通するところがあるので、そのままとしている。

　このような財務諸表その他の経営指標に基づく経営診断は、当面の社会福祉法人並びに

表2　特別養護老人ホームの状況（平成24年度）
（福祉医療機構貸付先の平均値）

経営指標			算式	従来型[注4] (1,601施設)	ユニット型 (1,037施設)
機能性	施設の機能やサービス内容を把握事業活動収入の基礎	①入所利用率	年間延べ入所者数/年間延べ定員数×100	95.6% (93.3%)	0.956
		②平均要介護度	表下に記載[注1]	3.93 (4.11)	3.76
		③入所者1人1日当たり事業活動収入	事業活動収入/年間延べ入所者数	11,364円 (12,194円)	13,319円
		④入所者10人当たり従事者数[注2]	年間平均従事者数/1日平均入所利用者数×10	6.28人 (5.50人)	7.55人
費用の適正性	良質なサービス提供に必要な支出が行われているか冗費を生じていないかを分析	⑤従事者1人当たり人件費	人件費/年間平均従事者数	4,114千円 (5,271千円)	3,733千円
		⑥人件費率	人件費/事業活動収入×100	62.2% (66.4%)	0.58
		⑦労働分配率	人件費/付加価値額×100	91.0% (94.8%)	0.863
		⑧給食材料費率	給食材料費/事業活動収入×100	6.8% (6.5%)	0.06
		⑨経費率	諸経費/事業活動収入×100	28.3% (21.4%)	0.256
		⑩減価償却費率[注3]	減価償却費/事業活動収入×100	3.3% (2.0%)	0.073
生産性	従事者や施設整備か十分に活用されているかを分析	⑪労働生産性	付加価値額/年間平均従事者数	4,519千円 (5,665千円)	4,323千円
		⑫従事者1人当たり事業活動収入	事業活動収入/年間平均従事者数	6,610千円 (8,090千円)	6,437千円
安定性	A	⑬事業活動収入対経常収支差額比率	経常収支差額/事業活動収入×100	5.7% (3.8%)	0.073

A：負債の支払能力やその基盤となる経常収支差額を分析
注1：平均要介護度の算式
注2：「事業活動収入」は「事業活動収支の部　収入」の「国庫補助金等特別積立金取崩額」と「事業活動支出の部　支出」の「利用者負担減免額」を除いた金額で算出
注3：「減価償却費率」の減価償却費は「事業活動収支の部　収入」の「国庫補助金等特別積立金取崩額」を除いた金額で算出
注4：従来型のカッコ内の数値は浴風会南陽園（平成27年度決算）によるものである

社会福祉施設の経営戦略にとって、さらには将来の経営戦略にとっても、きわめて有効なものと考えられる。

また福祉医療機構経営サポートセンターのコメント（総合所見）は、それなりに優れており、**図3**の下欄に記されているごとくである。

図3　福祉医療機構による浴風会（南陽園）経営指標のレーダーチャート図（施設）

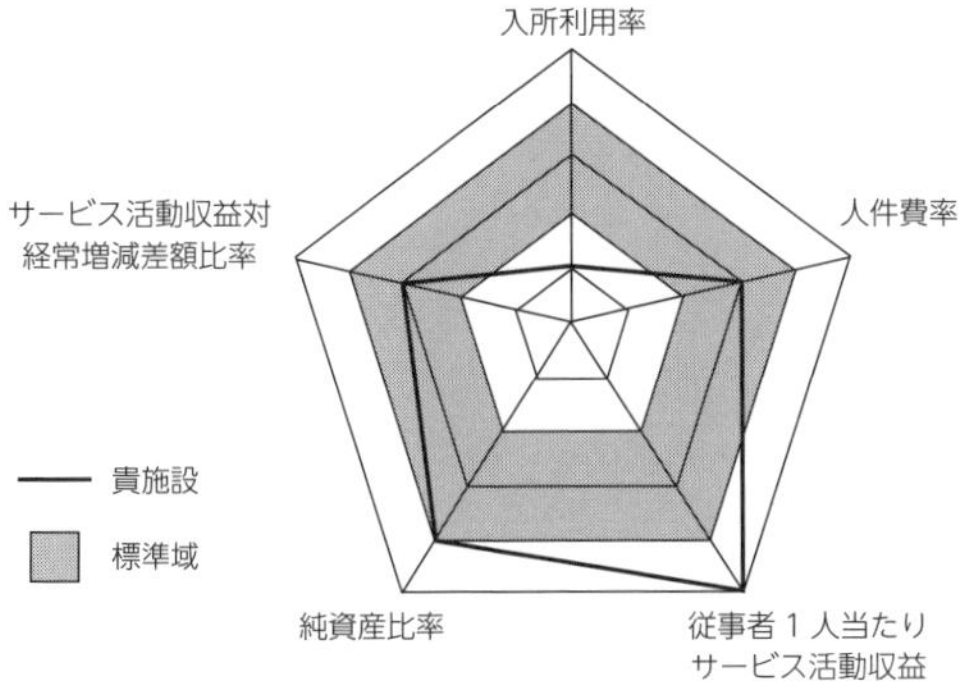

※このレーダーチャートは低いものを中心に近く、高いものを外縁に近くしております。ただし「人件費率」の項目につきましては高いほうを中心に近くしております。

総合所見（南陽園）

- 入所利用率は入所・短期入所を併せて良好な水準です。
- 平均要介護度が高く、入所者１人１日当たりサービス活動収益は高い水準です。地域区分や加算単価の確保状況も影響しています。
- 給食業務委託の実施を考慮しても、入所者10人当たり従事者数は少ない水準です。従事者１人当たりサービス活動収益は高い水準であり、従事者の業務負担の大きさが懸念されますのでご確認ください。
- 従事者１人当たり人件費は高い水準ですが、人件費率は標準的な水準となっています。
- 給食費率がやや低い水準です。効率的に運営されているともいえますが、食事の内容等の入所者サービスにおいて十分な満足を得られているか、ご確認ください。
- 生産性の各指標については概ね良好な水準ですが、この水準は従事者が少ないことが主な要因となっており、従事者への負担が大きいとも考えられます。
- 安定性の各指標については、概ね問題のない水準です。
- サービス活動収益対経常増減差額比率は標準的な水準です。

利用者へのサービス水準に留意しつつ、収入に見合った費用管理を適切に行うことが必要と考えられます。

※すべて拠点区分の数値を使用しております。
※表示の標準域については定員のすべてに「従来型」の形態が指定されている施設データを使用したものです。

（出典）福祉医療機構経営サポートセンター

表3　社会福祉法人浴風会　【法人全体診断】

貴法人全体の財務状況について、次のとおりご報告いたします

	経営指標	標準域	貴法人	1	2	3	4	
費用の適正性	従事者1人当たり人件費	3,202～4,430	6,077千円				☆	高い
	人件費率	59.9～73.2	69.5%			☆		やや高い
	経費率	17.8～28.3	31.9%				☆	高い
	減価償却費率	2.4～6.2	5.0%			☆		やや高い
生産性	従事者1人当たりサービス活動収益	4,736～6,905	8,744千円				☆	高い
	労働生産性	3,393～4,805	5,515千円				☆	高い
	労働分配率	86.4～100.8	110.2%				☆	高い
安定性	借入金比率	9.3～74.4	54.6%				☆	やや高い
	純資産比率	52.9～90.5	66.6%		☆			やや低い
	固定長期適合率	79.7～94.6	90.3%			☆		標準
	流動比率	199.9～733.3	246.0%		☆			やや低い
収益性	純資産回転率	0.34～0.58	0.46回			☆		標準
	サービス活動収益対経常増減差額比率	−0.2～10.3	−5.7%	☆				低い
	総資産経常増減差額比率	0.0～4.6	−2.6%	☆				低い

（出典）福祉医療機構経営サポートセンター

ちなみに浴風会の特別養護老人ホーム南陽園（平成27年度決算）に関する施設経営診断では、**図3**のようになっている。さらに、社会福祉法人浴風会のそれを他法人の平均と比べると、**表3**のような全体診断となっており、図示すると**図4a**もしくは**図4b**のようになっている。

なおここで念のため少しコメントをしておくと、浴風会（南陽園）においては、入所利用率は長期と短期の総合では決して悪くはないが、レーダーチャート図（**図3**）のように、長期だけとるとかなり低く、また給食委託※により、職員の人件費比率はやや下がり、給食費率も低くなっている。こうしたコメントを杓子定規に受け入れるのではなく、あくまで一

※給食委託
かつては、各社会福祉施設は自前の調理員と栄養士等を置いていたが、近年、大都市部を中心に、専門的給食業者にその業務を委託することが増加している。

つの目安とその改善策（ヒント）にして私ども福祉現場から経営状態をリアルに把握していく必要がある。

また既にみたように社会福祉法人の全体診断については、**表3**と**図4a**及び**図4b**となっている。働く職員にとって給与はさほど高くはなくても、1人当たり人件費及び労働分配

図4a　浴風会の経営指標のレーダーチャート図（法人）

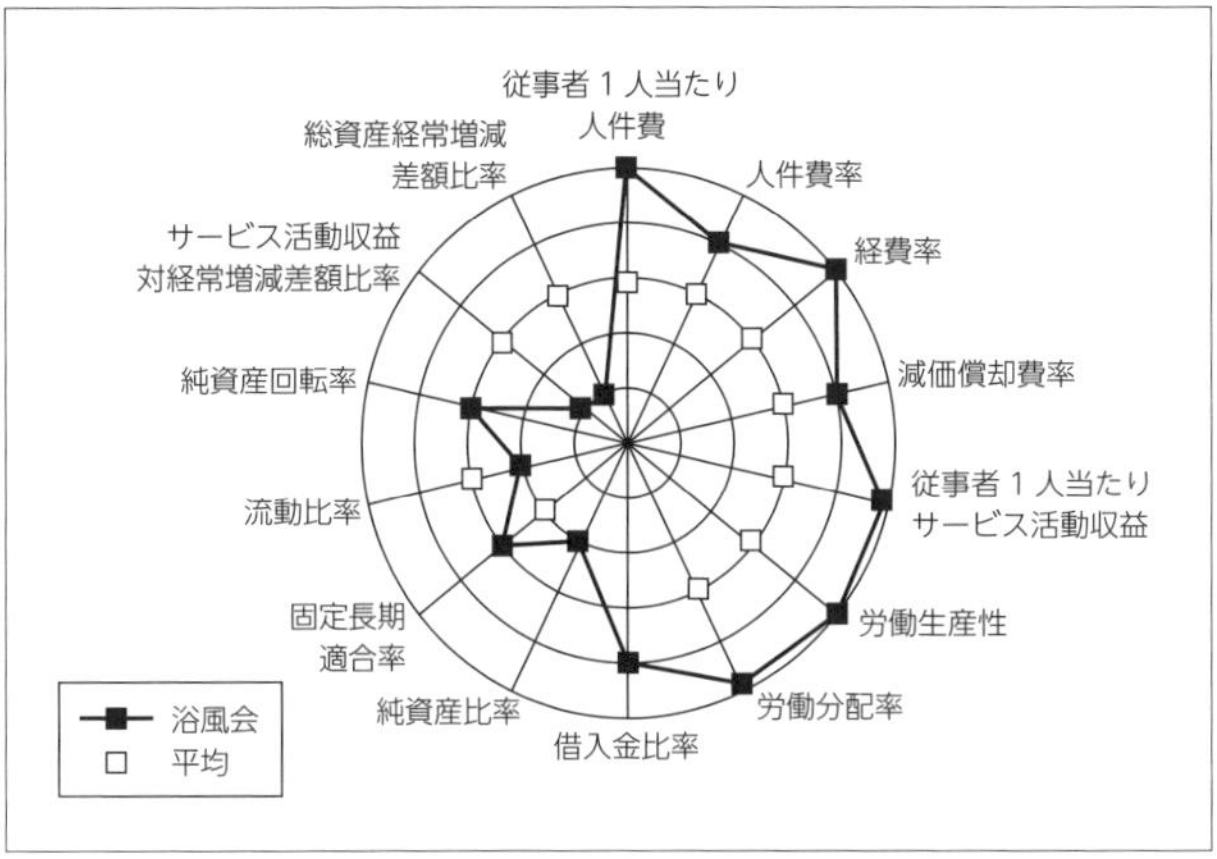

（出典）福祉医療機構経営サポートセンター

図4b　浴風会のポジション

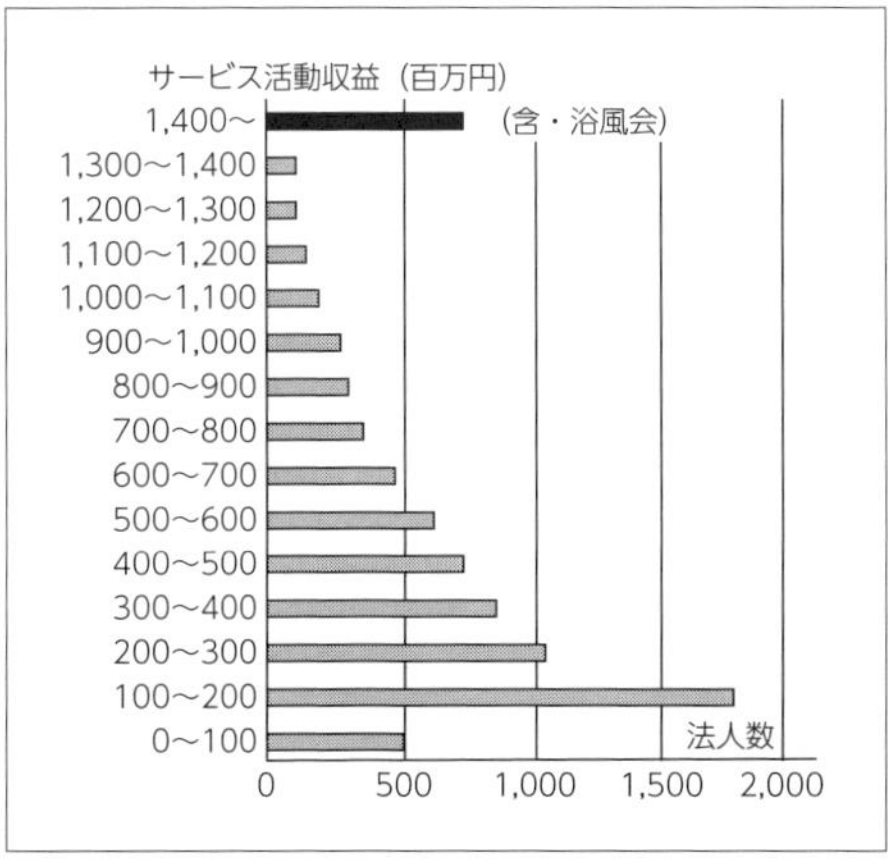

（出典）福祉医療機構経営サポートセンター

率が高く、それを保障する労働生産性や1人当たりの活動収益が高いところが特徴的である。その反面、サービス活動収益[※]が経常増減差額と比べて著しく低くなっている。

いずれにしても、財務管理は既にみた(1)サービス管理、(2)人事労務管理、(3)施設設備管理の三つを財務面から統括するものとしても、きわめて重要である。ただし、逆に財務管理に法人の経営管理を代表させることはできず、法人経営者の経営努力の範囲は財務管理の領域を大幅に越えていることを忘れてはならない。

※**サービス活動収益**
従事者1人当たりのサービス活動の収益を表わす指標。

第V部

福祉マネジメントの戦略

——経営戦略とは何か——

第Ⅴ部の概要

福祉法人の経営戦略は、経営目標を達成するための手段選択の枠組みを示す。これは単なる非営利の公益団体の運営管理にとどまらず、福祉サービスの集合的生産という事業経営の戦略でなければならない。

ちなみに浴風会では、将来の法人理念を⑴地域との協働と社会貢献、⑵利用者中心のサービス提供、⑶専門職の連携を活かした職場づくり、⑷着実な事業実施のための経営基盤づくりの四つとして、そこから基本構想及び中期計画を打ち出している。しかし、実際の弱小法人ではそうした対応すらとれず、場当たり的対応になりがちであることも予想される。

将来的には、１法人１施設中心の体制を改革して、合併ないし統合を図りつつも、当面の対応として他施設との連携を強化し、社会福祉法人協同組合（仮称）を創設することも視野に入れておく必要がある。

第1章

経営戦略とは

第1節　戦略の概念

経営戦略（management strategy）は、元来は軍事用語の戦略（strategy）を企業経営等に適用した概念である。戦略の概念を経営学の分野に最初に導入したのはA・チャンドラー※の『経営戦略と組織』（注1）であり、「一企業体の基本的な長期目的を決定しこれらの諸目的を遂行するために必要な行為の戦術〔行動方式〕を採択し、諸資源を割りあてること」（29頁）と定義している。その原典は1962年であるが、それの概念的枠組みを最初に示したのは、H・I・アンゾフ※の『企業戦略論』（注2）であり、企業における大局的な意思決定を戦略的決定と呼んだ。

それは「組織が中長期的な方針や計画を指す用語」として1960年代後半から企業社会で急速に流行してきた。ちなみにわが国の社会福祉の世界でも、「戦略」概念が登場し、

※A・チャンドラー（Alfred Chandler　1918~2007）
アメリカ経営学者で「組織は戦略に従う」という有名な言葉を残したといわれている。

※H・I・アンゾフ（Harry Igor Ansoff　1918~2002）
ロシアよりアメリカに渡り、ランド研究所で研究後、ロッキード社等で経営者として活躍した。その後、学術界へ転向し、主著『企業戦略論』（1965年）を出版、さらに戦略的な企業経営のための統合的アプローチの名著『戦略経営論』（1979年）を著わし、その後の現代経営学に多大な影響を及ぼした。

全国社会福祉協議会（以下、全社協とする）編『在宅福祉サービスの戦略』（全社協、1975年）や、京極髙宣の『長寿社会の戦略』（第一法規、1987年）及び同『介護保険の戦略』（中央法規出版、1997年）などで散見されるようになった（注3）。

しかし、経営戦略の定義は現在もなお必ずしも定まったものではない。戦略論の大家、ユタ大学のジェイ・B・バーニー※が言及しているように、「戦略について書かれた本の数だけ戦略の定義は存在するといっても過言ではない」（注4）のである。

企業社会では、大量生産・大量販売のビジネスモデルが成り立っていたバブル経済までは、戦略がなくてもすべての企業がそれなりに勝ち組になり得たが、バブル経済の崩壊以降、右肩上がりの経済成長は終えんし、中国・韓国をはじめとする東アジア諸国の台頭もデフレ経済に拍車をかけたといわれている。こうした時代背景の下では、個々の企業に戦略がなければ勝てない時代になってきた。残念ながら日本の大企業の多くは、企業戦術はあっても企業戦略をもっていなかったといわれる（注5）。それと同様なことが社会福祉法人にもあてはまるのではなかろうか。

※ジェイ・B・バーニー（Jay B. Barney　1954～）
アメリカの現代経営学者で企業戦略論の大家。経営資源に基づく競合優位性の理論に貢献。

第2節　経営戦略

ところで軍事用語では、戦略（strategy）と戦術（tactics）の区別は、きわめて相対的であるが、前者が全戦局での中長期的方針であるのに対し、後者は個々の戦闘における短期的な方針とされている。企業経営においても、また非営利組織（特に社会福祉法人）においても全く同様である（注6）。

いうまでもなく経営戦略とは経営目的を達成できるような方策全般を示す。それは、民間企業に限らず行政体や非営利的組織にとっても近年、きわめて重要なものとされてきている。企業戦術という言葉は必ずしも使用されてはいないが、企業戦略（corporate strategy）は事業戦略（business strategy）や機能戦略（functional strategy）と並んで、経営戦略の重要な一環をなす（注7）。

さて経営戦略は経営理念とどのような関係にあるのか。経営理念は、企業（または団体）の心得であり、社会・顧客・職員との関わりを通じた企業（または団体）の存在意義（存在理由）を内外に示すものである。それは、経営戦略の上位概念であり、経営理念で示された自らの企業（または団体）の理想的姿と現状とのギャップを埋めるための必要な取り組みを行うものである（**図1参照**）。もちろん、この両者の関係については諸説あるが、水谷内徹也※氏の見解（注8）が私には最もすっきりと理解できる。

経営戦略はある意味では経営目標を達成するための手段選択の枠組みを示し、経営目標と経営計画の中間（経営目標―経営戦略―経営計画）に位置する。こうした考え方を社会福祉法人の経営戦略にも生かすことは十分に可能である。

図1　経営理念と経営戦略の関係

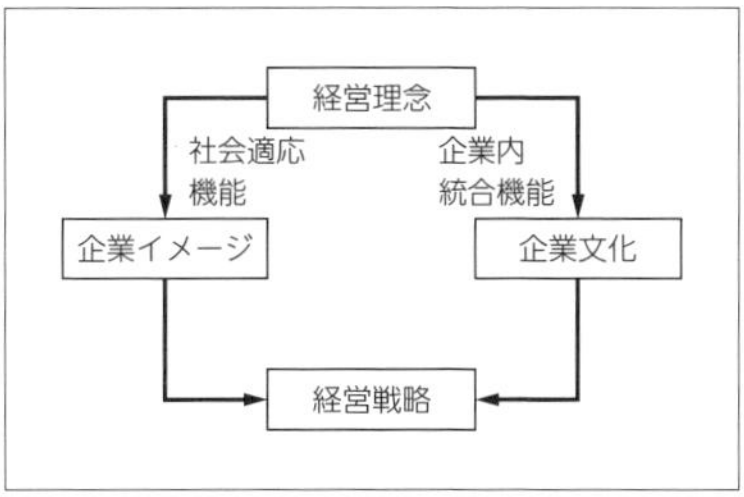

（出所）水谷内徹也『日本企業の経営理念―「社会貢献」志向の経営ビジョン』同文舘出版、1992年

※水谷内徹也
富山大学教授で企業戦略の第一人者。『日本企業の経営理念―「社会貢献」志向の経営ビジョン』同文舘出版、1992年、が主著。

第3節　ドラッカーによる非営利組織の単純化

さて、ここでドラッガーのマネジメント論の教訓に立ち戻らなくてはならない。

ドラッカーによる非営利組織の経営は、１９５０年代以降のアメリカ社会の実態に基づいている点はうなずけるものの、余りにも「特殊アメリカ的存在」（ドラッカー）にこだわっている。というのも、アメリカの非営利組織はその活動の担い手が主としてボランティアであり、そのために財政的には寄付に大きく依存しているという大きな特徴をもつからである。

そこで日米の非営利組織比較論をあえて試みると、現代日本の非営利組織で特色のある各種公益法人においては、活動の主な担い手は有給吏員であり、財政的には利用料プラス公的補助金（ないし公的保険報酬）となっているのが、アメリカの場合とはきわめて対照的である。もちろん日本の場合にも、ボランティアや市民参加は公益法人の活動にとってきわめて重要なものではあるが、それは主流ではなく、かなり補完的なものにとどまっていることを忘れてはならない。

また非営利組織の財政収支に関しても、ドラッカーはアメリカのボランティア団体等を例に挙げて、きわめて否定的である。「非営利組織に収支は関係ない」（注９）とも述べている。しかし、彼は必ずしも肯定的に受け止めてはいないかもしれないが、例えば病院経営にとって収支は最も重要なメルクマールとなることが指摘されている（注10）。ちなみに、※R・スピッツァーレーマン氏は次のように述べている。「医療の世界は競争が激しく、収支を見なければならないという点では、GM、ゼロックス、IBMとまったく変わりませ

※R・スピッツァーレーマン（Roxane Spitzer-Lehmann）
アメリカの非営利による病院経営の大家。女性の立場からの経営改革にも取り組む。

図2 非営利組織の構造的区分

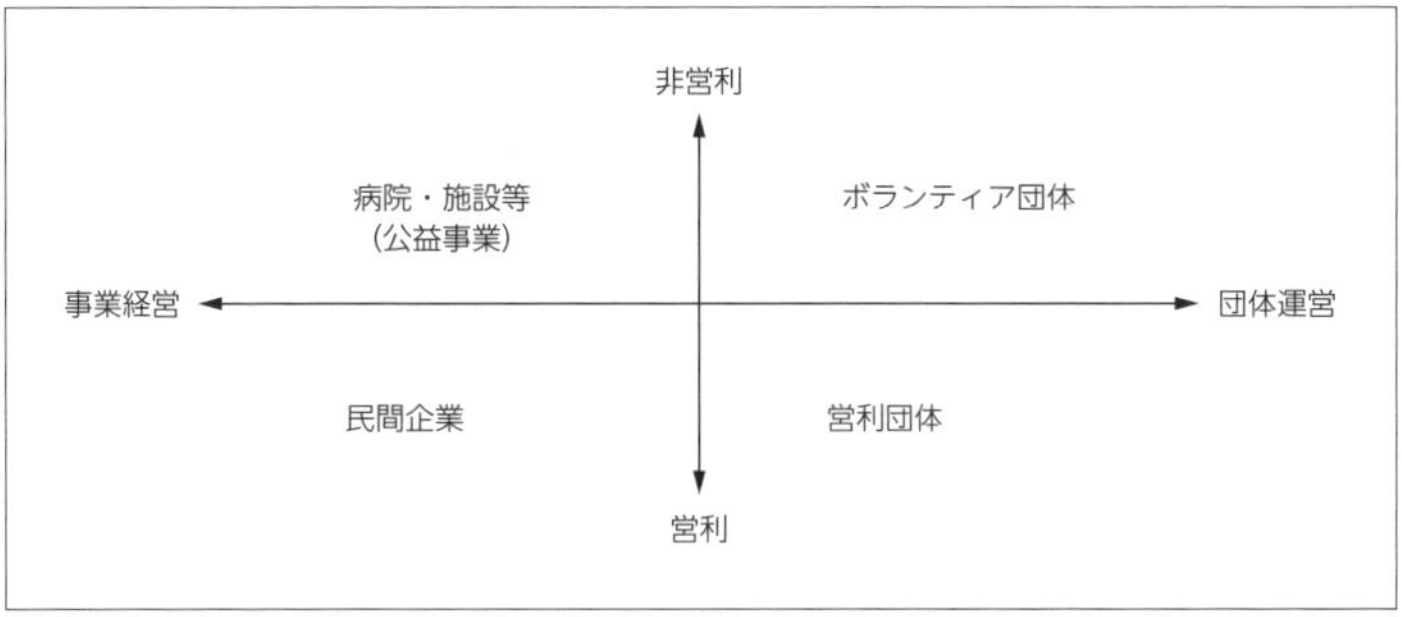

ん」(P・F・ドラッカー『非営利組織の経営』上田惇生訳、ダイヤモンド社、2007年、238頁)と。

さてここで、ドラッカーが非営利組織を余りにも単純化した問題点をより鮮明にするため、改めて非営利組織の構造的区分を私なりに行ってみたい。

というのは、非営利組織は営利組織(営利法人)との対比で一元的に区分されやすいものだが、実際には、病院、施設、学校などのような社会サービス事業(注11)を提供する組織(いわば事業経営屋)か、ボランティア団体等の団体運営を行う組織(いわゆる団体運営屋)かで、内容は大いに異なるからである。例えば経済団体や農協など事業経営を営む事業体を協同させて運営する団体は本質的に団体運営屋なのである。それ自体では企業等の事業体のように財貨やサービスを生産するものではないからである。これを私なりにマトリックスで表示すると**図2**のようになろう。

もちろん、非営利組織においては、事業経営であっても団体運営であっても、単なる収益だけではない数多くの社会経済的な成果が、営利組織の企業以上にある。それが非営利組織の特徴でもある。その中には、ドラッカーがしばしば強調するような、参加した人々の人間的成長や自己実現も含まれている（注12）。

また企業活動を比べると、非営利組織にはイノベーションはおよそ必要ないと強調されている通説に対しても、ドラッカーは真っ向から否定する。例えば１９７１年に名著『非営利組織のマーケティング戦略』を出版したノースウエスタン大学のフィリップ・コトラー※教授からは、「非営利組織でマーケティングが活発になったのは、かつてないほどに競争が激しくなったからである」（注13）との発言を対談の中で引き出している。

非営利法人の使命（ミッション）を踏まえた経営論には、私どもがまだ学なければならないところが少なくない。がそれにしても、ドラッカーの非営利組織論には、私ども社会福祉法人という非営利の公益法人の経営を展望するにはいささか物足りないところがあるのも事実である。その物足りなさを埋めることこそ、私どもが目指している福祉経営学の構築の鍵があるのではなかろうか。

※フィリップ・コトラー(Philip Kotler　1931～)
弱冠25歳でＭＩＴ経営学博士号をとり、ケロッグ・スクールでマーケティングを教え、『マーケティング・マネジメント』など出版。

第４節　ドラッカーのマネジメント業績

周知のように社会福祉法人は非営利組織でかつ公共的サービスを提供する事業団体である。その点で、世界的な経営学者ピーター・ドラッカーの80歳のときの著作『非営利組織の経営』（上田惇生訳、ダイヤモンド社、２００７年）は、非営利組織の経営についての世界で最初の本格的著作であり古典である、と評価されている（注14）。

そこで私どもが社会福祉法人の経営に関して語る場合には、この『非営利組織の経営』

の業績を踏まえて議論する必要があろう。

ドラッカーは同書の「まえがき」で次のように率直に述べている。少し長いが重要な指摘なので引用しておく。

「私が非営利組織のために働き出した1950年頃、政府と大企業が支配的な存在だったアメリカ社会において、非営利組織は付け足し的な存在だった。（中略）今日では現状が一変した。非営利組織はアメリカ社会そのものを特徴づける存在となった。政府が行えることには限界がある、一方で非営利組織は、それぞれに特有な仕事に取り組む以上の役割を果たしている。2人に1人が週3時間のボランティアとして働くようになった今日、非営利組織はアメリカ最大の職場といえる。それは市民としての責任を果たしたいというアメリカ人のニーズに応えるものでもある」（注15）

たしかにドラッカーが非営利組織の経営研究に一歩を踏み出した1950年代以降は、様相が全く異なっていった。

彼はいう。「50年代以降には、非営利組織にとってマネジメントという言葉はよい言葉ではなかった。それはビジネスを意味した。非営利組織はビジネスではなかった。当時は、あらゆる非営利組織がマネジメントを必要なしとした。そもそも非営利組織には収支なるものがなかった」（注16）と。

80歳当時の彼では、次のように判断している。

「今日の非営利組織には収支なるものがないからこそマネジメントが必要なことを知っている。

（略）日々のミッションに集中するにはマネジメントを知らなければならない。事実、

すでに非営利組織の世界ではマネジメントブームが進行中である」（注17）

こうした指摘は、わが国のＮＰＯ法人の全国的リーダーである堀田力氏（さわやか福祉財団会長）※も次のように高く評価している。

「『非営利組織』がそのミッションを実現するために必要な理論とノウハウが、すべて詰まっている。病院・学校・公益法人・特殊法人など、すべてのＮＰＯが、ドラッカーが述べるような経営をすれば、日本の社会はどんどんよくなることだろう」（注18）

こうしてドラッカーの不朽の名著は、今日もその意義を失っていないが、ややもすると社会福祉関係者にとっての金科玉条となるようでもある。しかしながら、はたして本当にそうなのか。ドラッカーの優れた指摘を高く評価しつつも、私の長年の社会福祉研究の重要部門である福祉経営学の視点からは、以上述べたように、いささか疑問なしとはいえないのである。

※さわやか福祉財団
１９９１（平成３）年11月に、堀田力氏によりさわやか福祉推進センターとしてスタート、その後、市民参加型財団として財団法人化し、ふれあい社会の実現を目指している。

第2章

社会福祉法人の基本理念と経営戦略

―浴風会の実践事例―

第1節　社会福祉法人の基本理念と経営原則

周知のように、今日の社会福祉法人においては、福祉サービスの基本理念が社会福祉法（2000（平成12）年）において次のように法的に定められており、それを遵守しなければならない。

「福祉サービスは、個人の尊厳の保持を旨とし、その内容は、福祉サービスの利用者が心身ともに健やかに育成され、又はその有する能力に応じ自立した日常生活を営むことができるように支援するものとして、良質かつ適切なものでなければならない。」（社会福祉法第3条）

また社会福祉法人の経営の原則等についても同様に改正社会福祉法（2016（平成28）年）で法的に定められている。

「社会福祉法人は、社会福祉事業の主たる担い手としてふさわしい事業を確実、効果的かつ適正に行うため、自主的にその経営基盤の強化を図るとともに、その提供する福祉サービスの質の向上及び事業経営の透明性の確保を図らなければならない。」（同法第24条第1項）

各社会福祉法人にとって、上記の福祉サービスの基本理念及び法人経営の原則の二つは、法的に遵守しなければならない準則ともいうべきものである。しかし、各々の社会福祉法人の歴史と地理的条件、規模内容などを考慮に入れると、若干の独自性や相違性が出てくることはきわめて当然である。

既に述べたように浴風会では創立90周年に向けて、将来の法人理念を次の三つからなるものに変更した。

Ⅰ．地域との協働と社会貢献

Ⅱ．利用者中心のサービス提供

Ⅲ．専門職の連携を活かした職場づくり

がそれである。さらに既にふれたように改正社会福祉法（２０１６（平成28）年3月）を踏まえて、上記の経営原則を若干盛り込み、

Ⅳ．着実な事業実施のための経営基盤づくり

を２０１７（平成29）年度4月以降から追加した。

こうした法人の基本理念はある意味では法人の経営理念と同様であり、それに基づいて経営戦略が立てられなければならないものである。

浴風会では、時間的には若干前後するが創立85周年を迎えて既に浴風会基本構想を打ち

出しているが、それが経営戦略におおむね相当するものである。

この基本構想は、法人外部の学識経験者の諸委員※（委員長＝辻哲夫氏）の検討をいただいた上で、最終的には浴風会の理事会・評議員会（２０１０（平成22）年10月）で決定されたものである。

基本構想では、浴風会の柱である高齢者介護・福祉施設及び医療施設等の改築・改修・更新にあたって進むべき方向性（一言でいえば、高齢者医療・介護・福祉のセンター・オブ・センターズ※を目指すもの）を明記している。具体的には、新たな浴風会病院を中軸にした会内の高齢者施設体系を再編成するものである。

特に地域の高齢者ニーズに応えるため、通過型の介護老人保健施設（老健施設）の新設と在宅機能を充実強化するための病院・施設の諸機能の強化、居住性の高い高齢者諸施設群などの拡充を目指すものになっている（注1）。

具体的には、(1)浴風会病院の整備、(2)福祉施設の充実強化、(3)介護施設の充実強化、(4)認知症介護研究・研修東京センターの充実、(5)地域サービスの展開を打ち出し、あわせて(6)経営基盤の確立、(7)本部機能の強化を経営戦略の一環として挙げている。本章では、その内容を詳しく紹介するスペースはないが、(2)や(3)の中には老朽化対策や照明のＬＥＤ化なども含まれている。なお(7)の中には専務理事の新設、研修企画部（ケアスクールを含む）の設置、人事考課制度の確立と会内人事交流の促進が、また(5)には会内保育所の設置（浴風会の92年の歴史で最初の児童福祉施設）などが含まれている。

これらは、その6年後の２０１７（平成29）年4月時点では会内保育所の設置を含めてほぼ達成されている。もちろん、経営企画会議（ＣＥＯ会議）の充実など、近年実現され

※浴風会基本構想検討委員（メンバー）

辻哲夫（委員長）・珂北博文・児玉桂子・武居敏・樋口恵子の5名に加え、オブザーバーとして長田斎・板山賢治。

※センター・オブ・センターズ（the center of centers）

樋口恵子氏による提案。女性活動・保健福祉などに限らず、全国各地の各分野のセンターの中の中心的役割を果たすセンターという意味。

た課題もある。

こうした経営戦略に基づき、浴風会では毎年度の各事業計画と予算案が立てられている。なお新たに改正された浴風会の基本理念は、前回の基本理念を踏まえてさらに改善されたもので、先の基本構想とは矛盾したもので全くなく、むしろ基本構想をよりよく押し上げる内容をもっている。加えて浴風会では現在、創立100周年に向けて中期計画（5カ年計画）の策定を鋭意検討している。

図1　組織の構造とマネジメント・リーダー

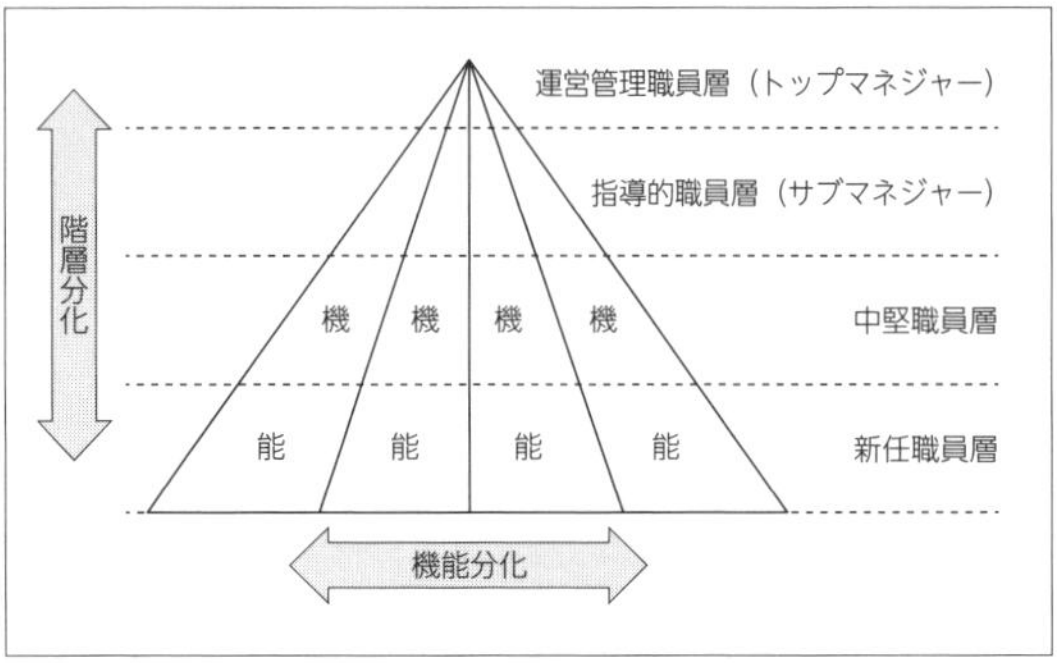

（出典）「福祉職員生涯研修」推進委員会編『改訂 福祉職員研修テキスト基礎編―仕事の進め方・考え方を学ぶ』全国社会福祉協議会、2002年、29頁に基づき、若干改正（カッコ内は筆者）

第2節　社会福祉法人経営のリーダーシップ

社会福祉法人は、階層別に分化した機能と専門職種別の機能が織り交ざって構成される多機能集団である。**図1**はさしあたり職階制職種別の職員研修のために作成されたものだが、リーダーシップの階層性を理解するためにも便利である。

階層別に分化した機能は、(1)経営管理の機能を担う職員層（トップマネジャー）、(2)業務経営（運営）管理を担う指導的職員層（サブマネジャー）、(3)指導的職員の下で業務運営にリーダーシップを発揮する中堅職員層（リーダー及びサブリーダー）、及び⑷業務を協働的に担う新任職員層（カモン・クラーク）である。

専門職種別の機能は、チームアプローチによってそれぞれに国家資格等を有している①介護系職員、②医療系職員（看護師を含む）、③相談系職員（社会福祉士を含む）、④栄養系職員（管理栄養士など）、⑤事務系職員、⑥その他の職員集団によって構成されている。

これからの社会福祉法人の経営管理に関しては、すべての職員が何らかの形で関わる必要があるが、階層別の職階によってリーダーシップの取り方の内容が相当に異なる。先に述べた経営戦略では、社会福祉法人の⑴理事長、業務執行担当理事などのトップマネジャーのリーダーシップが強く問われている。また、業務部門と経営管理では⑵施設管理のサブないしミドルマネジャーのリーダーシップいかんにかかっている。日常のケア業務などでは、トップマネジャーはもちろん、サブないしミドルマネジャーもしばしば後景に退き、むしろ⑶や⑷のリーダーシップの力がものをいう。

しかし、例えば戦後日本の最高の企業経営者の1人である京セラの稲盛和夫氏※が提唱しているアメーバー経営のように、上記⑶及び⑷を含めすべての職員が経営に参加し、業務区分を細分化し、社内売買を仮説して、時間あたりの採算表を設けて、全社的に経営を推進していくことは、当面の各業務部門の経営戦術であるだけでなく、将来の社会福祉法人全体にとっては経営戦略ともなるだろう（注2）。

そうした意味では、社会福祉法人はある意味で株式会社などの民間企業と比べてはもちろん、公益法人の中でも最も民主的な職員参加型経営を行える潜在的な可能性をもっていると私には思われる。トップマネジャーがこの可能性をいかに引き出すかが社会福祉法人

※稲盛和夫（1932〜）
戦後、京セラを立ち上げ、セラミックの電子産業への導入を図り、一大企業を興した大企業家。かつ全社員参加によるアメーバー経営を開発した企業人。国内外で稲盛氏を中心とした盛和塾を展開している。

表1　浴風会職員六つの信条

1　わたくしたちは、地域との信頼関係を大切にして、ニーズの把握に努め、積極的な社会貢献を行い、地域福祉の推進に努めます。
2　わたくしたちは、利用者の人格と個性を尊重し、利用者中心のサービスの提供に努めます。
3　わたくしたちは、各種法令を遵守し、個人情報の保護に努め、医療、介護、福祉の円滑な推進を図ります。
4　わたくしたちは、医療、介護、福祉の専門職として各種研修に参加し、かつ自己研鑽に励みます。
5　わたくしたちは、医療、介護、福祉の専門職として相互に尊重し合い、緊密に連携しつつ、働きやすい職場づくりの実現に努めます。
6　わたくしたちは、常にコスト意識を持って効率的に事業を進め、法人の持続的な成長を可能とする経営基盤づくりに努めます。

経営の鍵の一つであろう。

ちなみに私ども浴風会では、先の浴風会基本理念（Ⅰ～Ⅳ）を踏まえて**表1**のように職員の六つの信条を設けている。特に注目していただきたいのは先の「Ⅳ．着実な事業実施のための経営基盤づくり」という基本理念を設け、それに対応して、職員にも「6　わたくしたちは、常にコスト意識を持って効率的に事業を進め、法人の持続的な成長を可能とする経営基盤づくりに努めます」を改めて信条の一つにしたことである。このことによって、浴風会ですべての職員参加による経営基盤づくりが目指されようとしている。

もちろん、最終的には社会福祉法人の執行機関である理事会がリーダーシップをとって職員をさらに鼓舞する必要があるが、何もトップマネジャーのみが、あるいはサブないしミドルマネジャーまでが、法人経営のリーダーシップをとればよいということにはならないのである。平の職員を含めて各々の部署で、それにふさわしいリーダーシップの発揮がなされるべきであろう。

ただし、職員研修では経営講義の時間的重点が各々異なることは十分あり得ることで、例えば、トップマネジャーでは8割、ミドルマネジャーでは4割、平の職員では1～2割と比重が各法人の特性に合わせて段階的に異なることも予想される。ただし、従来のように、トップマネジャーなどの幹部研修においてもややもすると、法人経営論がほとんど科目に入っていない点などは早急に改められるべきである。むしろトップマネジャーの研修では優れた企業経営の経験から学びつつ法人経営論が主要なものとならねばならない。

私ども福祉法人経営学会も全社協経営協の各種研修にとって代わるものではないが、経営協へのアカデミックな応援団として研修内容に政策理論的なメリハリをつける学問的な貢献を行ってゆきたいと願っている。

第3章

社会福祉法人の置かれた立場

第1節　社会福祉法人の誕生

戦後日本における社会福祉の発足は、敗戦後のGHQ※の主導によるところがきわめて大きかった。特に1946（昭和21）年の「SCAPIN775※」（注1）の3原則、すなわち①国家責任の原則（公私分離の原則を含む）、②無差別平等の原則、③必要充足の原則は、その後の公的扶助や社会福祉事業等の在り方を左右するものであったといわれる（注2）。

1947（昭和22）年に日本国憲法が施行され、生存権（第25条）を含む基本的人権（憲法第3章）が定められ、それに基づく社会福祉が展開され始めているが、ここにおいても右記①の原則は憲法第89条に包含されるものとなっている。すなわち「公金その他の公の財産は、宗教上の組織若しくは団体の使用、便益若しくは維持のため、又は公の支配

※GHQ（General Headquarters）
連合国軍最高司令官総司令部。敗戦直後、マッカーサー元帥を頂点とする戦後日本の最高支配者であった。

※SCAPIN775（the Supreme Commanders for the Allied Powers Index Number）
連合軍最高命令775号。1946年の「社会救済」（SCAPIN775）はわが国の占領期社会福祉改革の原理となったといわれる。

に属しない慈善、教育若しくは博愛の事業に対し、これを支出し、又はその利用に供してはならない。」（第89条）とした。それにより、戦前からの民間社会事業にみられた公私混同・公私癒着は禁止され、さらに、以前の社会事業法（1938（昭和13）年）により正当化された都道府県の民間社会事業の助成金の支出も困難になったともいわれる。

また、※社会保障制度審議会（以下、制度審とする）は憲法第25条に基づく生存権保障を実現するため「社会保障制度に関する勧告」（会長＝※大内兵衛氏）を出した。そこでは、「民間社会事業に対しても、その自主性を重んじ、特性を活かすとともに特別法人制度［社会福祉法人の意―筆者］の確立等によりその組織的発展を図り、公共性を高めることによって国及び地方公共団体が行う事業と一体となって活動しうるよう適当なる措置をとる必要がある」とし、「特別法人として社会福祉法人の制度を設ける」と提言している。

そこで日本政府としては、制度審の勧告を受けた形で、1951（昭和26）年の社会福祉事業法の制定により、国の責任による社会福祉事業（第1種及び第2種）を定め、従来の民間社会事業の受け皿としての社会福祉法人制度を創設した。国または地方公共団体は、「必要があると認めたときは」社会福祉事業を社会福祉法人に措置委託することにより、憲法第89条の壁をクリアし、補助金を支出することを認め、特別助成の径《みち》が開かれたわけである。こうして民間社会事業に対し、従来の任意団体から社会福祉法人制度の創設により法人格を有し、かつ憲法第89条を回避して、公費による財源確保が可能になったといわれる（注3）。なお、他の公益法人と同様に、財政規律等を社会福祉法人下でより強く遵守することを義務づけたことも指摘しておく。

※社会保障制度審議会
1950（昭和25）年に発足した国の社会保障の在り方を決定する審議会（初代会長＝大内兵衛）。国会議員、地方行政、労使、学識経験者等からなる最高審議会。同年の勧告はその後の社会保障の方向を決定したが、現在は、厚生労働省社会保障審議会に発展解消された。

※大内兵衛（1888～1980）
元東京大学教授。法政大学総長。戦前戦後における大経済学者。

表1　明治期から戦後までの社会事業施設数の変遷　（単位：箇所）

	総数	児童保護	経済保護	医療保護	生活保護	隣保事業	その他
明治元年	12	—	—	1	8	—	—
明治10年	34	8	—	2	12	—	—
明治20年	96	24	2	18	27	1	5
明治30年	202	69	5	36	50	1	10
明治40年	452	189	14	67	107	3	22
大正6年	916	366	37	163	159	5	55
昭和2年	3,700	1,027	304	408	438	59	187
昭和12年	6,380	1,854	263	402	799	190	457
昭和22年	4,819	1,895	—	533	713	101	165
昭和24年	7,038	3,417	—	363	278 (22)	51	171
昭和26年	6,511	4,815	—	133	433 (127)	51	122

注：昭和26年までは社会局編本邦社会事業概要（昭和8年版）、昭和12年は第15回本邦社会事業統計要論による。終戦後の統計は昭和22、24年は厚生省社会局編、昭和26年は昭和24年の社会局調査資料を昭和26年初頭の社会局施設課、更生課、児童局、各課の調査資料により補正した概数である

（出典）「社会福祉行政資料」厚生省・全国社会福祉協議会連合会、1982年、76頁

第2節　社会福祉施設の増設推移

戦前の社会事業施設は、明治期から社会福祉法人の誕生の1951（昭和26）年まで、第二次世界大戦下においても何とか拡大してきた。明治期においては1868（明治元）年の12施設から1907（明治40）年の452施設へ。1927（昭和2）年の3700施設から日本資本主義の発展、大災害等による社会問題化により大戦直前の1937（昭和12）年には6380施設に拡大した。しかし、戦後を経て先に述べたように、1947（昭和22）年に一時的に4819施設に減少したものの、2年後には7038施設へ再び急増した（**表1**参照）。

その後、社会福祉事業法※（1951（昭和26）年）の施行により、社会事業施設は一時的に6511施設へ減少した

※**社会福祉事業法（1951年）**
戦後日本の社会福祉の骨格を形成するべく法制化された社会福祉の基盤法。現行社会福祉法の前身。

反面、社会福祉施設の制度的発足によって、1951（昭和26）年には最終的に7070施設となった（**表2**参照）。

なおこの時代は、生活保護法、児童福祉法、身体障害者福祉法が制定された、いわゆる「福祉三法時代」※であった。戦後初期は戦前から継続する保育所を含む児童保護が最も多いが、その増設は生活保護施設が中心であった。その後、児童福祉法（1947（昭和22）年）の発足によって児童福祉制度が分肢され、特に保育所等の児童福祉施設は1951（昭和26）年には6035施設（85・4％）へと増大した。その後の日本経済の高度成長期には、いわゆる「福祉六法時代」※に入り、先の三法に加えて精神薄弱者福祉法（後の知的障害者福祉法）、老人福祉法、母子福祉法（後の母子及び父子並びに寡婦福祉法）が施行され、1970（昭和45）年には全体として約2万4000施設に成長した。

そして、2000（平成12）年前後に「措置から契約へ」というスローガンによる社会福祉基礎構造改革が行われ、社会福祉事業法が社会福祉法（2000（平成12）年）に再編成され、さらに介護保険法の施行等により、2000（平成12）年には約7万6000施設、2005（平成17）年には約9万5000施設と急増した（**表2**参照）。

さて、今日の社会福祉法人については、従来の行政事務の単なる受託者という性格を脱し、利用者に提供するサービスの質を確保しつつ、事業経営の効率性を図る必要がある。とりわけ自主的な経営基盤を強化していく積極的な姿勢が必要となるとして、新たな社会福祉法人の経営原則（社会福祉法第24条の経営の原則）も新たに定められた（注4）。

戦後の社会福祉法人の数は、1998（平成10）年度には、約1万6000法人、そのうち施設経営法人は約1万2600団体（77・4％）を占めている。この時代までは、い

※福祉三法時代
生活保護法、児童福祉法、身体障害者福祉法の三法体制の時代。

※福祉六法時代
右の三法に加えて、老人福祉法、精神薄弱者福祉法（現・知的障害者福祉法）、母子福祉法（現・母子及び父子並びに寡婦福祉法）の六法の体制を指す。

表2　社会福祉施設数の年次推移

	総数	保護施設	老人福祉施設	身体障害者更生援護施設	知的障害者援護施設	精神障害者社会復帰施設	婦人保護施設	児童福祉施設	母子福祉施設	その他の社会福祉施設
昭和26年	7,070	959		76	·	·	·	6,035	·	·
30年	11,984	1,284		143	·	·	10	10,256	·	291
35年	13,707	1,208		139	·	·	65	11,916	·	379
40年	16,453	504	795	169	70	·	67	14,020	·	828
45年	23,917	400	1,194	263	204	·	61	20,484	52	1,259
50年	33,096	349	2,155	384	430	·	60	26,546	60	3,112
55年	41,931	347	3,354	530	723	·	58	31,980	75	4,864
60年	47,943	353	4,610	848	1,140	·	56	33,309	88	7,539
平成 2年	51,006	351	6,506	1,033	1,732	90	53	33,176	92	7,973
8年	61,197	340	15,000	1,394	2,449	285	52	33,217	94	8,366
12年	75,875	296	28,643	1,766	3,002	521	50	33,089	90	8,418
17年	94,612	298	43,285	2,294	4,525	1,687	50	33,545	80	8,848

注1：昭和45年までは12月末現在、昭和50年以降は10月1日現在

注2：老人福祉施設は平成12年以降「介護サービス施設・事業所調査」において介護老人福祉施設、通所介護事業所および短期入所生活介護事業所として把握した数値を含む

＊昭和26年と30年は厚生省大臣官房統計情報部「社会福祉行政業務報告書」、昭和35年〜は同統計情報部「社会福祉施設等調査」より作成

（出典）『全国社会福祉協議会百年史』2010年、76頁

わゆる福祉措置時代であって、人口高齢化の進展で老人福祉法に基づく老人福祉施設等が急増し、それは介護保険法の施行（２０００（平成12）年度）以降も一層に加速された。

その後、２０１７（平成29）年度には社会福祉法人は２万法人を超え、そのうち施設経営法人は約１万７０００団体（87・４％）となっている。

また老人介護施設、特に特別養護老人ホームは、社会福祉法の第一種社会福祉事業に位置づけられているが故に、人口高齢化の中で地域が求めている老人介護施設を設立するために社会福祉法人をあえて立ち上げるという本末転倒

表3　法人の種類別社会福祉法人数の比較

	1998（平成10）年度		2017（平成29）年度	
総数	16,289	100%	20,798	100%
施設経営法人	12,605	77.40%	18,186	87.44%
社会福祉協議会	3,404	20.90%	1,900	9.14%
共同募金会	47	0.30%	47	0.23%
社会福祉事業団	151	0.90%	125	0.60%
その他	82	0.50%	540	2.60%

（出典）厚生労働省「社会福祉行政業務報告」平成10年度版、同「福祉行政報告例」平成29年度版

な対応により、1法人1施設による社会福祉法人が増大したきらいもあった（**表3参照**）。したがって特養をもつ社会福祉法人は1法人1施設が圧倒的に多くなったわけである。

なお、社会福祉協議会に関しては市町村の合併で1998（平成10）年度（20・9％）から2017（平成29）年度（9・1％）と大幅に減少している。

こうした社会福祉法人の立ち位置は、行政措置の受け皿が必ずしも社会福祉法人でなく、それを構成している社会福祉施設にあることから、民間企業のようなスケールメリット※が働かず、どうしても零細企業と同様の体質が免れなかった。近い将来において1法人複数施設を目指すなど21世紀にふさわしい社会福祉法人改革が必要不可欠となっている。

※スケールメリット
和製英語で、規模を大きくすることにより生まれる利点（規模効果）の意。

第3節　社会福祉法人の分布と位置

今後における社会福祉法人の経営戦略をより具体的に探るには、ここで改めて社会福祉法人の立ち位置を再確認しておく必要がある。既に社会福祉法人の社会福祉法上の規定については紹介したが、その実態がどうなっているか改めて把握することが本節の課題である。

表４　社会福祉法人数の推移　（各年度末現在　単位：法人）

	平成２年度	平成12年度	平成22年度	平成23年度	平成24年度	平成24年度の対平成２年度増減	
						増減数	増減率（％）
総数	13,356	17,002	18,658	19,246	19,407	6,051	45
社会福祉協議会	3,074	3,403	1,846	1,901	1,901	△1,173	△38
共同募金会	47	47	46	47	47	0	0
社会福祉事業団	105	152	132	133	131	26	25
施設経営法人	10,071	13,303	16,342	16,842	16,981	6,910	69
その他	59	97	219	323	347	288	488

（出典）「社会福祉行政業務報告」厚生労働省大臣官房統計情報部

２０１２（平成24）年度現在、社会福祉法人数は**表４**のように約２万法人（１万９４０７法人）であり、その大半（87・５％）は施設経営法人（１万６９８１法人）である。特に特別養護老人ホーム（以下、特養とする）は法律上、行政直轄（ないし特殊法人）か社会福祉法人でなければ経営ができないので、後に詳細にみるように特養を創設するために社会福祉法人をあえてつくるという本末転倒した対応がなされ、１法人１施設がきわめて多くなっていった経緯もある。

もちろん社会福祉法人といっても、先の施設経営法人以外にも、市町村社会福祉協議会など１９０１法人（９・８％）、都道府県共同募金会47法人（０・２％）、※社会福祉事業団１３１法人（０・８％）、その他３４７法人（１・８％）となっている。これを対１９９０（平成２）年度からの増減でみると、社会福祉協議会が市町村合併により38％減少しているのに比べ、施設経営法人は２０００（平成12）年４月からの介護保険の施行当初の１万３３０３法人からさらに増加している。具体的には、２０１０（平成22）年度１万６３４２法人、２０１１（平成23）年度１万６８４２法人、２０１２（平成24）年

※社会福祉事業団
１９８０年代以降、急速に増加した公設民営の社会福祉法人。特に都道府県や政令指定都市では程度の差はあれ、かなり増加している。ただし、実質的には、県営・市営などと大差はない。

度1万6981法人と増加傾向を続け、対1990（平成2）年度の増減では69％増加している。なお公立施設の転換の公社その他は、488％増（4・88倍）と大きく伸びている。

いずれにおいても旧来の措置時代の名残で、詳しい施設統計は割合充実しているが、詳しい法人統計は現在のところほとんどない。今後は、2017（平成29）年6月に厚生労働省が社会福祉法人の全国調査を終えた以降に、必要な統計数字が得られるだろう。

そこで限られたデータである厚生労働省統計情報部の「社会福祉行政業務報告（福祉行政報告例）」―以下の図表はあえて明記しないが同報告による―によると、2013（平成25）年4月1日現在の全国の社会福祉法人1万9810法人のうち、社会福祉施設を経営する法人1万7346法人（87・6％）であるという。先の数字と若干異なるが、大半が施設経営法人であることには変わりはない（**図1参照**）。その中で、退職手当共済制度※に加入している社会福祉法人は1万6678法人（96・1％）である。

ここで全体の印象を述べれば、わが国の社会福祉法人は零細・中小規模法人が1万5150法人（90・8％）と9割を占めているということである。他方、中小企業基本法のサービス業における従業員100人以上、資本金5000万円以上の大規模の社会福祉法人は、1528法人（9・2％）となっている。わが国における経済市場における民間企業以上の「経済の二重構造」（長洲一二※）が社会福祉業界ではより一層顕著であるといえる。

ちなみに、私ども浴風会は事業規模が2017（平成29）年現在、約850人の職員（常勤換算）がいるが、同様の社会福祉法人は6法人（0・04％）となっており、それ以上の法人（15法人）を加えても全体の0・13％ときわめて少ないのである。

既に述べたことだが、かつて社会福祉法人は行政による措置制度に支配されていたの

※退職手当共済制度（社会福祉施設職員等退職手当共済制度）
社会福祉施設職員等退職手当共済法（1961（昭和36）年施行）により規定されている制度。社会福祉法人の相互扶助の精神に基づき、社会福祉法人に従事する職員について退職手当共済制度を確立し、社会福祉事業の振興に寄与することを目的としている。

※長洲一二（1919～1999）
元神奈川県知事（1975～1995年）。「地方の時代」を訴えた経済学者。

図1　社会福祉法人の規模観

■福祉行政報告例（厚生労働省統計情報部）によると、全国19,810法人のうち、社会福祉施設を経営する法人は17,346法人（H25.4.1時点）

■退職手当共済制度に加入している社会福祉法人は、16,678法人であり、加入職員100人未満の法人が約9割（15,150法人）を占めている

※特別養護老人ホーム等については、加入が任意であるため、必ずしも「加入職員＝従業員」ではない

※中小企業基本法では、サービス業（福祉等）における中小企業を従業員100人以下または資本金5,000万円と定義している

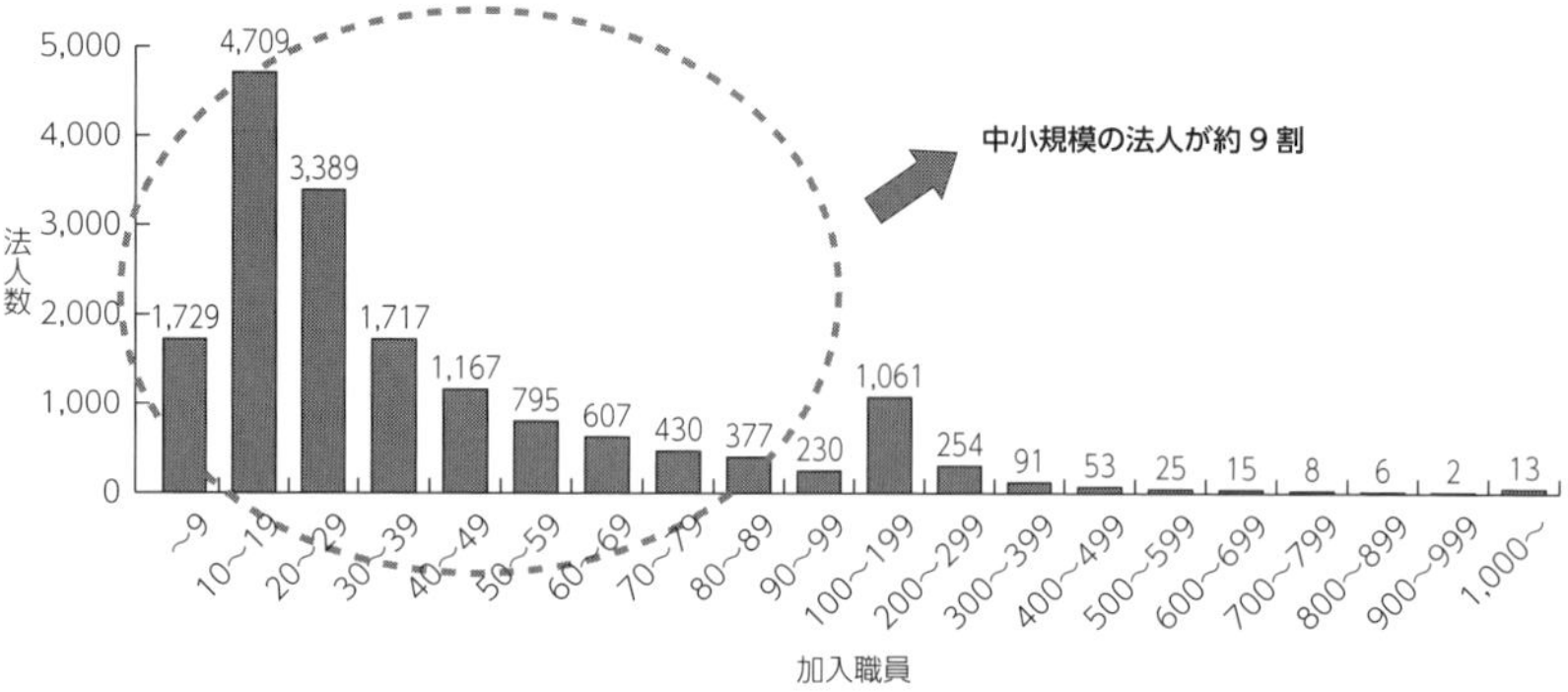

注：福祉医療機構のデータをもとに事務局にて作成

（出典）第11回社会保険審議会福祉部会（平成26年8月27日）参考資料2

で、その場合措置費は法人ではなく施設に投入されており、施設会計は存在しても法人会計は皆無に等しいといわれていた。それ故に、複数施設を抱える大規模法人にとっても、そのスケールメリットは余りなかったかもしれない。

しかし、２０００（平成12）年からの介護保険法の施行などを含めて「措置から契約へ」をスローガンとする社会福祉基礎構造改革では規制緩和が小幅になされ、会計費目間の流用化や法人本部会計への繰り入れなどもごく一部分認められて、法人経営のスケールメリットが若干発揮されるようになってきた。

加えて、2016（平成28）年3月の社会福祉法改正で、社会福祉法人の財政規律が強化され、社会福祉法人の余裕資産を明確にし、それがプラスであれば地域への社会貢献などへの再投下計画が法的に義務づけられるようになってきた。こうして2017（平成29）年4月1日以降からは、一方では社会福祉法人にふさわしい行政規制が強まる半面、他方では法人会計での規制緩和が若干なされ、新たな社会福祉法人の経営戦略を模索できる可能性も大いに広がっているといえる。

以上みたように、これからの社会福祉法人は、適正規模を検討し、必要な(1)法人合併や(2)法人吸収（あるいは法人統合）、(3)連携などを推進し、経営基盤をより安定させ、かつ効率化させる必要があることは間違いない。

第4節　社会福祉施設別の経営主体状況

わが国の社会福祉施設は近年、障害分野で施設の統合化が一部行われたが、きわめて多様で細分化されており約56種類に及ぶ。しかも各々の社会福祉施設によって経営主体が異なる。なお施設種類の内訳は、先の厚生労働省の福祉行政報告例によると、2015（平成27）年10月1日現在、保護施設は5種類、老人福祉施設は9種類、障害者支援施設等は3種類、身体障害者社会参加支援施設は8種類、婦人保護施設は1種類、児童福祉施設等は22種類、母子・父子福祉施設は2種類、その他は6種類、合計で56種類である。社会福祉法人は、どのように社会福祉施設の経営主体で首位を占めているかをここで概略しておきたい。

まず入所系事業所※の経営主体においては、その歴史的経緯から行政が直営していたものを社会福祉法人が引き受けるという形で社会福祉法人が大勢を占めている場合が圧倒的に多い（注5）。

例えば特別養護老人ホーム（以下、特養とする）においては、社会福祉法人の経営が9割強を占めている（図2参照）。しかも2000（平成12）年（92・9%）から2006（平成18）年（95・2%）、さらに2017（平成29）年（97・9%）とその割合は大幅に増大している。

また児童養護施設においては、社会福祉法人の経営は同じく9割以上を占めている（図3参照）。児童養護施設はかつての公営（6・3%）が減少し、その分社会福祉法人が、2000（平成12）年（90・9%）、2006（平成18）年（94・8%）、2017（平成29）年（97・5%）と漸増している。

さらに障害者支援施設においては、社会福祉法人の経営がほぼすべて（97・4%）を占めている（図4参照）。

なお救護施設は、公営の数が減少している分、社会福祉法人の経営数が増加し、これも9割強（92・3%）を占めている（図5参照）。救護施設では、公営が減少して、その分社会福祉法人が2000（平成12）年（77・0%）、2006（平成18）年（84・2%）、2017（平成29）年（92・3%）と増大している。

訪問介護事業（高齢者）においては、社会福祉法人の経営は2006（平成18）年以降ほぼ横ばいで、営利法人の経営数及びシェアが大幅に増加している（図6参照）。営利法人は2000（平成12）年（30・3%）、2006（平成18）年（54・3%）、2017

※入所系事業所
特別養護老人ホームや児童養護施設など入所型社会福祉施設のこと。

（平成29）年（66・2％）と介護保険事業の進展を反映して過半数を占めるようになってきた。

デイサービス（高齢者）の経営主体では、社会福祉法人の経営数が減少し、営利法人の経営数及びシェア（約50％）が大幅に増加している（図7参照）。ちなみに、2000（平成12）年では社会福祉法人が66・0％で最も多く営利法人は4・5％と低かったが、2011（平成23）年には逆転し、社会福祉法人（36・9％）と減少し、営利法人が（46・4％）、2017（平成29）年にほぼ5割に達している。

一方、全国的にも最も数の多い保育所では公営の数が若干減り、社会福祉法人の経営数が2017（平成29）年には約半数（53・5％）に及び、公営と民営の比率が逆転してきた。なお株式会社立の営利法人の経営（6・4％）は、マスコミ等で取り上げられるほど多くなく微増しているにとどまっている（図8参照）。ただし、無認可のベビーホテル※や託児所を加えると営利法人の数はかなり増大するだろう。

また就労継続支援B型事業所※の経営主体では、社会福祉法人が経営数の4割程度を占めている（図9参照）。

以上みたように、社会福祉施設の種類ごとに社会福祉法人の経営が占める割合は多少異なっているものの、公営や営利に比べて、依然として社会福祉法人の経営は断然優位に立っていることがわかる。したがって福祉経営論は社会福祉法人の経営論を中心にせざるを得ないのも当然である。

問題は、これからの社会福祉法人は単体の施設を量的に拡大するのではなく、地域住民の福祉ニーズの多様化に応えて、例えば児童、障害者、高齢者、低所得者など全般に対応

※ベビーホテル
無認可の民間託児所で乳幼児を一時的に預かったり宿泊させる営利施設。

※就労継続支援B型事業所
障害者支援施設で、従来の就労を継続させる通所施設。

図2　特別養護老人ホーム（介護老人福祉施設）

	公営	社会福祉法人	医療法人	営利法人	その他	合計
H12	308 (6.9)	4,145 (92.9)	0 (0.0)	0 (0.0)	10 (0.2)	4,463 (100.0)
H18	269 (4.7)	5,481 (95.2)	0 (0.0)	0 (0.0)	9 (0.2)	5,759 (100.0)
H23	189 (3.0)	6,208 (97.0)	0 (0.0)	0 (0.0)	6 (0.1)	6,403 (100.0)
H29	150 (2.0)	7,147 (97.9)	0 (0.0)	0 (0.0)	2 (0.0)	7,299 (100.0)

（単位：施設、％）

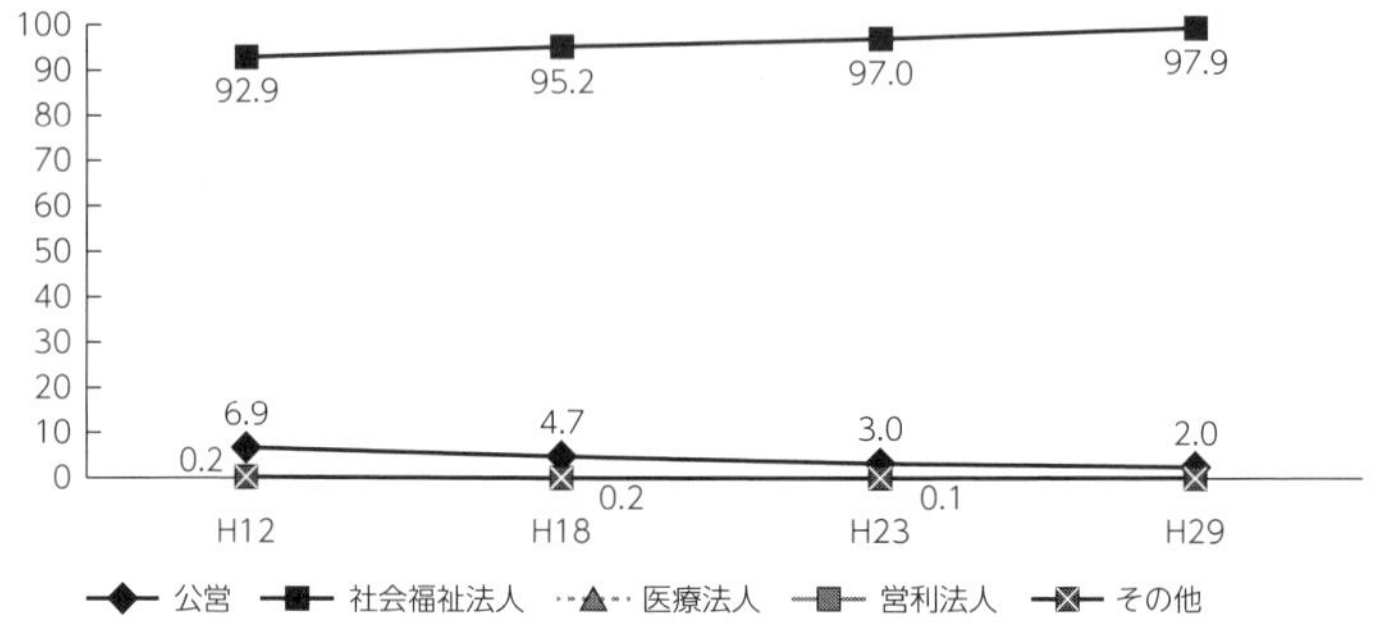

（出典）厚生労働省「介護サービス施設・事業所調査」

図3　児童養護施設

	公営	社会福祉法人	医療法人	営利法人	その他	合計
H12	35 (6.3)	502 (90.9)	0 (0.0)	0 (0.0)	15 (2.7)	552 (100.0)
H18	19 (3.4)	530 (94.8)	0 (0.0)	0 (0.0)	10 (1.8)	559 (100.0)
H23	15 (2.6)	556 (96.2)	0 (0.0)	0 (0.0)	7 (1.2)	578 (100.0)
H29	9 (1.5)	575 (97.5)	0 (0.0)	0 (0.0)	6 (1.0)	590 (100.0)

（単位：施設、％）

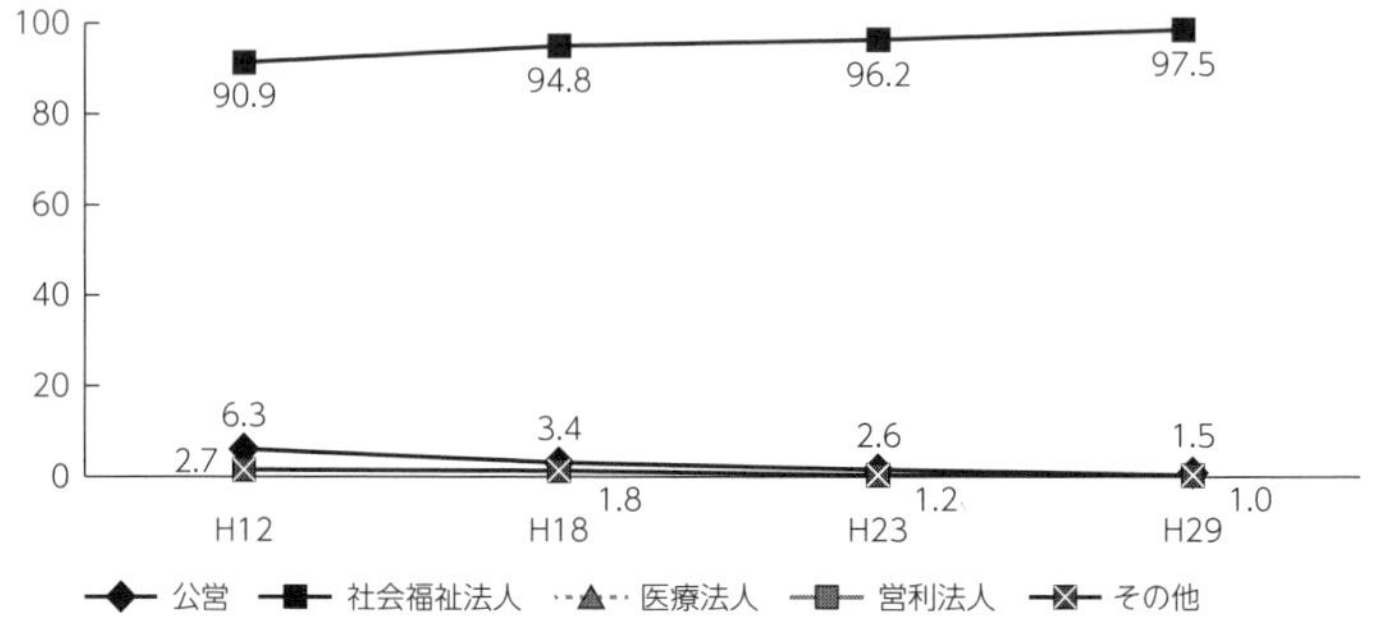

（出典）厚生労働省「社会福祉施設調査」、以下図6まで同じ

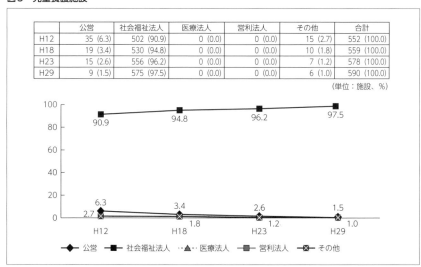

図4　障害者支援施設

	公営	社会福祉法人	医療法人	営利法人	その他	合計
H12	—	—	—	—	—	—
H18	—	—	—	—	—	—
H23	43 (2.6)	1,611 (97.0)	1 (0.1)	0 (0.0)	6 (0.4)	1,661 (100.0)
H29	57 (2.4)	2,297 (97.4)	0 (0.0)	0 (0.0)	4 (0.2)	2,358 (100.0)

（単位：施設、%）

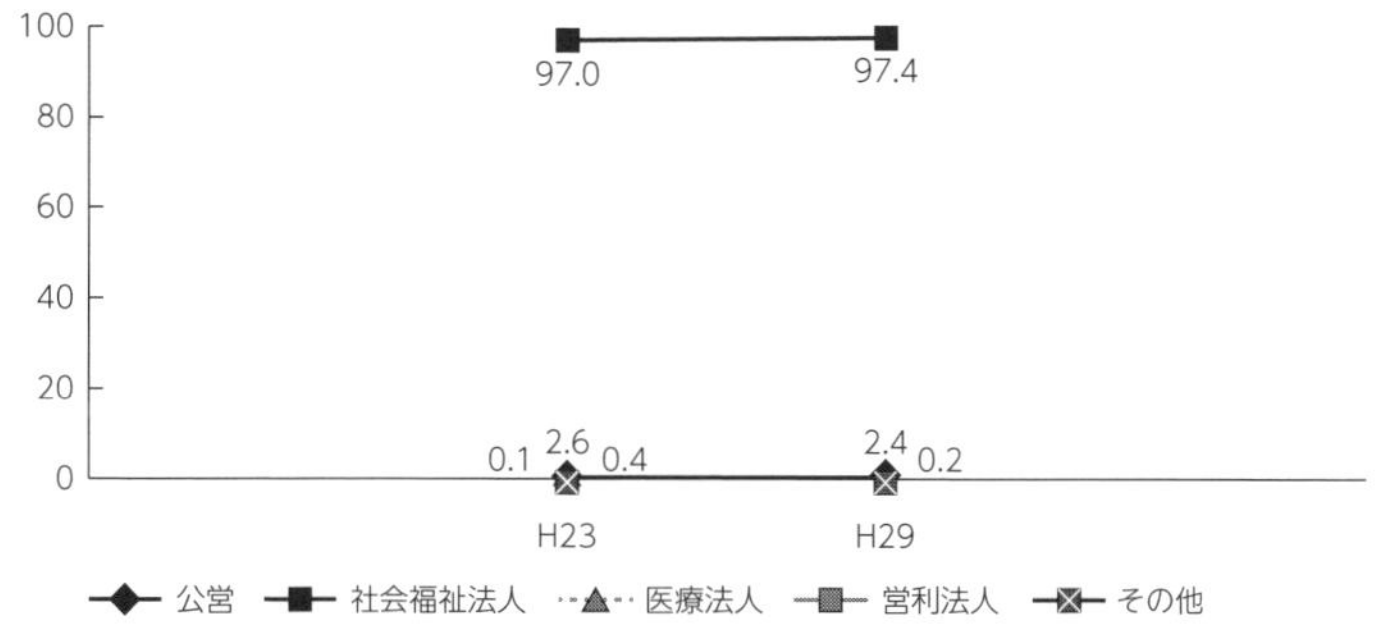

図5　救護施設

	公営	社会福祉法人	医療法人	営利法人	その他	合計
H12	41 (23.0)	137 (77.0)	0 (0.0)	0 (0.0)	0 (0.0)	178 (100.0)
H18	29 (15.8)	154 (84.2)	0 (0.0)	0 (0.0)	0 (0.0)	183 (100.0)
H23	19 (10.3)	165 (89.7)	0 (0.0)	0 (0.0)	0 (0.0)	184 (100.0)
H29	14 (7.7)	169 (92.3)	0 (0.0)	0 (0.0)	0 (0.0)	183 (100.0)

（単位：施設、%）

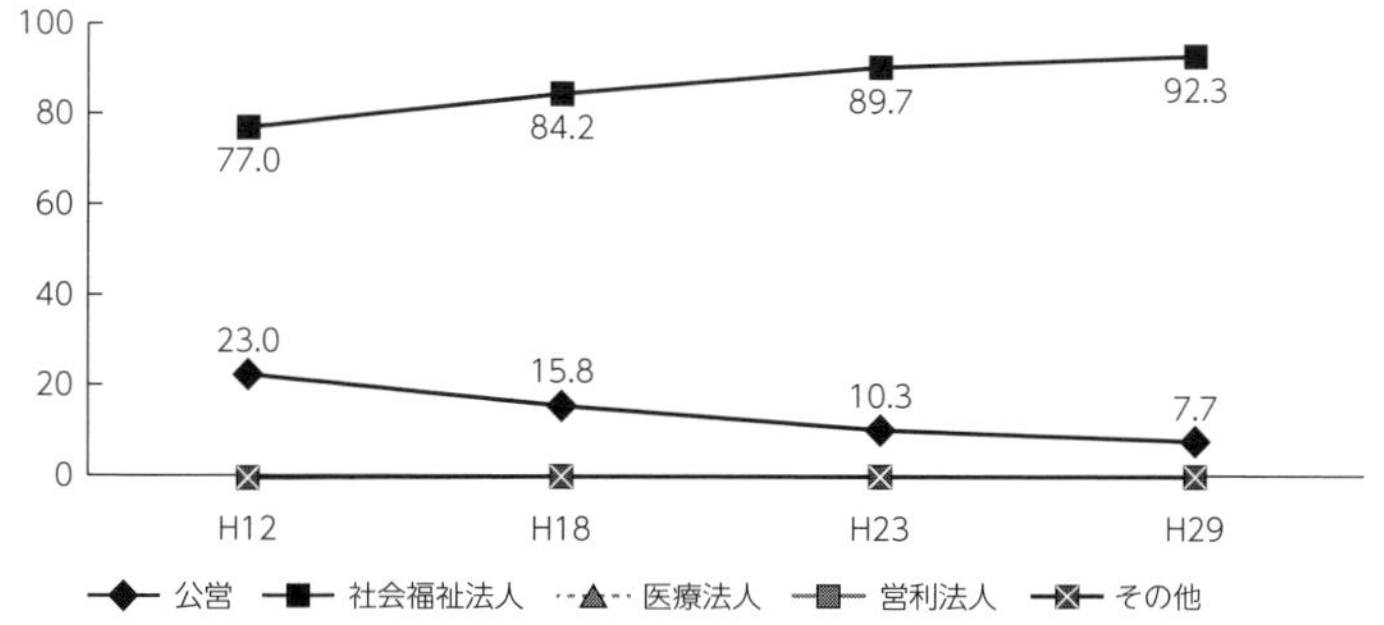

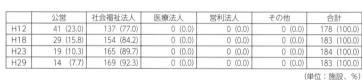

図6　訪問介護事業（高齢者）

	公営	社会福祉法人	医療法人	営利法人	その他	合計
H12	204 (2.1)	4,638 (47.2)	1,044 (10.6)	2,975 (30.3)	972 (9.9)	9,833 (100.0)
H18	132 (0.6)	5,492 (26.2)	1,561 (7.5)	11,374 (54.3)	2,389 (11.4)	20,948 (100.0)
H23	113 (0.5)	5,103 (23.9)	1,395 (6.5)	12,484 (58.6)	2,220 (10.4)	21,315 (100.0)
H29	76 (0.3)	5,122 (18.2)	1,752 (6.2)	18,645 (66.2)	2,552 (9.0)	28,147 (100.0)

（単位：施設、%）

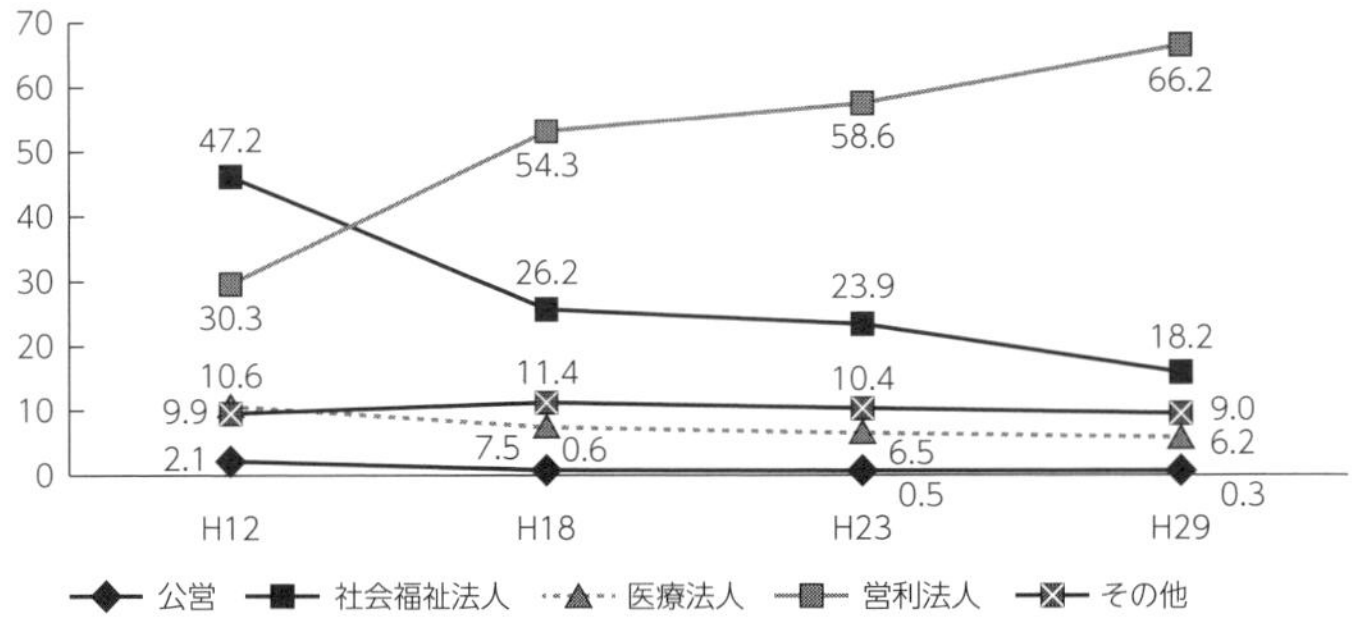

図7　デイサービス（高齢者）

	地方公共団体	社会福祉法人	医療法人	社団・財団法人	協同組合	営利法人	特定非営利活動法人(NPO)	その他	合計
H12	1,787 (22.2)	5,302 (66.0)	334 (4.2)	—	91 (1.1)	364 (4.5)	101 (1.3)	58 (0.7)	8,037 (100.0)
H18	297 (1.5)	8,785 (45.3)	1,594 (8.2)	152 (0.8)	368 (1.9)	7,024 (36.2)	1,070 (5.5)	119 (0.6)	19,409 (100.0)
H23	263 (1.1)	9,007 (36.9)	1,834 (7.5)	142 (0.6)	443 (1.8)	11,308 (46.4)	1,243 (5.1)	141 (0.6)	24,381 (100.0)
H29	107 (0.5)	7,932 (38.8)	1,691 (8.3)	121 (0.6)	325 (1.6)	9,912 (48.5)	323 (1.6)	28 (0.1)	20,439 (100.0)

（単位：施設、%）

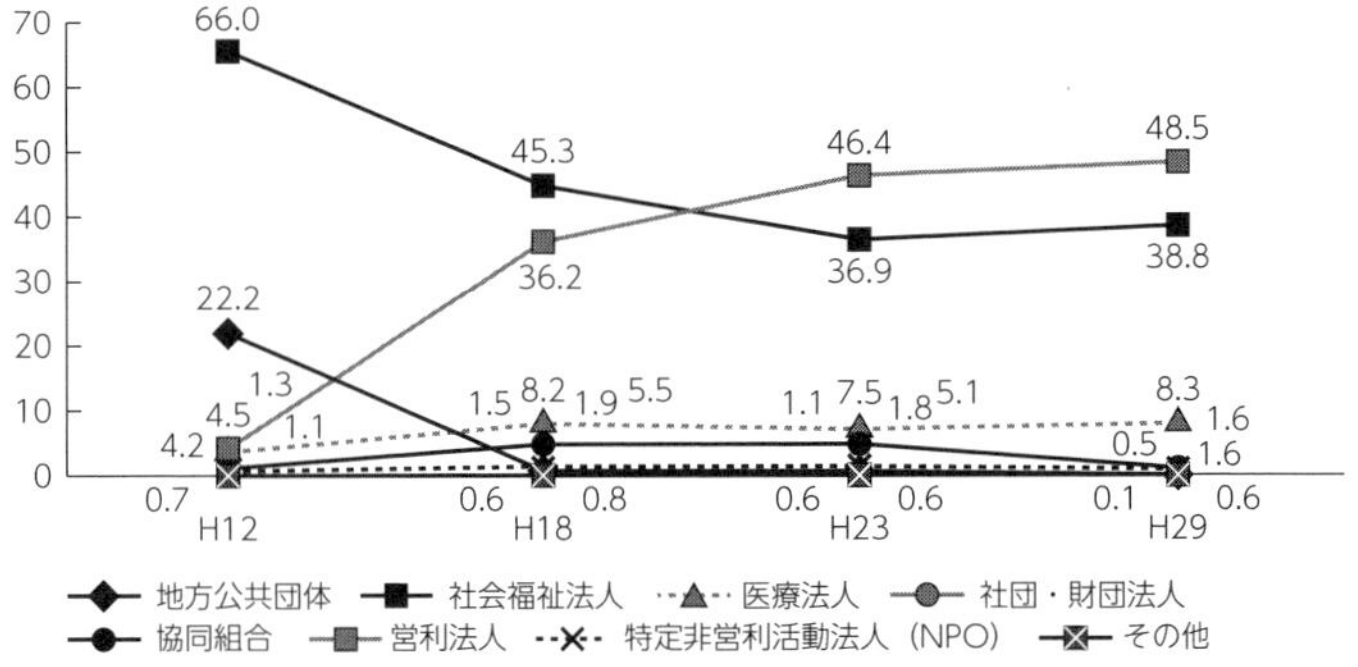

（出典）厚生労働省「介護サービス施設・事業所調査」

図8 保育所

	公営	社会福祉法人	医療法人	営利法人	その他	合計
H12	13,768 (58.9)	8,607 (36.8)	0 (0.0)	1 (0.0)	1,018 (4.4)	23,394 (100.0)
H18	12,181 (51.8)	10,172 (43.2)	6 (0.0)	131 (0.6)	1,043 (4.4)	23,533 (100.0)
H23	9,904 (44.5)	10,977 (49.3)	11 (0.0)	316 (1.4)	1,072 (4.8)	22,280 (100.0)
H29	7,752 (35.7)	11,627 (53.5)	13 (0.0)	1,394 (6.4)	930 (4.2)	21,716 (100.0)

(単位：施設、%)

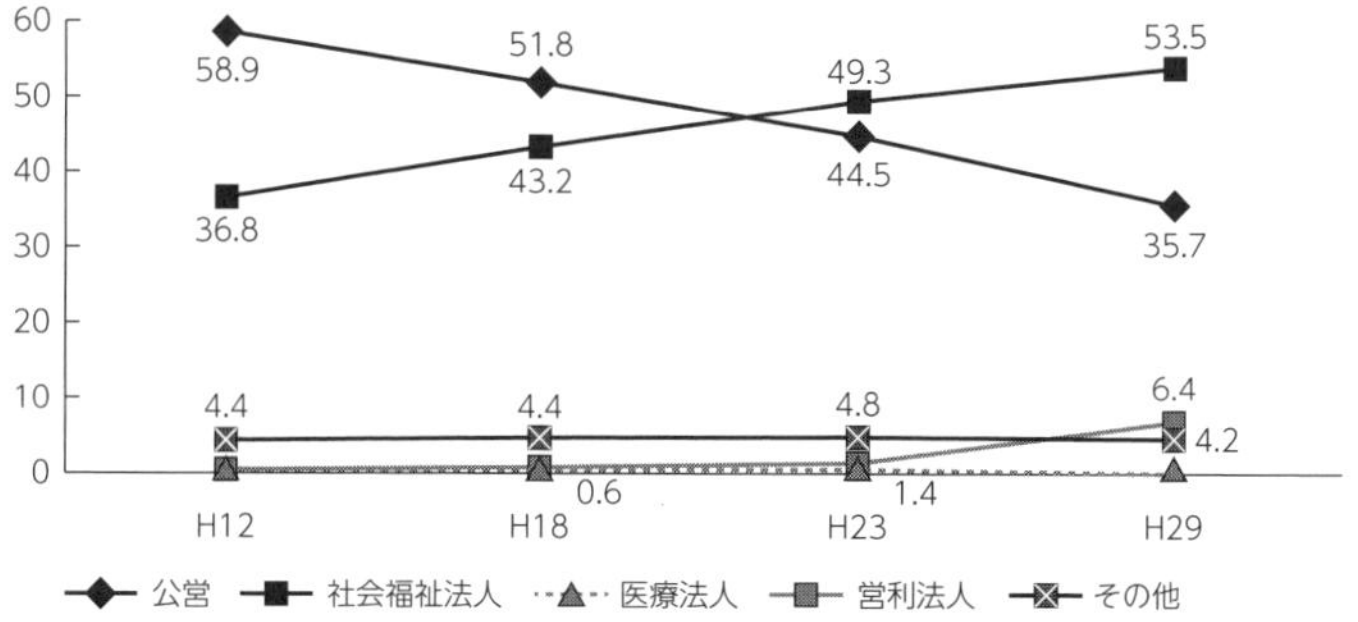

(出典)厚生労働省「社会福祉施設等調査」

図9 就労継続支援B型事業

	公営	社会福祉法人	医療法人	営利法人	その他	合計
H12	—	—	—	—	—	—
H18	—	—	—	—	—	—
H23	107 (2.3)	2,785 (60.7)	92 (2.0)	143 (3.1)	1,463 (31.9)	4,590 (100.0)
H29	119 (1.0)	4,962 (44.9)	215 (1.9)	1,722 (15.6)	4,023 (36.4)	11,041 (100.0)

(単位：施設、%)

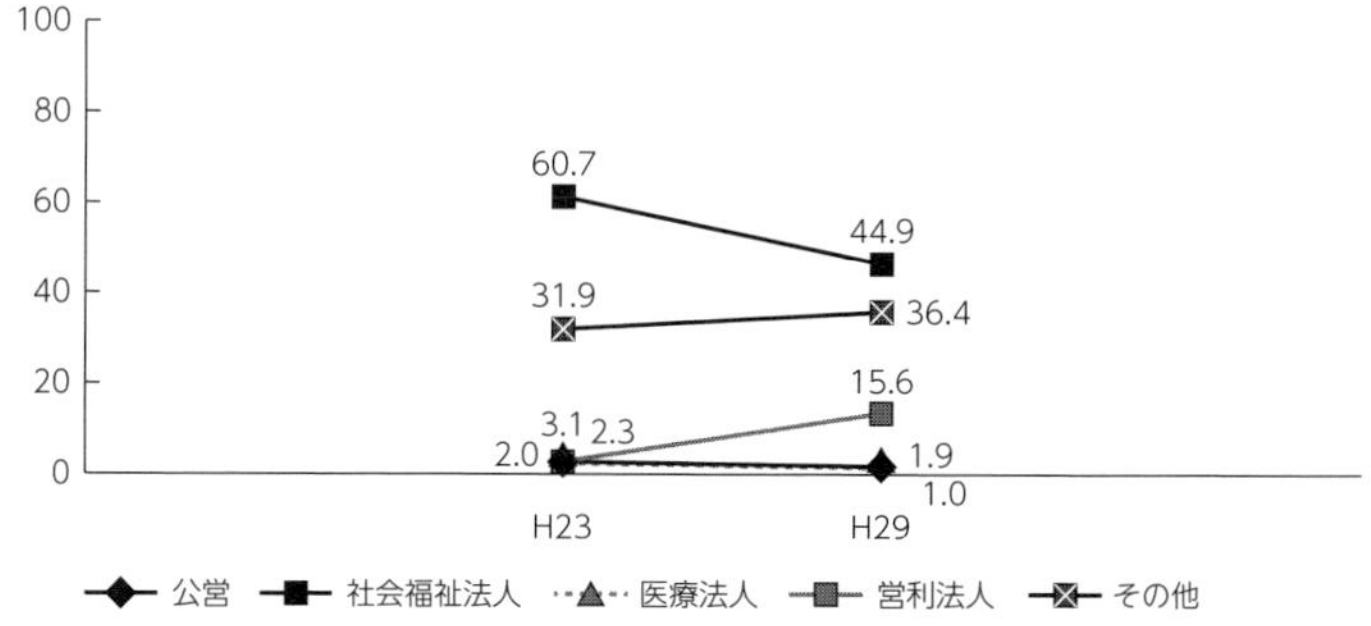

(出典)厚生労働省「社会福祉施設等調査」

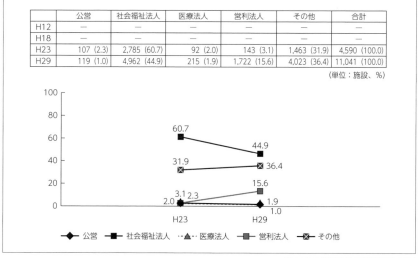

する法人に発展させていく必要があることである。これまでは、児童、障害者、高齢者、低所得者に対する行政処置としての縦割り行政の弊害で、社会福祉法人も縦割りになっていた。しかし将来の社会福祉法人は他法人との連携も含めて、これらを全体として包含するものでなければならないだろう。いわば専門小売店からスーパーマーケットやデパートへの転進といえる。

以上のように、社会福祉施設では、公営の比率が高いのは保育所のみで、また私営の中でも営利法人のシェアが高いのはデイサービス（高齢者）のみである。その他は、すべて社会福祉法人が高いシェアを占めている。

したがって、わが国の社会福祉施設経営を合理的かつ効率的に高めるためには、社会福祉法人の運営を合理的かつ効率的に変革しなければなるまい。その具体的な方向性については、次節以降、詳しく述べるが、いずれにしても実態に基づいて社会福祉法人の経営戦略を抜本的に検討しなければならない時期にきている。

第5節　社会福祉法人協同組合（仮称）の提案

ここまでみてきたように、戦後日本の社会福祉の量的かつ質的な発展には社会福祉法人の存在が大いに寄与してきた。とりわけ各種社会福祉施設の発展にとって、特に人口高齢化の進展で拡大が望まれた特養などの発展にとって、施設経営法人としての役割はきわめて大きかった。

しかしながら、２０１６（平成28）年3月末に改正された社会福祉法（改正社会福祉法）に基づき、2017（平成29）年4月以降、社会福祉法人改革が本格実施されるに伴い、わが国の社会福祉法人の課題はかえって浮き彫りにされ出しているといえる。というのも、わが国の社会福祉法人は前節でみたように、1法人1施設が約8割を占め、その施設も特養なり障害施設なり、児童養護施設なり、保育所なりの定員100人を割る小規模零細施設が大半だからである。理念的にはそれを法人合併で対応させよという行政指導があることはあるが、一般の民間企業でもやむを得ず倒産の憂き目などにあうのを避けるために、あえて合併せざるを得ないこととは大いに事情が異なる。社会福祉法人は国や地方行政の手厚い庇護の下で倒産がほとんどなく、法人創設者が土地・資金等の自己財産を提供していることで他人に手放したくない意志をもっていることなど、現実には市町村合併に伴う市町村社協の合併以外には施設経営法人の合併はきわめて限られていたのは冷厳なる事実である（注6）。たしかに、かつての社会福祉事業法上では、合併の規定は詳細な法的定めがあった。ちなみに「第6章　社会福祉法人」では、第3款の第1目通則で「社会福祉法人は、ほかの社会福祉法人と合併することができる。この場合においては、合併をする社会福祉法人は、合併契約を締結しなければならない」（第48条）と規定されていた。

また合併には、「吸収合併※」（第2目）と「新設合併※」（第3目）が存在し、各々が詳しく改正社会福祉法上にも定められている。それにもかかわらず、実際の合併件数は社会福祉事業法の施行以来、遅々として進まず、しかも2000（平成12）年の基礎構造改革以後もほとんど伸びていない（**表5参照**）。

2002（平成14）年度以降、2012（平成24）年度までの10カ年をとっても、合併認可件数は800件（100%）であり、そのうち社会福祉協議会（以下、社協とする）

※吸収合併
合併により一つの社会福祉法人のみ存続し、他の法人を吸収（解散）すること。

※新設合併
合併により既設の社会福祉法人のすべてが解散し、新たに法人を設置すること。

が市町村合併の影響で688件（86・0％）と最も多く、施設経営法人は104件（13・0％）と毎年10件足らずで、約2万法人のわずか0・5％（200分の1）ほどにすぎない。特に、2005（平成17）年に社協が347件と最も多いが、これは「市町村の合併の特例に関する法律」（2000（平成12））年による財政支援措置の締切期限（2005（平成17）年3月31日）に向けての駆け込みによるもので、市町村合併の届け出が増加し、それに伴い市町村社協も合併されたが故である。繰り返すが、それ以外の自発的合併は**表5**にみるごとく、施設経営法人等では毎年度10件程度となっている。

なお厚生労働省においては、学識経験者及び社会福祉施設経営者協議会の協力を得て「社会福祉法人経営研究会」を2007（平成19）年度に立ち上げ、社会福祉法人経営の現状と課題を抽出して協議し、社会福祉法人における合併・事業譲渡・法人間連携の在り方を提案した。しかし実際には、その後法人間連携にはほとんど進まなかったようにみえる（注7）。

また社会福祉法人経営研究会は厚生労働省による行政研究会ではなく、学識経験者としては、田中滋・田島誠一両

表5　社会福祉法人の合併認可の状況

（各年度末現在　単位：件数）

	合併認可件数	社会福祉協議会	共同募金会	社会福祉事業団	施設経営法人	その他
平成14年度	18	14	0	0	4	0
平成15年度	39	34	1	0	4	0
平成16年度	162	161	0	0	1	0
平成17年度	355	347	0	0	8	0
平成18年度	60	49	0	0	10	1
平成19年度	29	12	0	0	17	0
平成20年度	23	10	0	1	12	0
平成21年度	48	39	0	1	7	1
平成22年度	38	17	0	2	19	0
平成23年度	11	5	0	0	6	0
平成24年度	17	0	0	1	16	0
平成25年度	7	0	0	1	6	0
平成26年度	15	1	0	0	14	0
平成27年度	9	0	0	0	9	0
平成28年度	23	0	0	1	22	0
平成29年度	11	0	0	1	10	0
計	865 (100%)	689 (79.7%)	1 (0.1%)	8 (0.9%)	165 (19.1%)	2 (0.2%)

注：地方自治所管法人による件数（平成22年度は、東日本大地震の影響により、福島県（郡山市及びいわき市以外）を除いて集計した数値）。計のパーセントは筆者

（出典）厚生労働省「福祉行政報告例」

氏が参加し、厚生労働省からは中村秀一局長（当時）をはじめ多くの関係課長が、そして全国社会福祉施設経営者協議会（高岡國士会長＝当時）（注8）の役員が多く加わり、わが国の社会福祉界ではきわめてユニークな検討がなされ、「新たな時代における福祉経営の確立に向けて」の斬新な提案がなされた（**図10**参照）。

特に、わが国の社会福祉が措置制度の下で、社会福祉法人の経営の視点が欠落し、もっぱら施設管理（施設運営）に偏り、しかも1法人1施設の中小・零細の経営がなされていることなどを踏まえて、⑴規模の拡大、新たな参入と退出ルール⑵ガバナンスの確立・経営能力の向上を図り、そのために⑶長期資金の調達と⑷人材育成と確保を行うというものである。そこで今後の方向性として①法人認可の在り方を改め、1法人1施設を前提とした法人認可を見直し、②合併、事業譲渡の推進その他にも詳しく言及している。

しかし、余り具体的な指針が出されなかったが故に、社会・援護局長（当時）の阿曽沼慎二氏の下に、新たな社会福祉法人経営研究会編『社会福祉法人における合併・事業譲渡・法人間連携の手引き』（厚労省内部資料、２００８年3月）が出され、合併や事業譲渡の手続きと方法が詳細に検討された。それにもかかわらず、その後の合併等は遅々として進まなかったことも見落とせない。

私見としては、そもそも民間の零細・中小企業の場合と異なり、倒産などの危険が少ない社会福祉法人において、合併を中心とする政策は再検討されなければならないと考えている（注9）。これからの施設経営法人としての社会福祉法人は、その周辺地域において児童、障害者、高齢者、低所得者など地域住民の福祉ニーズを広く受け止められるように頑《かたくな》で形式的な社会福祉法人合併に限らず、強力な連携の形態として複数社会福祉法人が

図10　社会福祉法人経営の現状と課題

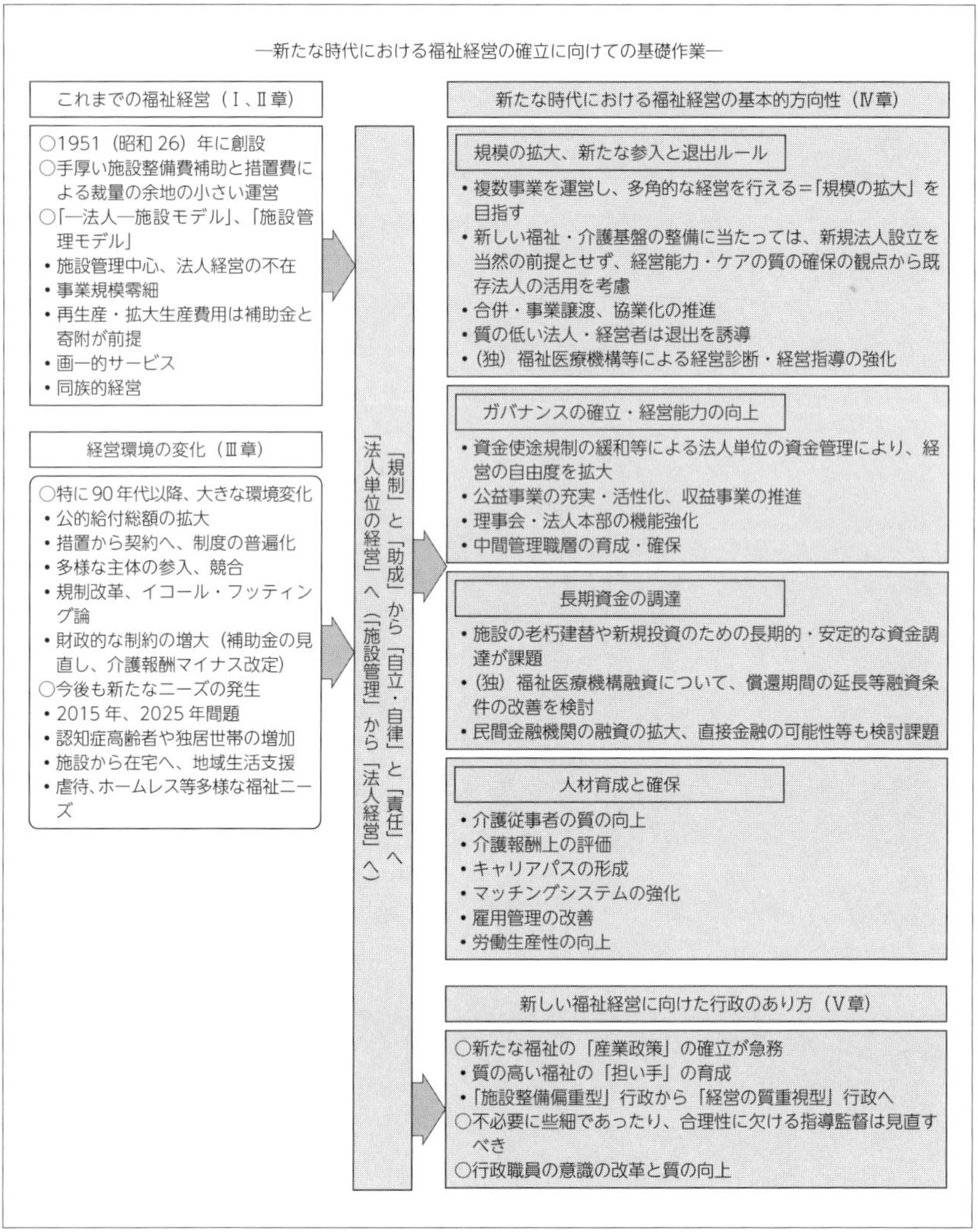
―新たな時代における福祉経営の確立に向けての基礎作業―
これまでの福祉経営（Ⅰ、Ⅱ章）
○1951（昭和26）年に創設
○手厚い施設整備費補助と措置費による裁量の余地の小さい運営
○「一法人一施設モデル」、「施設管理モデル」
・施設管理中心、法人経営の不在
・事業規模零細
・再生産・拡大生産費用は補助金と寄附が前提
・画一的サービス
・同族的経営
経営環境の変化（Ⅲ章）
○特に90年代以降、大きな環境変化
・公的給付総額の拡大
・措置から契約へ、制度の普遍化
・多様な主体の参入、競合
・規制改革、イコール・フッティング論
・財政的な制約の増大（補助金の見直し、介護報酬マイナス改定）
○今後も新たなニーズの発生
・2015年、2025年問題
・認知症高齢者や独居世帯の増加
・施設から在宅へ、地域生活支援
・虐待、ホームレス等多様な福祉ニーズ
「規制」と「助成」から「自立・自律」と「責任」へ
「法人単位の経営」へ（「施設管理」から「法人経営」へ）
新たな時代における福祉経営の基本的方向性（Ⅳ章）
規模の拡大、新たな参入と退出ルール
・複数事業を運営し、多角的な経営を行える＝「規模の拡大」を目指す
・新しい福祉・介護基盤の整備に当たっては、新規法人設立を当然の前提とせず、経営能力・ケアの質の確保の観点から既存法人の活用を考慮
・合併・事業譲渡、協業化の推進
・質の低い法人・経営者は退出を誘導
・（独）福祉医療機構等による経営診断・経営指導の強化
ガバナンスの確立・経営能力の向上
・資金使途規制の緩和等による法人単位の資金管理により、経営の自由度を拡大
・公益事業の充実・活性化、収益事業の推進
・理事会・法人本部の機能強化
・中間管理職層の育成・確保
長期資金の調達
・施設の老朽建替や新規投資のための長期的・安定的な資金調達が課題
・（独）福祉医療機構融資について、償還期間の延長等融資条件の改善を検討
・民間金融機関の融資の拡大、直接金融の可能性等も検討課題
人材育成と確保
・介護従事者の質の向上
・介護報酬上の評価
・キャリアパスの形成
・マッチングシステムの強化
・雇用管理の改善
・労働生産性の向上
新しい福祉経営に向けた行政のあり方（Ⅴ章）
○新たな福祉の「産業政策」の確立が急務
・質の高い福祉の「担い手」の育成
・「施設整備偏重型」行政から「経営の質重視型」行政へ
○不必要に些細であったり、合理性に欠ける指導監督は見直すべき
○行政職員の意識の改革と質の向上

（出典）社会福祉法人経営研究会編『社会福祉法人経営の現状と課題』全国社会福祉協議会、2006年、11頁

加盟する協同組合の創立がむしろ望ましいのではないかと思っている。

協同組合の例でいえば、農業協同組合も森林組合も、漁業協同組合も生産者は各々単独で存在し、協同した生産活動、例えば一括購入・一括販売、金融、本部統括、研修等を統一して合理的に行っているのである。社会福祉法人においても必ずしも合併をしなくても、緊密な連携の姿として中小企業等協同組合法（1949（昭和24）年）に基づく新たな協同組合の形成は十分あり得ると考えている。ちなみに中小企業等協同組合法第1条は、「①中小規模の商業、工業、鉱業、運送業、サービス業その他の事業を行う者、②勤労者その他の者が相互扶助の精神に基き協同して事業を行うために必要な組織について定め、これらの者の公正な経済活動の機会を確保し、もってその自主的な経済活動を促進し、且つ、その経済的地位の向上を図ることを目的とする」法律（①と②及び傍線は筆者）である（注10）。そこで社会福祉事業を行う中小零細の社会福祉法人は、右の①のサービス業その他にあたり、本法の適用により協同組合の設立が十分に可能なのではあるまいか。よって日頃から地元地域で密接な連携を図っている社会福祉法人同士は、社会福祉法の一部改正でより容易に協同組合化が実現するであろう。それにより、(1)人材確保対策、(2)福利厚生事業、(3)合同研修事業、(4)災害対応、(5)食材資材の一括購入、(6)その他の地域公益事業、(7)人事交流などは飛躍的に拡大し、従来の1法人1施設の経営の限界を突破する可能性が大である。もちろん、他の協同組合と比べて、各種の制約があるものの、そのメリットはかなり大きいはずである（右のアンダーラインは筆者による）。

以上は私のオリジナルな政策提案である。

もちろん法人の大規模化と事業の大規模化は区別されなければならないが、少なくとも21世紀中頃（２０４０年問題）においては、実質的な法人規模を拡大し、零細法人を何らかの形で統合・融合・連携させて、実質的な中堅法人を飛躍的に増大させることが、福祉法人経営にとってメリットが大きくなり、厚生労働行政においてもより財政効率的で柔軟な運営管理が可能となるものと思われる。

第VI部

福祉マネジメントの戦略課題

第VI部の概要

今日の社会福祉法人にとっての戦略課題を最小限に絞ると、⑴人材確保対策、⑵地域貢献事業、⑶地域包括ケアシステムの推進、⑷災害対策、⑸病院経営（または他病院との連携強化）、⑹本部機能の強化が挙げられる。例えば、人材確保について、事業部門ごとの人材確保対策にとどまらず、本部による人材確保の統合的推進対策が講じられなければならない。

また終章で、福祉マネジメントのリーダーシップについてドラッガーの「最高の範となること」という指摘を引用して、具体的には次の四つを挙げている。⑴地域の福祉ニーズと向き合い、それを自らの社会資源でどのように充実させるか、⑵自らの戦力をあますところなく使い切ること、⑶住民の福祉ニーズのどの分野を優先するかをわかりやすく説明して計画的に行うこと、⑷余剰財産や職員配置などを図ることを優先し、着手に遅れをとってはならないことを挙げている。またトップリーダーの個人的力量のみならず、そのネットワークキング力の発揮が求められるとしている。

第1章
人材確保対策

はじめに

今日の社会福祉法人にとっての戦略課題はいくつもあるが、最小限に絞ると、(1)人材確保対策、(2)地域貢献事業、(3)地域包括ケアシステムの推進、(4)災害対策、(5)病院経営（または他病院との連携）、(6)本部機能の強化の6点が挙げられる。それは病院部門を有しない法人にとっては、残る5課題となるが、その場合は連携病院の確保が(5)の代わりとなる。

そこでまず初めに、人材確保対策から述べてみることにしよう。

第1節　給与条件の改善と人事考課制度

既にふれたように、福祉サービスは、それを支える福祉人材の量と質が最も重要であることはいうまでもない。しかしながら少子高齢化の進展による生産年齢人口の減少による若手の人材確保難と、景気回復による他産業分野との人材確保競争での敗退など、福祉人材不足はきわめて深刻で、今や社会福祉法人の最も重点的な戦略課題の一つとなっている。福祉人材は、大学・短大や専門学校を問わず専門養成校を中心としての人材養成や福祉現場での実務経験を踏まえての研修などで、その養成に一定の時間がかかるので、確保した福祉人材の定着化がきわめて重要である。また新卒職員を即戦力にすることは難しいにもかかわらず、福祉人材の確保は他産業分野と比べて給与条件が低いなど必ずしも容易ではない。特に介護や保育のケアワーカーの有資格者でも、例えばスーパーのレジ担当などのほうが給与条件がよければ、そちらの分野へ移動してしまう可能性がある。また3K（キケン、キタナイ、キツイ）の印象を払拭《ふっしょく》できない職場から離職する者も少なくなく、現在の社会福祉法人は、民間シルバーサービス※と比べて悪くないものの、人材の定着率は必ずしも高くない（注1）。

厚生労働省もこの課題に対して介護従事者や保育従事者の給与引き上げ等に積極的な政策対応をしているものの、まだ十分に効果が出ていないようにみえる。もちろん社会福祉法人における福祉施設職員の給与は、一般に考えられているほど必ずしも低くはない。民間シルバー事業者のパート職員等がきわめて低いことがいたずらに喧伝されたキライもある。いずれにしても以下にふれるように本来的に人材確保対策は何も給与アップだけにとどまらない総合的対応とならざるを得ないのである。

例えば給与引き上げにしても、全職員の一括引き上げは理論的にはあり得ても、政策的かつ経営的にはなかなか困難であるため、キャリアパスを柔軟かつ多様に設け、現在は低

※民間シルバーサービス
株式会社等による介護事業や生活支援サービス。通常の公的サービスとは区別される。それを支援する団体として社団法人シルバーサービス振興会（164頁脚注参照）がある。

くても将来的に十分な引き上げが期待できるような仕組みにすることがむしろ肝要である。特に大規模法人においては、職階、職種、職域がきわめて豊富なので、多様なキャリアパスが設定できる余地は大きい。しかし、1法人1施設の零細経営においては、先輩職員が定年退職ないし転職しない限り、上席ポストは空かないので、多様なキャリアパスの設定がほとんど不可能である。もちろん絶えず新規福祉事業を開拓している意欲的な中小規模法人においては、既存施設の幹部職員か幹部候補職員かを新規施設の幹部職員ポストに配置換えすることが可能なので、キャリアパスの多様な設定ができる。私の印象では実際に急成長してきた大規模法人はすべてそういう状況にあった。また、既に提案しているように福祉法人協同組合（仮称）などが将来創設されれば、中小零細法人のグループ化で大規模社会福祉法人なみのキャリアパスの設定も可能となろう。

さらに近年（20年ほど前から）、国家公務員の人事考課制度がスタートしたが、社会福祉業界でもそれに倣って人事考課制度を導入するようになってきた。ただし、社会福祉法人にとって庶務部門では個人の人事考課は比較的容易であり、研修部門の人事考課も庶務部門に準ずるが、介護サービスのようなチームで対応するケアサービス部門では、個人のみの人事考課はかなり困難である。おそらく個人とチームの両方から評価を行うべきであろう。ちなみに浴風会では個人の人事考課は、給与に関しては今後の検討課題として、賞与（ボーナス）のみに関して現在は行っている。いずれにしても新規職員（新卒または中途採用）にとっては、しっかりした人事考課制度が整っていれば、働き甲斐《がい》がある刺激ある職場と映るので、それなりに人材確保にもプラスの影響を与えるだろう。

第2節　研修の充実

　また人材確保対策には研修体制の充実が欠かせない。前向きな社会福祉法人においては単に外部研修に職員を積極的に派遣するだけでなく、内部研修体制も豊富で充実している。当該法人の職員としての人間的成長と職業能力の向上が実感できれば職員の定着率は上がり、また新規採用にもきわめて有効であることは確かである。

　既に、第Ⅲ部　福祉マネジメントの方法でふれたように、福祉人材の研修はいわばタテ、ヨコ、ナナメの職階、職種、職域ごとの多様性もある。全国的には私がかつて学院長をしていた全国社会福祉協議会中央福祉学院レベル、都道府県社会福祉協議会や市区町村社会福祉協議会というレベルから種別協議会レベルのもの、さらに専門職団体レベルの多種多様なものがある。そのどれに職員を計画的に参加させるかは各法人の自主的検討課題である。ただ、大規模社会福祉法人になると外部研修よりも充実した内部研修の体制整備も可能であり、各社会福祉法人で研修の独自性が求められる（注2）。私の実感では近年、急成長している社会福祉法人は他法人と比べて、必ずしも給与条件がよいわけでないが、押しなべて内部研修がきわめて充実しており、キャリアパスがきちんとしているところが特徴である。特に先輩職員による研修はそれなりに荷が重いものだが、結果的には内容的にも身近で、かつ本人の仕事の再評価（力量増強）につながるものである。中には相当な金をかけての充実した海外研修を行っている法人もあるくらいである（注3）。

　ちなみに職員研修でモデル的な社会福祉法人では、人件費とは別途に総人件費の3％くらいを予算化して研修費に充てているともいわれている。

第3節　福利厚生と福祉人材センター

福利厚生も、給与条件や研修体制と並んで人材確保策の一環であり、その充実が望まれている。例えば他法人と比べて、給与水準が必ずしも高くなくても福利厚生が手厚い職場では、定着率も高く、特に若い女性の新規職員の採用にも有利に働く。すなわち住宅手当(あるいは職員宿舎)の有無、会内保育施設の有無、出張経費の潤沢さ、育児・介護休業の保障、レクリエーション補助などがその福利厚生の内容である。特に人件費引き上げが諸般の事情で困難な今日、福利厚生の充実は工夫すれば現状でも必ずしも難しくはないだろう。

既にみたように各都道府県に支部をもつ全国の福利厚生センター(ソウェルクラブ)の役割も決して小さくなく、零細中小規模法人の単独では困難な福利厚生を広く底上げしてきた優れた実績をもっている。福利厚生センターへの職員加入は通常年間1人1万円と廉価であるが、それにもかかわらず非正規職員を排除している大規模社会福祉法人も少なくないといわれている。それは非正規職員の定着率を下げることによって自分で自分の首を絞めることになろう。

また、既に前節でふれたが、小規模零細社会福祉法人等の協同組合をつくれば相当レベルの組合独自の豊かな福利厚生は十分に可能である。

さらに新規職員の採用対象で、各都道府県のハローワーク※以外に、福祉人材センター※が職場の開拓や職員募集の広報などの少なくない役割を果たしている。近年、やや活動がマンネリ化しているキライがないとはいえないものの、今後の新たな活動展開に期待すると

※**ハローワーク**
各都道府県に設置されている旧労働省の無料職業紹介所。

※**福祉人材センター**
社会福祉法で定められた都道府県社協に設置された人材確保に関わる組織。

ころである。今まで以上に国や都道府県が力を入れて積極的に活動を支援させれば、個別の社会福祉法人の職員募集などの限界を大きく超え、福祉人材確保に相応の好影響を与えるであろう。例えば、介護人材フェアを各都道府県の福祉人材センターなどで行ったり、また都道府県社会福祉協議会やシルバーサービス振興会※の協力を得て介護人材フェアなどを活発に行ったりすれば福祉人材確保にきわめて有効に働くであろう。

第4節　人材派遣業の活用

福祉人材が豊富で、他産業の景気低迷の時期（例えば１９９０年代）には福祉人材の労働市場は社会福祉法人にとって「買い手」市場であった。しかし、少子高齢化が進展し、社会福祉費用が抑制傾向にあり、他産業の景気回復がなされつつある今日（２０１０年代以降）では、逆に福祉人材の労働市場は「売り手」市場となっていて、特に大都市部においては社会福祉法人による人材確保はきわめて困難となっている。ちなみに後期高齢人口は、21世紀の前半に地方（農村部）で減少し、大都市部で増大してくるので、それに関わる介護人材の需要は大都市部で急増するはずである。にもかかわらず大都市部では、例えば介護人材の確保はその給与条件の低さなども絡み、ますます厳しい状況に陥っている。

そうした状況下では、他産業の例を引くまでもなく、人材派遣業の活用もリアルに考慮すべきであると考える。ちなみに、かつて介護分野の名門といわれた私ども浴風会も、看護師、リハビリテーション・スタッフ（以下、リハビリスタッフ）以外のケアワーカーでも、人材確保で人材派遣業を２０１０年頃から、ごく一部活用している。かつては黙って

※シルバーサービス振興会
１９８７（昭和62）年に発足したわが国のシルバーサービスの振興のために設立された公益法人。正会員、準会員含め計１４５企業・団体（２０１９（平成31）年4月1日現在）による。

いても浴風会の介護職員は集まると過信していた時代があったようだが、残念ながらそれはもはや過去の夢でしかない。

国も都道府県もこうした実態を知ってか知らずか、苦しい社会福祉法人の人材確保難の実態に比較的無関心であったようにみえる。社会福祉法人に余剰金が多少でもあるとしたら、それを人材確保費用に充て、人材派遣業の活用や新規職員の支度金などに利用されるべきであろう。福祉人材が集まらなければ、社会福祉事業の経営がそもそも成り立たないことは誰でも知っている。特に、社会福祉法人の病院では無料低額診療の患者を1割以上もたねばならず、その経営は必ずしも楽ではないが、それでも定着率を高めるため看護師、リハビリスタッフなどの確保には人材派遣業（者）をあえて活用しなければならない事情もある。なお人材確保で成功している社会福祉法人はキャリアパス、福利厚生、研修などすべてが優れているばかりでなく、人材派遣業（者）を邪魔者扱いの「業者」とみずに、人材確保のよい意味でのパートナーとして迎え入れているようにみえる。

第5節　広報の充実

かつては社会福祉法人にとって、いわゆる福祉措置制度のおかげで行政が利用者を紹介し、運営費をほぼ全額みてくれたので、福祉人材確保はもちろん、利用者募集などの広報活動は不要であった。また、行政からも厳しい抑制規制（必要不可欠な情報以外の誇大広告の禁止）が社会福祉法人の広報活動にかけられていた。しかし、近年はそうした情勢は変化しているものの、特定の公共サービスを実施する他の公益法人（例えば学校法人、医療法人など）と比べても社会福祉法人は十分な広報活動をほとんど行っていないし、その費用の用意もほとんどされていないのが実情である（注4）。

ちなみに広報活動は※ＰＲ活動と同義と誤解されている向きもあるが、本来ＰＲ活動は広報活動の上位概念である。ＰＲ活動は、国家、企業、団体などの組織体または個人が一般大衆に対して情報を伝播《でんぱ》し、情報や意見を受け入れることを広く意味する。他方、広報は、企業だけでなく、行政や団体の活動や商品の情報発信を行う業務である。それは広告とも混同されやすいが、広告が新聞、テレビ、雑誌、インターネットなどの媒体をもって商品や企業等の宣伝を行うことであるのに対し、広報とは情報を受発信することで、従業員や消費者、関係者などの※ステークホルダーに活動内容をよく理解してもらうことを含んでいる。

現在の社会福祉法人では改正社会福祉法で、財務情報や事業報告等がインターネット等で公開されることになっているが、全体としては学校法人や医療法人などと比べて広報の量も質も圧倒的に低く、かつ広報活動そのものが不十分であることは否めない。また、広報室などのような部署も設けられていない法人がほとんどである。

これからの社会福祉法人にとって、後述する法人本部の在り方との関係で広報活動は今後ますます重要となってくるだろう。さしあたり今日の最大の戦略課題である人材確保策にとっても、より豊富な広報活動がきわめて重要であることをまずもって指摘しておきたい（注5）。

ちなみに浴風会では、ホームページを充実させ、リクルート用のＤＶＤの作成を行ったり、実習生の受け入れや各種講座などの開催を多少行ったりもしているが、今後はさらに

※ＰＲ活動
public relationsが原義で、一般大衆に情報を伝え、意見なども受け入れる活動のこと。

※ステークホルダー
政治学用語で、関係当事者群を示す。社会福祉法人の場合は、利用者、職員、地元行政、関連団体等を指す。

充実させるつもりである。

以上、いくつかの人材確保策（第1節〜第5節）にふれてきたが、いずれにしても福祉人材確保はきわめて今日的な緊急課題でかつ総合的な対応策である。特にハローワークによる積極的な支援のみならず、都道府県、指定都市の社会福祉協議会や福利厚生センターやシルバーサービス振興会などと一体となって取り組む総合的戦略課題の一つであることを改めて確認する必要があろう。

国においても厚生労働省のみでなく、国を挙げて、内閣を挙げて対応すべきである。

第6節 ボランティア活動への支援

なお社会福祉法人にとって、地域のボランティア活動への支援は重要な役割がある。特に法人下の各施設へのボランティア活動は人材確保の面でも大いに役に立っている。もちろんボランティア活動を単なる人材確保と捉える考え方は狭隘だが、実際にどのくらいの活動がなされているかで、当該法人の位置づけは大きく異なる。ちなみに、私ども浴風会では、ケアスクールのコミュニティカフェ（約1000人）などを除いても、2018（平成30）年度では、延べ1万1650人のボランティアの参加があり、クラブ活動、音楽療法、慰問などで約半数を占め、特に特別養護老人ホームの支援が際立っている（注6）。

いずれにしても、社会福祉法人にとってボランティア活動の存在は、提供するサービスの市民評価にもつながり地域との関係における多様な意味できわめて重要なものといえる。

第2章

地域貢献等の社会貢献事業

第1節　社会貢献の法的位置づけ

周知のとおり、近年では社会福祉法人の少なくない内部留保や財務内容の不透明性などと絡んで、社会福祉法人への補助金や優遇税制などの存在に対する批判があり、他法人とのイコールフッティングの議論もなされてきた。いずれにしても従来のように社会福祉法人が本来事業である社会福祉事業のみを行っているだけでは世間が許さなくなってきている時代状況にある。

２０１４（平成26）年4月の安倍内閣規制改革会議では、社会福祉事業以外の公益活動について、厚生労働省はすべての社会福祉法人に対して①社会貢献活動、②生活困難者に対する無料・低額の福祉サービスの提供、③生活保護世帯の子どもへの教育支援、④人材育成を義務づける（①〜④は筆者）と指摘され、それは同年6月24日に閣議決定された。

また厚生労働省においても、社会福祉法人の在り方等に関する検討会報告書（２０１４（平成26）年7月）に「社会福祉法人は（中略）制度や市場原理で満たされないニーズについても率先して対応していく取組（以下、「地域における公益的な活動」※という。）が求められている。」と指摘された。

これを受け、２０１６（平成28）年3月という平成27年度末ぎりぎりのタイミングで改正社会福祉法が国会を通過し、同法第24条の経営の原則として、社会福祉法人は社会福祉事業の主たる担い手として相応の事業を行うべきことを定め、さらに第26条において公益事業の規定を加えている。

すなわち「社会福祉法人は、その経営する社会福祉事業に支障がない限り、公益を目的とする事業（以下「公益事業」という。）又はその収益を社会福祉事業若しくは公益事業（略）の経営に充てることを目的とする事業（以下「収益事業」という。）を行うことができる。」（同法第26条）としている。特に内部留保に関しては、繰り返しになるが、その明確化を図り、余剰財産があれば同法第7節の社会福祉充実計画の第55条の2で社会貢献のための再投下計画が義務づけられた。

※地域における公益的な活動

現在では、地域公益活動と簡略に表現される。地域住民のサロンやコミュニティカフェ、生涯学習会の実施、支援の必要な人への見守り等。今後の社会福祉法人に必須の無料・低額の重要事業である。

第2節　地域公益事業

これからの社会福祉法人は改正社会福祉法に基づき、地域において無料または低額な料金により行う公益事業（以下「地域公益事業」とする）をいわば法的義務として行うことになった。地域公益事業とは、より詳しく述べれば、社会福祉事業として制度化されていない福祉サービスを地域のニーズを踏まえて無料または低額な料金により供給する事業等（市場による安定的かつ継続的な供給が望めない事業）をいう。

さて、社会貢献の範囲は通常考えられているよりもはるかに広く、とりあえず国際貢献事業を除いても、平常時の社会貢献と異常時の社会貢献に分けることができる。後者には、例えば東日本大震災や熊本地震災害などの対応があるが、前者はいわゆる地域貢献事業が主である（注1）。

地域貢献事業に関しては、通常、日総研※の文献では大まかに11種類の分類がされている。以下、列挙してみる。

①介護教室、②カフェ活動、③障がいサービス、④食事支援、⑤学校連携、⑥防犯連携、⑦防災連携、⑧生活支援、⑨生活困窮支援、⑩地域サービス、⑪ボランティア支援である（注2）。

私ども浴風会の地域貢献事業では、そこでは①介護教室と⑤学校連携も全国的モデル事業の一つとして紹介されている。また、独立行政法人福祉医療機構（WAM）の『WAM-2016.12』では浴風会ケアスクールが毎月実施している都市型認知症コミュニティカフェ（「認知症施策推進総合戦略」＝新オレンジプラン※に基づく活動）が紹介され、ケアスクール校長の服部安子氏は次のようにコメントしている。

「現在、社会福祉法人には地域貢献活動の取組が求められていますが、何をすればよいか悩んでいる法人もあると思います。コミュニティカフェは比較的取り組みやすく、地域のニーズを把握する意味でも非常に有意義な活動ではないかと考えています」（注3）

これからの地域貢献活動は余り難しく考えないで、もう少し気楽に取り組む必要もあろう。

※日総研
日本総合研究所（財団法人）の略。1970（昭和45）年に企業の教育研修事業を開始し、シンクタンクへと拡大した。日総研出版を分離。

※新オレンジプラン
旧認知症施策推進総合戦略を改定したものの愛称。2013（平成25）年度から2017（平成29）年度までの認知症施策推進5か年計画。認知症の理解や対応を地域で総合的に推進する国の計画。

第3節　浴風会の地域貢献活動

さて私ども浴風会は創立94周年の歴史をもち戦前から様々な社会貢献をしてきたが、縦割り運営で内に閉じこもりがちといった大規模法人特有の欠陥も多少はある。そこから戦後から近年に至るまで必ずしも十分な地域貢献を行えないきらいもあったといわれている。

しかし近年では、法人内の各事業部門で職員の自主的努力で各々多様な取り組みがなされるようになってきている。定期の理事会、評議員会でも地域貢献活動一覧を事業報告に必ず入れている（**表1**参照）。

浴風会の地域貢献は、**表1**のように大きく5分類されている。それは、(1)生活支援事業、(2)交流事業、(3)啓発事業、(4)便宜の提供、(5)その他の順となっている。毎年、内容に若干の相違があるが、こうした取り組みがここしばらく定着している。

私どものような大法人では、しばしば事業部門（あるいは施設）ごとの社会貢献（特に地域貢献）を狭く捉えるが、地域貢献にしてもこのように全体として広く法人本部が把握しておく必要があろう。もちろん各地の研修への講師派遣や見学案内など、これ以外の社会貢献活動は枚挙《まいきょ》に暇《いとま》がない。法人職員も自分の施設等の地域貢献は理解しているが、他の事業でのそれはほとんど把握していない傾向がある。

第4節　「社会貢献勘定科目」（仮称）の設定

今から四半世紀前に、一部の大企業では企業の社会的責任（ＣＳＲ）から社会貢献を財

表1　地域貢献活動一覧（平成30年度浴風会）

	事業（活動）名	実施施設	実施内容
(1)生活支援事業	低所得者の利用料負担減免	3特養・2在宅サービスセンター	法定事業外分（随時）
	高井戸団地無料健康相談会	病院	月1回（団地集会場）
	地域住民向け出前講座	3特養・老健・病院	介護・認知症予防等教室 年10回、当会見学会実施
	在宅高齢者への配食サービス	南陽園・南陽園在宅サービスセンター	杉並区受託分以外 1日4～5食提供
	ワークサポート杉並、どんまい福祉工房からの施設外就労生受入れ	南陽園	週2日（1日3～5名程度）
	在宅高齢者（介護予防） 「みんなの活き活き健康教室」	南陽園在宅サービスセンター	年間5クール （1クール15回・15名）
	わがまち一番体操	東京センター	月2回
	松風園リハビリ活動の地域開放	松風園	週1回（1回5名）
	法務省社会貢献活動への協力	南陽園在宅サービスセンター	保護観察者受入れ
	就労準備訓練及び社会適応力訓練事業 （引きこもり等支援）	3特養・本部	3特養　随時3～8名 本部　随時15名受入れ
	単身高齢者見守り	法人全体	杉並区あんしん協力機関登録
	被災地支援バザー	南陽園	2回実施
	災害時「福祉救援所」「後方支援病院」指定	法人全体・病院	杉並区と協定
(2)交流事業	フェアスタ、地域住民との協働フリーマーケット開催	法人全体	10月20日開催
	特別支援学校・障害者団体（杉並・板橋）・家族会との協働	ケアスクール	カフェ18回開催
	認知症家族会（よくふう語ろう会）	ケアスクール	月1回実施（8月除く） 延べ215名参加
	地元小中学校との交流	各施設・地域サービス部	花壇づくり、写生作品展示、演奏等
	各種ボランティアのマネジメント	各施設・ケアスクール	団体、個人
	地域イベント（祭り等）への参加	法人全体	夏・秋
(3)啓発事業	各種ケアに関する公開講座・講演会開催 （公開シンポジウム含む）	病院・ケアスクール・地域包括・老健くぬぎ・東京センター	随時（年延べ8回）
	浴風会キャラバンメイト活動 認知症サポーター養成講座開催	3特養・病院	年4回 キャラバンメイト登録職員16名
	地元小中学校の福祉教育への協力（講師派遣）	3特養・地域包括	年2回
	地域公開講座「よくふう学ぼう会」	ケアスクール	年1回
	高井戸きずなサロン会場貸出し	南陽園	月1回
(4)便宜の提供	コミュニティホールの地域開放	浴風園	学校、市民サークル等団体
	杉並区健康づくり推進協議会等の運営協力（ウォーキング等）	本部事務局	構内開放
	地元中学校、児童館運営協力	本部事務局	写生会等構内開放 校外学習時の大型バス用駐車場提供
	ももの木トレーニング（介護予防自主教室）への会場・マシンの貸出し、運営支援	南陽園・南陽園在宅サービスセンター	月4回
	無料巡回バスの運行（地域住民も利用）	本部事務局	毎週 月～金運行
	レストランの地域開放	本部事務局（第三南陽園、ケアハウス）	毎日（2ヶ所）
	東京都善意銀行配分品倉庫	本部事務局	構内設置場所提供（無償提供）
(5)その他	赤い羽根共同募金活動	法人全体	構内募金箱設置等

注：本年度では過去の事業区分を若干変更しているところがある

（出典）『平成30年度浴風会事業報告』

政的に支える1％勘定科目というものが一時期流行した。それは、企業収益の1％を社会貢献活動に充てるというものである。すなわち売上総額が100億円／年であれば、その収益を10％とすれば、10億円の1％、すなわち1000万円を社会貢献に毎年充てるというものである。営利を目的とする企業では日常の営業活動に経営者も従業員も忙殺され、しばしば社会貢献活動に考えが及ばないことがある。また社会貢献活動の財源がほとんどないことも少なくない。しかし当初予算で1％勘定立てておけば、そうした心配はなくなるというものである。

さて今までみてきたように、これからの社会福祉法人は自らの主目的である社会福祉事業のみを運営していればよいという時代ではなく、地域公益事業等何らかの社会貢献活動も法人の責務としてやらなければならなくなっている。

誤解のないように述べると、社会福祉事業の運営で余剰財産があれば、それを地域公益事業に再投下する計画（社会福祉充実計画）を立てた場合に限り、社会福祉法人は社会貢献活動をすればよいということでは決してない。もちろん、そうした場合は、改正社会福祉法で法的義務として再投下計画が立てられなければならないが、仮に余剰財産が存在しない場合でも、社会福祉法人にとって必須の事業である。ちなみに全国社会福祉協議会の斎藤十朗会長（当時）が提案していたように、これからの社会福祉法人は今までと同様に総事業費の一定割合、例えば0・5％なり1％なりを社会貢献活動に充てなければならないのである（注4）。

ここで浴風会の場合、年間総事業費は約80億円なので、仮に0・5％なら4000万円の社会貢献活動の原資を用意することになる。精密な試算はしていないが、先の浴風会社会貢献活動一覧表で各部門を合計すれば年間4000万円は優に超えていると思われる。

ただしこうした目の子勘定でなく、これからの社会福祉法人は当初予算に、本部会計を中心として総事業費の例えば0・5％勘定を社会貢献活動の原資として用意しておく必要があろう。（なお私は将来的には1％勘定にしたいと願っている。）

ただ、こうした社会貢献勘定科目の設定はキャッシュフローとして、例えば年間4000万円の内訳はコミュニティカフェ500万円、ボランティアスクール500万円、介護フェア1000万円、被災地支援500万円、海外留学生受け入れ500万円、公営住宅団地無料相談800万円、その他200万円となる。私どもがもう少し世間に訴えなければならないことは、法人内の会場提供、職員スタッフの派遣、光熱水費、通信費、会員幹部職員による無料相談など、金銭の授受はないが実際には少なくない費用（いわゆるソーシャルコスト※）がかかることである。それは先のキャッシュフローでは見落とされてしまう。そこで、社会福祉法人の場合でも、その実際的費用（ソーシャルコスト）がかなり嵩《かさ》張ることを嫌がって、あえて社会貢献を行わない場合も見受けられる。したがって、純社会貢献勘定（キャッシュフロー）と、ソーシャルコストをあえて計算に入れた粗社会貢献勘定の二つを用意することが望ましい（注5）。これにより地域住民や地元行政には、社会福祉法人の社会貢献がごちゃごちゃした事例列挙ではなく、丸めた金額で「見える化」されるわけである。

多くの社会福祉法人では、前者の勘定が金額的には比較的小さくとも、後者の勘定が見た目よりはるかに大きい場合があろう。特に担当職員の人件費や場所の提供の試算は多くの場合は全く行われず、ただ（無料）として通常は考えられているきらいがある。

※ソーシャルコスト
社会的費用。財貨・サービスの直接的な費用でなく、社会的損失を防止したりするためにかかる間接的費用のこと。

これから社会福祉法人が単独でか共同してかはともかく、積極的に社会貢献活動をしていくためには、「社会貢献勘定（仮称）」の設定がその重要な前提要件となるに違いない。

なお地域貢献は社会福祉法人にとって、住民等への奉仕という役割だけでなく、職員の人格的成長にも大きなプラスの影響を与えるものである。ある障害福祉の施設長は次のような有意義な発言をしている。

「地域に貢献できていることで、職員たちの職業意識が向上し、モチベーションや定着率もあがり、サービスの質にもつながっています。我われが地域に向けて活動するだけでなく、職員や法人が得るものも多いということを、ぜひ知っていただきたいのです。」（注6）

なお、浴風会には特に地域の住民等にも開放しているコミュニティホテルや礼拝堂などが存在するが、これらも地域貢献にいささか役立っている。

第3章

地域包括ケアシステムの推進

第1節　地域包括ケアシステムの構築

介護保険法は1997（平成9）年に公布され、その後の施行（2000（平成12）年4月以降）において、地域住民の介護ニーズに適応するべく幾度かの制度改正がなされてきた。

2011（平成23）年制度改正において、地域包括ケアシステム（community based-integrated care system）（注1）の構築ということが市区町村における介護保険事業の運営目標として明確にされた。地域包括ケアシステムとは、「地域の実情に応じて高齢者が、可能な限り、住み慣れた地域でその有する能力に応じ自立した日常生活を営むことができるよう、医療、介護、介護予防、住まい及び自立した日常生活の支援が包括的に確保される体制」（注2）と行政的に定義されていた。しかし、地域包括ケアシステムの構築は今やすべての市町村にとって21世紀初頭（2020年代以降）の戦略的政策課題になっている。

この地域包括ケアシステムの実現のためには、①高齢者の日常生活圏域（30分程度で駆けつけられる中学校区の圏域を想定）において、②医療、介護、介護予防、住まい、見守り・配食などの生活支援という五つの視点での取り組みが、③包括的（利用者のニーズに応じた適切な組み合わせによるサービス提供）、かつ継続的（入院、退院、在宅復帰を通じた切れ目のないサービス提供）に行われる必要がある（注3）。

2014（平成26）年制度改正において、団塊の世代が後期高齢者となる2025年を見据えて進めていくこととされ、さらに医療との連携のための施策が医療介護総合確保推進法※で明示された。また、地域における医療及び介護の総合的な確保の促進に関する法律では地域包括ケアシステムの法的定義が次のようになされている。

「〃地域包括ケアシステム〃とは、地域の実情に応じて、高齢者が、可能な限り、住み慣れた地域でその有する能力に応じ自立した日常生活を営むことができるよう、医療、介護、介護予防（略）、住まい及び自立した日常生活の支援が包括的に確保される体制をいう。」（同法第2条）。それをわかりやすく図示したの

※医療介護総合確保推進法
正確には「地域における医療及び介護の総合的な確保を推進するための関係法律の整備等に関する法律」（2014年）という。

図1　地域包括ケアシステムの概念図

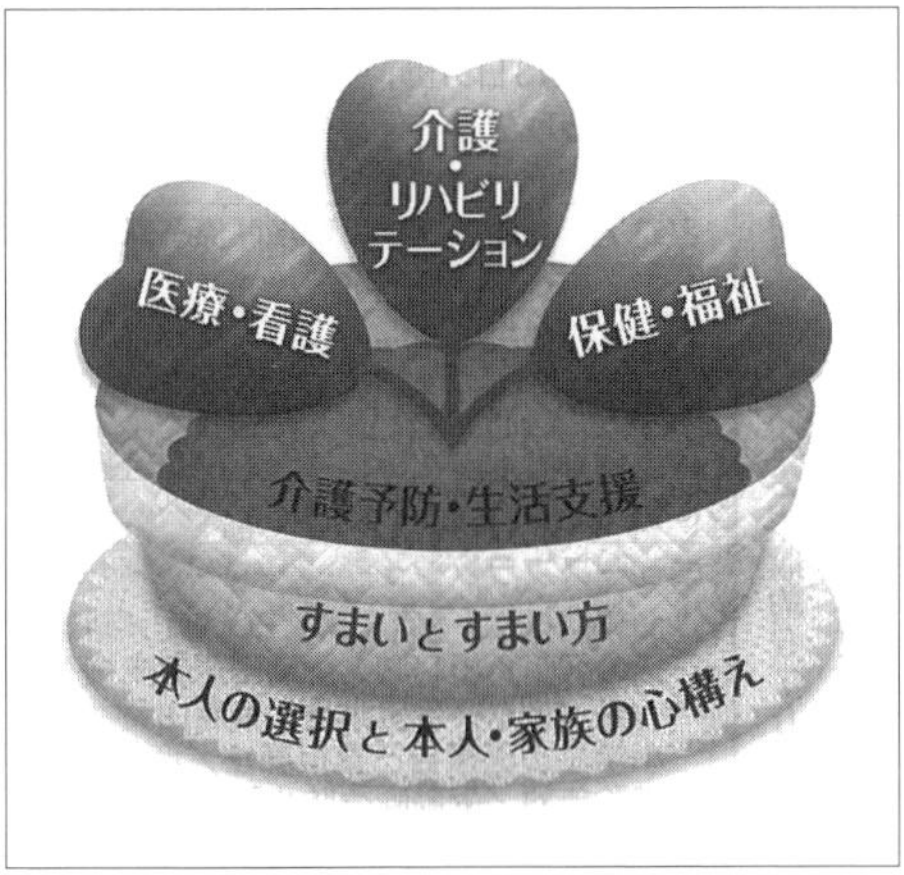

（出典）厚生労働省社会援護局

が**図1**である。なお、従来のイメージ図（田中滋氏原案）より「保健・予防」が「保健・福祉」へと、また「生活支援・福祉サービス」が「介護・リハビリテーション」へ、さらに基礎のところに「本人の選択」を位置づけるなど若干修正が加えられている。私どもはこうした微妙な改正の真意を見落とすことなく、その内容を汲んで、新たな対応をしなければなるまい。

念のために、地域包括ケアシステムの定義でしばしば誤解されやすいのは、介護保険法上の地域包括支援センター※との混同である。介護保険法には地域包括支援センターについて「地域住民の心身の健康の保持及び生活の安定のために必要な援助を行うことにより、その保健医療の向上及び福祉の増進を包括的に支援することを目的とする施設」（同法第115条の39）と定義されており、それは地域包括ケアシステムを構成する単なる一要素にすぎないのである。もちろん、地域包括支援センターの存在は地域包括ケアシステムの展開にとってきわめて重要な役割を示すことは間違いないとしても、である。

さて、現在、全国各地の市区町村は、2025（令和7）年を目指し、地域包括ケアシステムの構築のために悪戦苦闘しているところであるが、行政特性、人口構成、地理的条件、社会資源分布、その他の地域特性があるため、画一的な地域包括システムの構築はおよそ不可能である。また、地域包括ケアシステムにはそれなりの発展段階もあり得る。そこで私の仮説を提出すると**図2**のような発展段階があるように思われる。

すなわち、第1段階は、地域包括支援センターを中心に地域ケア会議が開催された段階であり、現在のところほとんどの市区町村がこの段階にあるように思われる。

次に第2段階は、医療と介護が密接に連携された段階であり、例えば、全国的には数は

※**地域包括支援センター**
介護保険法（115条の39）に基づく、地域の要援護高齢者のために各種相談援助をする、おおむね中学校区に1ヶ所の設置が義務づけられている。

図2 地域包括ケアシステムの発展段階

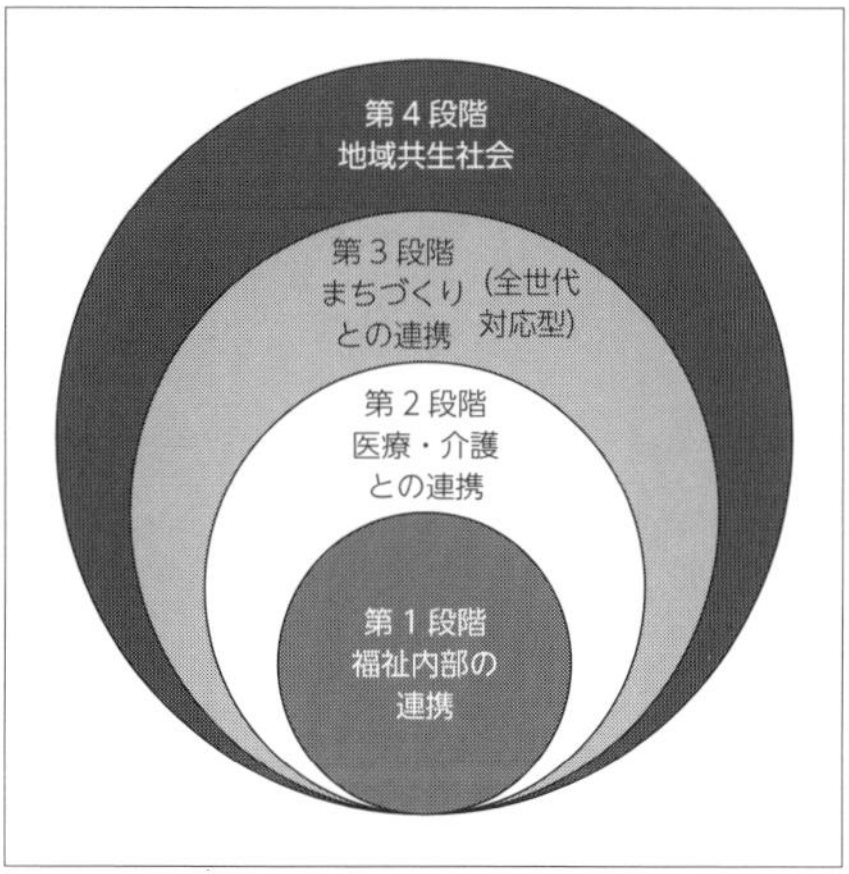

注：筆者作成

まだ少ないが、よく知られているところでは千葉県柏市、東京都杉並区、愛知県名古屋市などで意欲的な試みがなされている。地域ケア会議には地元医師会など医療関係者がほとんど入っておらず、社会福祉業界内の連携にとどまっていることが通例である。

さらに第3段階になると、まちづくりとの連携による全世代対応型地域包括システムの段階となり、これは従来社協が唱えていた、狭義の「地域福祉」※と呼ばれたものと重なりあってくると思われる。

加えて、最後に将来の第4段階として、２００８（平成20）年、内閣で提起され、厚生労働省が現在推し進めている「『我が事・丸ごと』地域共生社会」づくりがくると思われる。これは、私見では広義の地域福祉が実現された社会となる。なお「我が事」とは、他人事でなく自らの課題と捉える土台としての地域づくりを行うとともに、個別課題を各々の専門機関・専門職が縦割りで対応するのでなく、世帯全体の課題を含めて「丸ごと」受け止められる体制、各分野の関係機関が相互に連携して対応できるよう、いわば「我が事・丸ごと」の包括的支援体制としようとするものである。

なお、※地域共生社会は、必要な支援を包括的に提供するという考え方で障害者、子ども

※地域福祉
２０００（平成12）年の社会福祉法で定められ市町村地域福祉計画（法第１０７条）と都道府県地域福祉支援計画（法第１０８条）が規定された。さらに厚生労働省社会・援護局の研究会で地域における「新たな支え合い」が示された。

※地域共生社会
共生社会は法律的には改正障害者基本法で既に使用されているが、本邦で最初に使われたのは私が議長をしていた中央障害者施策推進協議会の１９９４年12月の「障害者基本計画」の中である。それを市町村の地域レベルで実現する新たな政策理念とした。厚生労働省では社会・援護局福祉基盤課が主に所管している。拙著『共生社会の実現―少子高齢化と社会保障改革』中央法規出版、２０１０年、参照。

等や複合課題にも対応するものであり、高齢者を対象とした地域包括ケアシステムの上位概念といえる。また、地域包括ケアシステムの考え方を障害者、子ども等に拡大し、すべての人々が様々な困難を抱えた場合でも対応できるよう普遍化するもので、地域包括ケアシステムの強化につながるものである（厚生労働省社会・援護局地域福祉課調べ）。

いずれにしても地域共生社会が目指すものは次のとおりである。

「〝地域共生社会〟とは、制度・分野ごとの『縦割り』や〝支え手〟〝受け手〟という関係を超えて、地域住民や地域の多様な主体が『我が事』として参画し、人と人、人と資源が世代や分野を超えて『丸ごと』つながることで、住民一人ひとりの暮らしと生きがい、地域をともに創っていく社会を目指すものである。」（注4）

このようにして、地域包括ケアシステムは⑴地域包括支援センター中心型→⑵医療介護連携型→⑶全世代対応型→⑷地域共生社会型というように、おおよその発展（進化と深化）を遂げていくと予想されるが、問題は、全国各地の社会福祉法人がどのように積極的に関わるかである（注5）。

第2節　社会福祉法人と地域包括ケアシステムの関わり

いうまでもなく、高齢者福祉を担う社会福祉法人は地域包括ケアシステムと何らかの形で関わり、そのシステムの重要な一員となるべきであろう。

社会福祉法人制度の改革に関しては、社会保障審議会福祉部会報告書（２０１５（平成27）年2月12日）が⑴ガバナンスの強化、⑵運営の透明性、⑶財務規律の確立を図る改革方向を示したが、あわせて、地域社会への貢献として次のように述べている。

「社会福祉法人は、その解散や合併に所轄庁の認可が必要であり、解散した社会福祉法人の残余財産の帰属について制限があるなど、地域社会とともに存在し、地域福祉を支える使命を制度上も担保されている。（中略）社会福祉法人の今日的な意義は、他の事業主体では対応できない様々なニーズを充足することにより、地域社会に貢献することにある。」（同報告5頁）

また地域包括ケアシステムの構築では社会福祉法人が関わるべきこととして、次のようにも述べている。

「特に、社会福祉法人は、その本旨を踏まえ、地域のニーズにきめ細かく対応し、事業を積極的に地域に展開することにより、喫緊の課題となっている地域包括ケアシステムの構築において中心的な役割を果たすことが求められる。」（同報告31頁）

こうした指摘は前章でみた一般的な地域貢献にとどまらず、社会福祉法人と地域包括ケアシステムとのあるべき関わりについて、また社会福祉法人の中心的役割についても示唆を与えている。

また厚生労働省の地域強化検討会中間とりまとめ（２０１６（平成28）年12月26日）では全世代対応型地域包括ケアシステムへ、また地域共生社会の構築へ社会福祉法人が関わるべきことを示している。

すなわち「社会福祉法人は、その専門性と地域における信頼感、存在感を生かし、高齢、障害、子どもといった対象を問わない相談を行うこと、住まい、就労等の面での既存の福祉サービスにはない取組を行うこと、地域における福祉課題への対応について勉強会を行うことなど、改正社会福祉法で位置づけられた地域における公益的な取組の枠組みも活用しながら、我が事・丸ごとの地域づくりに取り組むことを促進すべきである。」（同中間とりまとめ18～19頁）と示している。

　このようにして社会福祉法人は、現在の第1段階から第2段階へ、さらに先の第3段階から第4段階へと、おおよその歩みを進めるだろうことが示されている。各社会福祉法人も、そうした歩みを「我が事」として積極的な役割を担うべきであろう。

表1　杉並区内の社会福祉法人の地域包括ケアシステムにおける位置

	病院有り	病院無し
地域包括支援センター有り	○浴風会 ●河北総合病院	○正吉福祉会 ○サンフレンズ
地域包括支援センター無し	●荻窪病院 ●労働衛生協会	○希望の家（障害福祉中心） ○済美会（障害福祉中心） ○東京家庭学校（児童福祉中心）

注1：○は、杉並区内の社会福祉法人を示し、●は、医療法人の典型を示す
注2：筆者作成

第3節　地域包括ケアと社会福祉法人類型――浴風会の場合――

　さて高齢者の医療介護領域に限っても、社会福祉法人の類型によって地域包括ケアシステムとの関わりは相当に異なる。例えば、地域包括支援センターのある法人とない法人とでは関わりの度合いは異なり、また、病院を有する有力法人と病院を有しない大多数の法人とは、その対応が異なるのである。そこで、私ども浴風会の位置を杉並区の中で、病院の有無及び地域包括支援センターの有無でのマトリックスとしてあえて類型化すると、**表1**のようになる。もちろん、実際はこんなに単純な類型化はできず、もっと複雑なことは十分承知の上での仮説である。

図3　地域包括ケアシステム構築に向けた杉並区と浴風会の連携に関する覚書

杉並区（以下「甲」という。）と社会福祉法人浴風会（以下「乙」という。）とは、高齢者が自らの尊厳を保持して、住み慣れた地域で安心して暮らし続けることができる地域包括ケアシステムの構築に向け、次のとおり覚書を締結する。

第１条　甲は、高齢社会の進展に対応すべく、保健、福祉、医療、介護に関する社会的資源が有機的に連携した地域包括ケアシステムの構築に向け、認知症や社会的孤立等の課題に対応するとともに、地域における高齢者の見守りや支援のネットワークづくりを推進する。

第２条　乙は、自らの持つ福祉、医療、介護の様々な資源を地域に発信し、高齢者が安心して在宅生活を継続できる仕組みづくりに寄与する。特に、喫緊の課題である認知症への対応として、認知症疾患医療センターを中心に、これまで培ってきた高齢者の総合福祉施設としての専門的資源を地域に積極的に提供し、杉並区内の認知症疾患の医療保健水準の向上を推進する。

第３条　甲及び乙は、前２条の先行的取組として、認知症コーディネーターと認知症アウトリーチチームの連携協力による認知症早期発見・早期診断事業を実施するとともに、地域包括支援センターを中心とした高井戸地域における地域包括ケアのモデル検討に取り組み、杉並区全体の地域包括ケアシステムの構築に還元する。

平成25年8月28日

甲　杉並区長　田中　良

乙　社会福祉法人浴風会
理事長　京 極 髙 宣

こうした類型からは、介護施設を有することを前提として地元杉並区の社会福祉法人でも、第2象限の位置、すなわち「病院あり支援センターあり」の有力法人は浴風会のみであり、そこで私どもの法人が地域包括支援システムの最も中心的なものとならざるを得ないことは明らかである。

実は、2013（平成25）年に浴風会は杉並区と地域包括ケアシステム構築に向けた連携協定を締結した（**図3**参照）。これは全国的にみても市区町村と一社会福祉法人の連携に関する提携の稀有《けう》な例でもあろう。

ごく抽象的な表現ではあるが、社会福祉法人浴風会の今後における社会貢献の方向を示しているだけでなく、全国的にも大都市部のモデルとなる地域包括ケアシステムの構築を示す、より具体的には杉並区と浴風会がある意味強力なパートナーとして邁進《まいしん》する決意を示すものである。

なお、高齢者施設には要介護を扱う特別養護老人ホームだけでなく、様々な社会的問題を抱える要援護高齢者にソーシャルワーク的対応を行っている養護老人ホームや軽費老人ホームが含まれる。地域包括ケアシステムにおける養護老人ホーム及び軽費老人ホームの役割についても再認識する必要がある（注6）。

第4節　浴風会在宅支援センター構想案

私どもの所在する杉並区高井戸地域で地域包括ケアシステムを2025（令和7）年に向けて実質的に構築していくには、現在の地域包括支援センター（ケア24高井戸）の地域ケア会議にとどまらず、浴風会病院と介護老人保健施設くぬぎの合築の浴風会高齢者保健医療総合センターを地域包括ケアシステムの中軸にするべく、「浴風会在宅支援センター（仮称）」を立ち上げ、在宅医療と在宅介護の拠点としたいと願っている（注7）。

現在、浴風会には5事業17施設と1病院があるが、どちらかといえば制度別に縦割りで横の連携がとりにくい。しかも病院も会内施設入所の高齢者の半分以上を診ていて、地域の外来患者や入院患者は必ずしも多くない。そこで、会内においては高齢者保健医療総合センター、地域包括支援センター（ケア24高井戸）、会内高齢者施設群、認知症介護研究・研修東京センターががっちり手を組んで「24時間コールセンター」（仮称）を設け、在宅医療（訪問診療、訪問看護、訪問リハビリテーション）と訪問介護を飛躍的に拡充させ、

図4　浴風会在宅支援センター設置構想（私案）

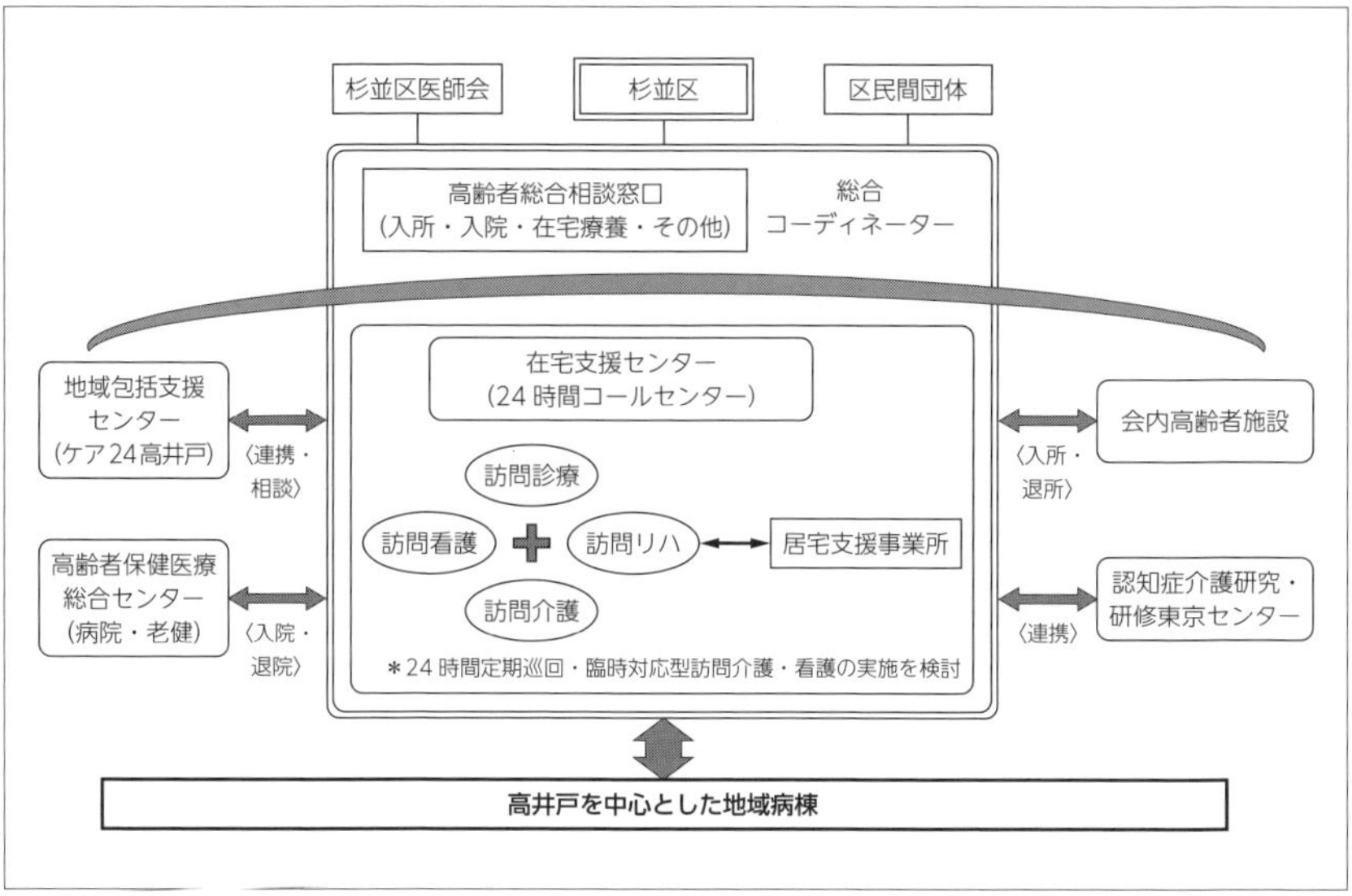

高井戸地区における地域包括ケアシステムの中核としたい（図4参照）。

もちろんこれは、浴風会の評議員会や理事会でまだ十分に承認を得ていないもので、しかも地元の杉並区及び医師会などの理解もいただいていない私案のレベルであるが、社会福祉法人が発信する提案としては十分に検討に値すると思われる。今後は浴風会の幹部職員に具体的検討を諮《はか》り、地元杉並区などと相談しつつ、高井戸地区の地域包括ケアシステムの要石の一つに位置づけたいものだ。

第4章

大災害時の危機管理

第1節　非常時と安全性

社会福祉法人においても、日常的な事故は様々な原因から起こる。社会福祉施設にとって日常的な事故は、耐震強度の不足、老朽化、日頃のメンテナンス不足、あるいは利用者自らの不注意などによって、しばしば起こり得るのに対し施設設備のメンテナンスやヒヤリハット対策などで対応できる。それに対して非常時の大災害は異常気象や大地震など突発的・外的な事故災害の類いで、事前に十分な危機管理体制を整えておかねばならない。

それは既に本書第Ⅳ部第3章第3節でも危機管理・防災計画でふれたとおりである（注1）。

いずれにしても、突然の大地震、大火災など外的要因よる大災害は、社会福祉施設内はおろか、地域で暮らすところのいわゆる災害弱者※、すなわち障害者、寝たきり老人、独居

※**災害弱者**
厳密には「高齢者、障害者等の災害時の避難において扱いに配慮を要する者」をいう。

虚弱老人などに悲惨な被害をもたらすことが多い（**表1**参照）。**表1**では障害別の災害時における行動能力を①災害の覚知、②初期行動、③情報の収集・伝達、④避難行動ときめ細かに分析しているが、大規模災害においては、障害別の対応にとどまらず、総合的な対応にならざるを得ないことを見落としてはならないだろう。

そこで社会福祉法人においても、ハード及びソフトの両面で十分な対策（災害対策）を立てておかなければならないだろう。

特に各種社会福祉施設を有する大規模社会福祉法人は、施設の用途や入所者（利用者）の特性などを考えて、いざというときの対策を自らの使命として、事前に立案決定しておくべきである。

災害の規模が社会福祉法人の内部でほぼ収まる場合には、原則として建物管理者（ないし施設長）が、例えば火災の状況レベルを想定した数々の防災対策を用意しておかなければならない。もちろん防火防災計画においては、火事を起こさないことが建築防火の一般的な対応であるが、万一起こしてしまったら、第1に、利用者及び職員の生命を守り、確実に避難させ、早期に消火することが何より大切である。もちろん既存建物の耐震診断やスプリンクラー設備※、アスベスト対策※などの法人内の日常的努力も欠かせない。

また各社会福祉法人は、施設竣工《しゅんこう》後の防災対策や避難訓練を行うことも大切である。特に大規模法人においては、最寄りの消防署との連携で、定期的な防災訓練を実施することが効果的である。私ども浴風会でも杉並消防署の協力を得て、通報、避難、初期消火などの総合防災訓練を年1回行うほか、各施設・各病棟においても法令の定めにより防災訓練を定期的に行っている。

※スプリンクラー設備
消防法第17条により、学校や病院などの政令で定める施設について設置が定められている。様々な形態があり高い初期消火能力をもつ。

※アスベスト対策
石綿などの耐熱不燃物が発ガン作用をもつことから20世紀末に各国で対策がとられた。

表1　障害者の日常生活における行動パターン及び災害時における行動能力

障害の種類	日常生活における行動パターン	災害時における行動能力			
		災害の覚知	初期行動	情報の収集・伝達	避難行動
視覚障害	買物や通院など生活をしていく上での必要最小限の行動。区内や都内など広い行動範囲を持っている人でも定められた行動パターン。日常の生活圏の外での行動はできない	その場で何が起こっているのか目で見ることができないため覚知が遅れる。火災の場合は、サイレンの音や人のざわめきで近いか遠いかを判断できるが、水害の場合はわからない	災害の状況が把握できないため、危険から退避することが困難である。外出中の災害の場合は介助者からの情報がなければ行動はできない	ラジオ、テレビニュース（音による情報）で得ることができるが、周りの状況等の把握はできない。日常の生活圏の外では、公衆電話などのある場所もわからないため連絡もとれない	日常からよく知っている場所であっても、自力で行動することは困難である。日常の生活圏外では、介助者がいない場合は行動できない
聴覚障害	自分の判断で行動する場合は行動力は健常者とあまり変わらないが、行動範囲は限られている。健常者といっしょに行動することは困難である	災害現象の「音」が耳から入ってこないため事態の覚知が遅れる。就寝時の火災などは覚知できない	ある程度の初期行動は可能であるが、事態の覚知の遅れから判断がとっさにできない	電話、ラジオ、テレビ、防災無線スピーカーなどの「音声情報」は収集できない	避難行動の指示等が音声で伝えられると、状況の把握ができないため、自力で行動することができない
肢体不自由	自分の身の回りのことをするのが精いっぱいである。車いすや歩行用の補助器具を利用しての行動も、病院や区役所など一定の限られた範囲である	覚知が遅れる場合が多い	外出中など行動を起こしているときはある程度の対応は可能だが、介助者がいないと困難な場合が多い。補助器具を外している就寝時は寝たきり同様で何もできない	情報の収集や状況の把握はある程度できるが、意思を伝える場合は、自分の身体を動かすことにハンディキャップがあるために制約される	障害の程度によっては、介助者がいないと行動できない。日常は車いすや補助器具を利用して行動できても、災害時には大きなハンディがあり行動は制約される
寝たきり老人	本人は行動できないため介助者自身の行動も制約を受ける	介助者がいない場合は、覚知が遅れることが多い	自力での行動はできない	ある程度の情報は得ることができ、状況を把握することは可能であるが、自分の状況を伝えることは困難である	自力での行動はできない。介助者がいても、車いす等の補助器具がないと困難な場合が多い
ひとり暮らし老人	75歳以上の高齢者や病弱者は、日常生活をしていく上での必要最小限の行動である。日常の生活圏の外では困難な場合が多い。75歳未満の人は、健常者とほとんど変わらない	同居者がいないため、覚知が遅れることが多い	ある程度の行動は可能であるが、覚知が遅れるためにとっさの行動は困難である	情報の収集や伝達はある程度可能であるが、それを判断して行動することは困難である	自力での行動は困難である
知的障害	つねに誰かの介助を受けなければ行動できないため、家族や保護者が同伴する。福祉作業所への通所など毎日定められた行動範囲に限られる	判断力に欠けるため覚知できないことが多い。家族や保護者から知らされる以外、覚知できない	介助者に頼る以外何もできない	情報が知らされても介助者がいないと判断できない	介助者がいないと自力で行動できない

（資料）『障害者等のための防災対策のあり方について』中野区障害者等のための防災対策検討会議の提言
（出典）浦野正男編『社会福祉施設経営管理論（2017）』全国社会福祉協議会出版部、2017年

第2節　災害救援にかかる法律

広範囲にわたって大規模な災害に見舞われ、被災地において社会福祉法人が自己完結的に地域社会に果たす機能を一時的に喪失した場合には、被災の程度によっては自らの社会福祉法人内の利用者や職員への対応すらままならず、機能不全に陥ることもある（注2）。

こうした際には、国、都道府県、市区町村の行政対応が必要不可欠で、※各種の災害救援にかかる法律を迅速かつ円滑に適用する必要がある。

まず⑴災害対策基本法（1961（昭和36）年）がその後の改正により各地の災害救援を可能にしている。主な改正を挙げると次の二つがある。

①大規模広域な災害に対する即応力の強化（2012（平成24）年改正）

②いわゆる災害弱者についての名簿作成の義務化や事前の情報提供及びボランティアとの連携（2013（平成25）年改正）

また⑵災害救助法（1947（昭和22）年）は災害救援のいわば基本法であり、数次の改正により、救助の種類の豊富さと国の財政負担の強化が行われている（**表2**参照）。

さらに⑶「激甚災害に対処するための特別の財政援助に関する法律」（1962（昭和37）年）及び「災害弔慰金の支給等に関する法律」（2011（平成23）年8月改正）も関わる。

そして⑷被災者生活再建支援法（1998（平成10）年）により、都道府県が拠出した資金を活用し、住民の生活の安定と被災地の速やかな復興に資することができる。

最後に⑸公営住宅法（1951（昭和26）年）は、幾度となく法改正が行われ、「応急

※各種の災害救援にかかる法律
通常は、日常的に国民に必ずしも認識されていないが、本文でふれるように、⑴災害対策基本法、⑵災害救助法、⑶激甚災害に対処するための特別の財政援助に関する法律等、⑷被災者生活再建支援法、⑸公営住宅法がある。

表2　災害救助法による支援内容

1	避難所の設置
2	応急仮設住宅の供与
3	仮設住宅の集会室の一部活用の場合の介護等のサポート拠点の設置
4	ホテルや旅館の借り上げ
5	食品の給与
6	飲料水の供給
7	被服、寝具、その他生活必需品の給与・貸与
8	医療および助産
9	被災者の救出
10	住宅の応急修理
11	学用品の給与
12	埋葬
13	死体の捜索および処理
14	住居またはその周辺の土石等の障害物の除去

（出典）「平成24年度厚生労働白書」261頁、『（社会福祉学習双書2017）公的扶助論』全国社会福祉協議会、166頁より作成

仮設住宅」の建設後に「災害公営住宅」の整備も可能となった。

2016（平成28）年6月末現在、計画戸数約3万戸のうち工事着手戸数は約2万5000戸（82・2％）となっている（注3）。

こうした広範囲の各種支援を都道府県や地元行政の協力を得て有効かつ迅速に活用することが社会福祉法人の使命でもある（注4）。

第3節　大災害時における社会福祉法人の役割

大災害が特定地域に発生した場合、国、県、市町村の行政対策とは別途、社会福祉法人も、災害拠点病院などとは役割が異なる同法人らしい独自の対応、具体的には地域の最大の社会貢献としての救助活動を行わなければならないだろう。

その場合、大まかに三つの対応があり得る。

第1に、零細中小法人の場合は、単独では困難でも都道府県社会福祉協議会（以下、社協）または政令指定都市社協の調整で災害ボランティアの配置を行い、かつ被災地の避難

所の設置などへの協力を行うことである。

ちなみに、東日本大震災における避難所での支援活動に関しては、例えば岩手県社協が調整役となって各社会福祉法人やボランティア団体の協力を得て活動を行った例が比較的古く最も典型的であろう（注5）。

いわば福祉版DMAT※（災害派遣医療チーム）である（**図1参照**）。

第2に、有力な社会福祉法人のいくつかが核となってNPO法人を立ち上げ、それにより災害活動広報支援システム（**図2参照**）を構築するものである。その最も顕著なものは、長岡福祉協会の故小山剛氏※が中心になって創設された認定NPO法人「災害福祉広域支援ネットワーク・サンダーバード」である（注6）。

同法人では、多様なプログラムを⑴広域福祉情報支援システム、⑵啓発研修事業、⑶調査・研究事業において展開している。

第3に、私ども浴風会でも行っているが、大規模法人が地元自治体と連携して、災害時における避難救援所や緊急医療救護所を開設することである。

避難救援所の開設及び運営においては、浴風会は杉並区と2006（平成18）年3月に協定を結んでいる（**図3参照**）。

また、災害時における緊急医療救護所の開設においては、浴風会病院は杉並区と2014（平成26）年2月に協定を結んでいる（**図4参照**）。

浴風会病院は、浴風会保健医療総合センターの中核として耐震構造を有し、幅広の廊下にはいざというときのベッド置き場（200~300床）としても用意されている。

なお、浴風会では、以上のような区行政との連携以外に、職員用の小型版ブックレット

※DMAT（disaster medical assistance team）
医療分野では既に各地域で散見する、大災害に対する医師・看護師等を現地に派遣するチームのこと。福祉版は、それに見合った福祉サイドのチーム。

※小山剛（1955~2015）
東北福祉大学を卒業後、長岡福祉協会の総合施設長で、脱施設化で大活躍をした異才。認定NPO法人災害福祉広域支援ネットワーク・サンダーバードを設立。

図1　岩手県災害福祉広域支援推進機構の概要

岩手県災害福祉広域支援推進機構設置要綱

推進機構の設置について規定
〔設置目的〕
大規模災害時における要援護者のさまざまな福祉・介護等のニーズ把握や応急支援などを広域的に行う仕組みづくりについて協議、検討するとともに、大規模災害発生時において「災害派遣福祉チーム」の派遣調整を行う。
〔構成〕
本部長（岩手県知事）副本部長（岩手県保健福祉部長）
事務局（社会福祉法人岩手県社会福祉協議会）委員（構成機関の団体の代表者等）

↓

岩手県災害福祉広域支援推進機構運営要綱

推進機構の事務等について規定
〔所掌事務〕
(主に県)
- 広域的な要援護者支援のあり方、チームの派遣調整に関する検討・協議
- チーム活動に関する県内への周知、啓発
- 市町村、関係機関・団体との協力連携体制の構築（事前協定締結等）
- 災害発生時の被災地へのチーム派遣・設置の決定、派遣要請、派遣に要する経費負担

(主に事務局)
- チーム員の募集、研修の実施、チーム員の登録およびチーム編成
- 災害発生時の被災地へのチーム派遣調整
- 派遣に必要な資機材の整備および管理

(構成団体)
- 推進機構活動への協力・連携
- チーム員の派遣に係る団体内の調整
- 要請による本部への協力（人員派遣等）

〔協力団体との事前協定〕
チームの派遣に協力する構成団体（協力団体）等と県が協定を締結

↓

構成（協力）団体との協定

〔協定の概要〕
- チーム派遣が円滑に行われることを目的として締結
- 協力団体は協力可能な会員（構成団体等）を災害福祉広域支援協力者（施設）登録簿に記載し県に提出
- 県は災害発生時にチーム派遣についての調整または本部の支援を要請
- 調整等に要する費用は県が負担

（出典）岩手県災害福祉広域支援推進機構

図２　災害福祉広域支援ネットワーク概念図

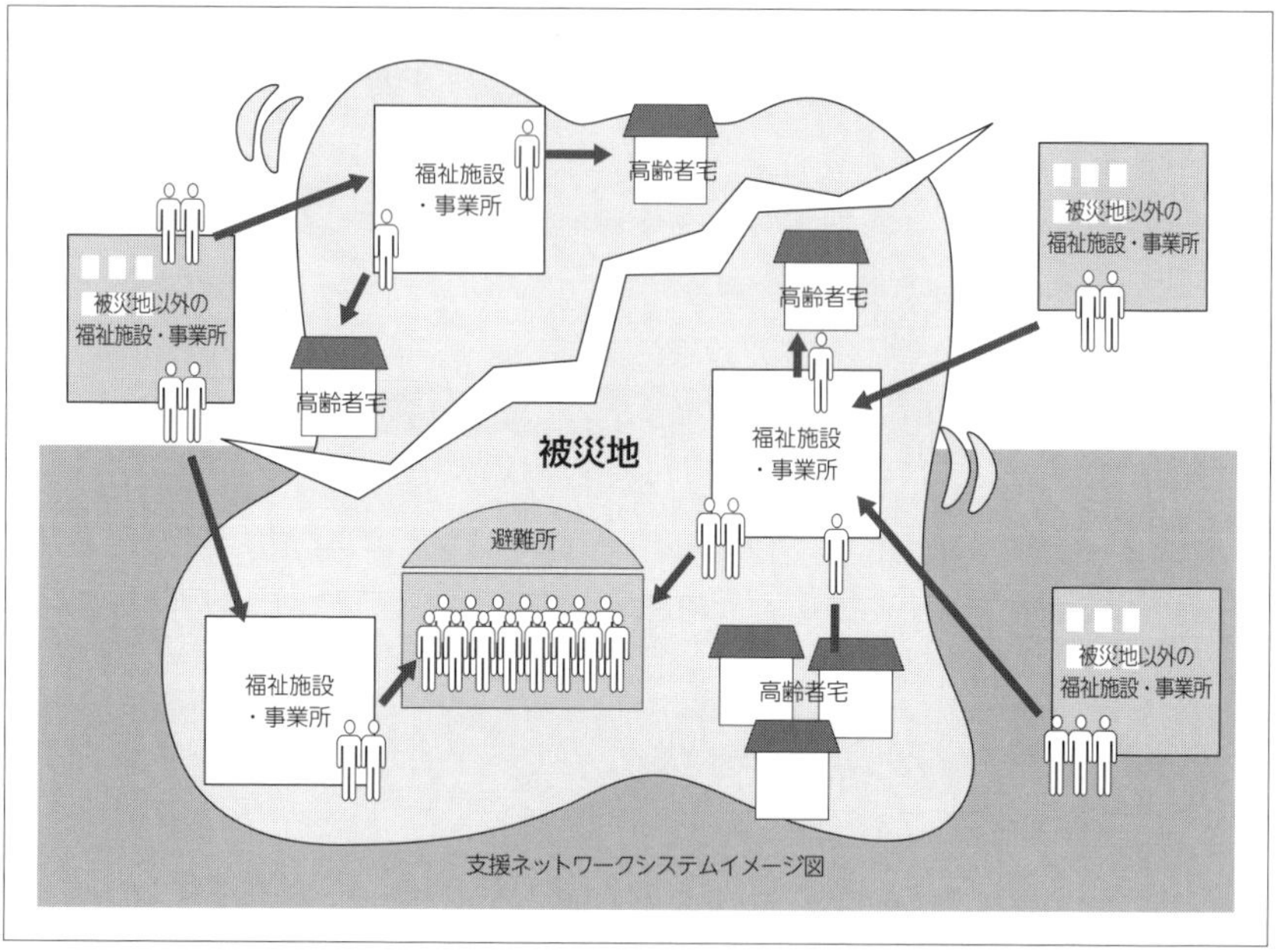

（出典）サンダーバード・ネットワーク、2008年

図3　福祉救援所の開設及び運営に関する協定

杉並区（以下「甲」という。）と社会福祉法人浴風会（以下「乙」という。）は、災害時に要援護者を救護するための福祉救援所の開設及び運営に関して、次のとおり協定を締結する。

（目　的）
第１条　この協定は、甲が乙の協力を得て、乙の施設内に杉並区地域防災計画に基づく要援護者を救護するための福祉救援所を開設し、運営することについて、必要な事項を定めることを目的とする。

（対象となる要援護者）
第２条　この協定により開設する福祉救援所が受け入れる要援護者は、原則として介護が必要な高齢者とする。

（対象施設）
第３条　この協定の対象となる施設は、乙が運営する施設のうち、甲及び乙があらかじめ協議して決定した部分とする。

（利用人員）
第４条　受入れる要援護者は、前条に定める施設において利用可能な人員とする。

（福祉救援所の開設）
第５条　甲は、災害が発生し、乙の施設内に福祉救援所を開設する必要が生じた場合、乙に対して速やかに開設を要請するものとする。ただし、緊急を要する場合等、これによりがたい事情がある場合は、この限りではない。

（福祉救援所の管理運営）
第６条　福祉救援所の管理運営は、甲と乙が相互に協力し、これにあたるものとする。

（物資等の提供及び介護支援者の確保）
第７条　甲は、福祉救援所を開設したときは、乙に対して施設運営に必要な物資及び情報を提供するとともに、適切な介護の実施に必要な介護支援者の確保に最大限努めるものとする。

（経費の負担）
第８条　甲は、福祉救援所の管理運営に係る経費を負担するものとし、その額については、甲乙協議のうえ決定するものとする。

（通常業務再開への努力）
第９条　甲は、乙が早期に通常の業務活動を再開できるよう配慮するとともに、福祉救援所の早期解消に努めるものとする。

（有効期間）
第10条　この協定の有効期間は、平成18年３月30日から平成19年３月31日までとする。ただし、期間満了の日の３箇月前までに、甲乙に何らかの意思表示がないときは、さらに１年間延長するものとし、以後も同様とする。

（協　議）
第11条　この協定に定めのない事項及び解釈に疑義が生じた事項については、甲乙協議のうえ決定するものとする。

この協定の締結を証するため、本書２通を作成し、甲、乙記名の上、それぞれ１通を保有する。

平成18年３月30日

甲　杉並区長　山田　宏

乙　社会福祉法人浴風会理事長
板山賢治

図4　災害時における緊急医療救護所の開設等に関する協定

杉並区（以下「甲」という。）と社会福祉法人浴風会病院（以下「乙」という。）との間において、災害時における緊急医療救護所の開設等に関し、次のとおり協定を締結する。

（目　的）
第１条　本協定は、大規模な災害が発生し、多数の負傷者が想定される場合（以下「災害時等」という。）において、乙が災害拠点連携病院として医療活動を実施する際、乙が管理する施設や用地（以下「施設等」という。）を利用して、甲が行う緊急医療救護所の開設及び運営を適正かつ円滑に実施するために必要な事項を定めることを目的とする。

（緊急医療救護所）
第２条　本協定における開設する緊急医療救護所とは、災害時等において乙の災害拠点連携病院としての機能を維持するため、傷病者に対するトリアージ及び軽症者に対する応急処置等を実施する場所とする。

（対象施設等）
第３条　本協定の対象施設等は、次のとおりとする。
　所在地　東京都杉並区高井戸一丁目12番１号
　名　称　社会福祉法人浴風会浴風会病院

（協力要請等）
第４条　災害時等に、緊急医療救護所を開設する必要があるときは、甲は乙に対し協力を要請する。ただし、乙は、災害時等において緊急に対応することが必要であると認めるときは、自主的な判断に基づき、緊急医療救護所を開設することができる。この場合乙は速やかに甲に報告するものとする。
２　甲は、緊急医療救護所の開設に必要な医薬品及び資器材の購入及び保管・管理について、乙に協力を要請する。

（費用の負担）
第５条　前項２項に規定する要請を乙が受諾する場合は、購入及び保管・管理に係る経費は、甲が負担するものとする。

（連絡体制）
第６条　第４条で規定する協力要請の目的を達成するため、甲乙はお互いに緊急時の連絡先を報告し、随時更新する。

（協力体制）
第７条　甲乙は、あらかじめ協力内容についてお互いに協議し、協力体制を明らかにしておくものとする。
２　前項の内容に変更が生じた場合、お互いに報告するものとする。

（災害発生時の対応）
第８条　乙は、災害時等において、速やかに緊急医療救護所としての機能を果たせるよう施設等の開錠など必要な措置を講じ、甲に対して施設等を提供するものとする。
２　乙は、前項で定める措置を行った後、あらかじめ甲と協議した内容に基づき、緊急医療救護所の開設及び運営に協力する。

（訓練等）
第９条　乙が緊急医療救護所に関する防災訓練等を実施する場合は、甲は積極的に協力することとする。

（協議等）
第10条　本協定に定めるもののほか、本協定の目的を達成するために必要な事項は、その都度甲と乙の協議の上、これを定めるものとする。

（有効期限）
第11条　本協定の有効期間は、協定締結の日から平成27年３月31日までとする。ただし、期間満了の日から２か月前までに甲乙いずれからも書面による解約の申出がないときは、期間満了の翌日から１年間、本協定の効力を有するものとし、以降においても同様とする。
本協定の締結を証するため、本書を２通作成し、甲乙署名押印の上、各１通を保有する。

平成26年２月28日

甲　杉並区長　田中　良

乙　社会福祉法人浴風会浴風会病院長
吉田亮一

『災害時職員行動指針』を2017（平成29）年10月に改訂し、常時携帯するようにしている（注7）。これには、災害発生時の連絡体制から緊急参集の方法など、基礎的な規定が定められている。

こうした取り組みは、地元行政と区民に安心感を与えるだけでなく、浴風会の病院スタッフや施設スタッフに社会的責任を実感させるものとして、きわめて有意義である。また、それにより地元医師会や町内会などの地域住民に社会福祉法人浴風会の存在をアピールし、かつ信頼感を高めているように思われる。

第4節　社会福祉法人が災害拠点となる必然性

社会福祉法上は、社会福祉法人が地域公益事業や地域貢献などを行うことが定められていても、災害拠点とすべき規定は見当たらない。しかし、ハード・ソフトの両面で、社会福祉法人は災害拠点としての十分な資質を有している。

まずハード面でみると、施設運営の社会福祉法人は災害に強いコンクリート施設群と広い敷地を有している。それは通常の災害避難場所※である公園や学校体育館などと比べても、設備及び人材の面で手厚く、病院に準じた災害対応も可能である。

次にソフト面では、地域への貢献を法人の使命としていることはもちろん、具体的にも、第1に日常的に地域住民と接触していること、第2に地方行政と連携がとれていること、第3に災害対応が十分可能な職員やスタッフが常時いて、かつ災害訓練プログラムなどをもっていることなどから、病院に勝るとも劣らない機能を有している。

※通常の災害避難場所
多くの自治体で、大震災や大火災などの避難所を公園や学校体育館などとしている。しかし、ごく短期間ならともかく、中長期に及ぶ場合は、ハード・ソフトの両面から無理が生じるため、病院や施設のような広い空間と人的資源が豊富なところが適しているといえる。

大規模法人であれば私ども浴風会と同様の取り組みが可能であろう。また中小零細法人でも、NPO法人と共同でつくる、あるいは都道府県社協などの仲立ちで連携して共同作業を行うことは十分可能である。ただし、社会福祉法人もいたずらに単独で行動するのではなく、各種法令に沿ってそれなりの役割を発揮することが求められる。

なお、厚生労働省では、東日本大震災復興対策本部を立ち上げ、2017（平成29）年度予算では被災者支援総合交付金（復興庁被災者支援班）として、総額200億円を計上した（**図5**参照）。もちろん、その後の災害復興支援の進展で次第に減少していった。また経営協では、アクティブ2020等、社会福祉法人としての対応策を整備していることも心強い（注8）。

また現在は、国で自然災害対応プラン及びガイドラインを設けている（注9）。

図5　被災者支援総合交付金（復興庁被災者支援班）

29年度予算（案）　200.1億円【復興】
（28年度予算額　220.3億円）

事業概要・目的

○　被災者支援については、震災から5年が経過し、避難生活の長期化や災害公営住宅等への移転など、復興の進展に伴う課題への対応が必要となっている。
○　被災者の生活再建のステージに応じた、切れ目ない支援の実現を図る。
＜主な内容＞
①　被災者の移転に伴うコミュニティ形成や、既存のコミュニティとの融合といった被災地の課題に対応するための活動を支援。
②　仮設住宅や災害公営住宅等で暮らす高齢者等に対する日常的な見守り・相談支援を実施。
③　仮設住宅で長期避難を続け、閉じこもりがちな高齢者の交流機会を創る活動や、被災地の将来を担う子どもや若者のケアなどの「心の復興」事業を支援。
④　自宅再建や生活再建のための相談支援体制を整備。
⑤　県外避難者や帰還される方の相談支援、自主避難者の方々への情報提供など、避難者・被災者支援を実施。

事業イメージ・具体例

Ⅰ．各地域の被災者支援の重要課題への対応支援
　①被災者支援総合事業
　•住宅・生活再建支援　•コミュニティ形成支援
　•「心の復興」　•避難者・被災者支援
　•高齢者等日常生活サポート　•被災者支援コーディネート
Ⅱ．被災者の日常的な見守り・相談支援
　②被災者見守り・相談支援事業
Ⅲ．仮設住宅での総合相談・介護等のサポート拠点の運営
　③仮設住宅サポート拠点運営事業
Ⅳ．被災地における健康支援
　④被災地健康支援事業
Ⅴ．子どもに対する支援
　⑤被災した子どもの健康・生活対策等総合支援事業
　⑥福島県の子供たちを対象とする自然体験・交流活動支援事業
　⑦仮設住宅の再編等に係る子供の学習支援によるコミュニティ復興支援事業

資金の流れ

復興庁 →（交付金の交付）→ 県・市町村 等
復興庁 →（予算の配分／予算の移替え）→ 各省庁 →（交付金の交付）→ 県・市町村 等

期待される効果

○被災者支援の基幹的事業について、被災自治体において横断的な事業計画を策定し、交付金による一体的支援が行われることにより、各地域の実情に応じて、より効果的・効率的な被災者支援活動の展開が期待される。

（出典）東日本大地震厚生労働省復興対策本部『東日本大地震からの復興に向けた厚生労働省の対応について』2017（平成29）年1月19日

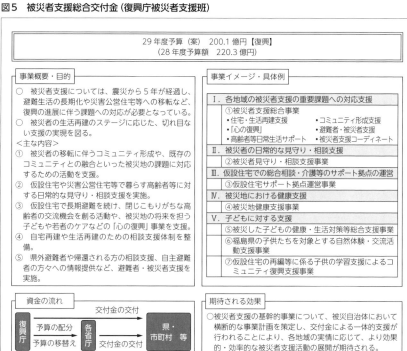

第5章

社会福祉法人の病院経営

第1節　無料低額診療事業

社会福祉法人の病院経営を語るには、まず第2種社会福祉事業である無料低額診療事業※についておさえておく必要がある。というのは、社会福祉法人の病院は無料低額診療事業を行うことが通例となっているからである。

さて無料低額診療とは、社会福祉法第2条第3項第9号に基づく第二種社会福祉事業として実施されているもので、生活困窮者が経済的理由により必要な医療を受ける機会を制限されることのないよう、医療機関が無料または低額な料金によって診療を行う事業である。

その対象は、生活保護受給者を除く①低所得者、②要保護者、③ホームレス、④DV※（ドメスティック・バイオレンス）被害者、⑤人身売買被害者などである。こうした日頃、

※**無料低額診療事業**
必ずしも社会福祉法人の病院とは限らず、民医連なども含めて、生活困窮者のための医療を無料ないし低額で提供する第二種社会福祉事業。詳しくは、以下本文の説明参照。

※**DV（domestic violence）**
家庭内暴力のこと。

図1　無料低額診療事業の施設数

経営主体の内訳	件数	%
社会福祉法人	166	63.8%
（うち済生会）	(77)	(34.2%)
社団法人	41	15.8%
財団法人	40	15.4%
日本赤十字社	9	3.4%
宗教法人	3	1.1%
地方公共団体	1	0.3%
合計	260	100.0%

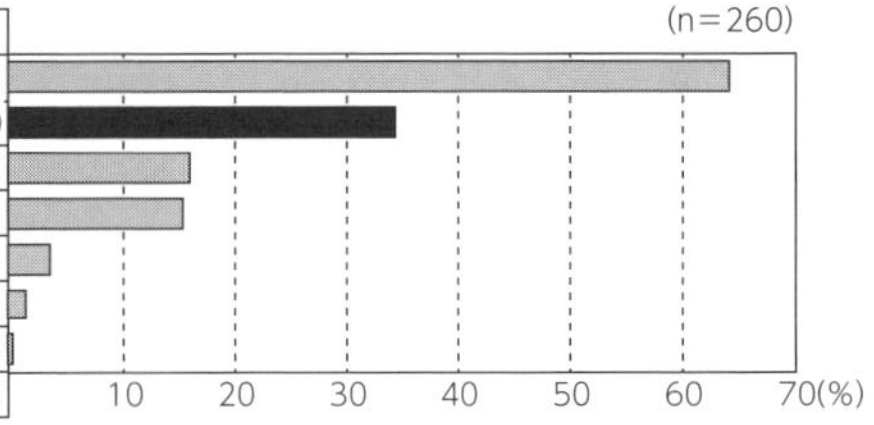

（出典）「第4回医療機関の未収金問題に関する検討会資料」2008（平成20）年1月21日

必ずしも社会福祉の恩恵を得られず恵まれない人々への支援にしても、無料低額診療事業はきわめて役立っている。

　無料低額診療事業の対象者は、これまでも医療扶助（生活保護）の受給者にほぼ匹敵する人数がいたが、２０１５（平成27）年4月から生活困窮者自立支援事業※が開始となり、地元行政から紹介されて来院となる患者数が増加している。

　こうした無料低額診療事業は、繰り返しになるが、第二種社会福祉事業として固定資産税や不動産取得税※の非課税など、税制上の優遇措置が講じられている。ただし、無料低額診療事業の基準は、生活保護法による保護を受けている者及び無料または診療費の10％以上の減免を受けた数が取り扱い患者の延べ数の10％以上であることを条件としている。

　ややデータは古いが、２００５（平成17）年度において、無料低額診療事業を行う施設は後述する全国社会福祉協議会（以下、全社協とする）※全国福祉医療施設協議会に加入している病院に焦ると、２６０であり、そのうち社会福祉法人が１６６（63・8％）と3分の2を占め

※生活困窮者自立支援事業
生活保護法とは別途、２０１５（平成27）年から当該法に基づき生活保護に陥らないようにするための国による生活困窮者を支援する制度。

※不動産取得税
不動産取得に関わる課税で、寄付金等対象となる。

※全国福祉医療施設協議会
無料低額診療事業を行う病院の全国的な組織で、全社協の内部組織となっている。なお都道府県別の協議会も別途ある。

表1　無料低額診療事業の実績の推移

	平成12（2000）年度	平成17（2005）年度
取り扱い患者総数（A）	47,223,069	44,298,761
生活保護	2,970,547　(43.4%)	3,340,615　(52.7%)
その他の減免	3,870,332　(56.6%)	2,997,691　(47.3%)
減免合計（B）	6,840,879 (100.0%)	6,338,306 (100.0%)
(B)/(A)×100	14.5%	14.3%
施設数	250	260

（出典）「第4回医療機関の未収金問題に関する検討会資料」2008（平成20）年1月21日

ている。ほかは社団法人41、財団法人40、日本赤十字社9などである（**図1**参照）。ただし、都道府県別の福祉医療施設協議会に加入している病院数はこれにとどまらない。

やや古いデータであるが、2005（平成17）年度において、無料低額診療延べ患者数は約634万人で、取り扱い延べ患者数約4430万人のうち14・3％を占め、うち生活保護受給患者数は334万人（7・5％）、その他の減免患者数300万人（6・8％）となっている（**表1**参照）。

また、無料低額診療事業を行う者に係る税制の優遇措置は以下のようになっている。

まず不動産取得税は、原則非課税となっている。次に固定資産税に関しては、社会福祉法人恩賜財団済生会及び社会福祉法人北海道社会事業協会については、当初より公的医療機関の関係者であるため、受給者割合にかかわらず非課税と優遇されている。その他には、段階的に非課税割合が定められている（**図2**参照）。

生活保護を除く無料低額が患者総数の10％を超えるのは、地域事情によってはきわめて困難な場合もある。

ちなみに私ども浴風会病院の近年の動向は**図3**の①②③のようであり、2016（平成28）年度で国基準のほぼ5％であるので、75％の非課税率（逆にいえば25％の課税）となり、少なくない固定資産税を支払わねばならなくなっている。

図2　無料低額診療事業に係る固定資産税の税率

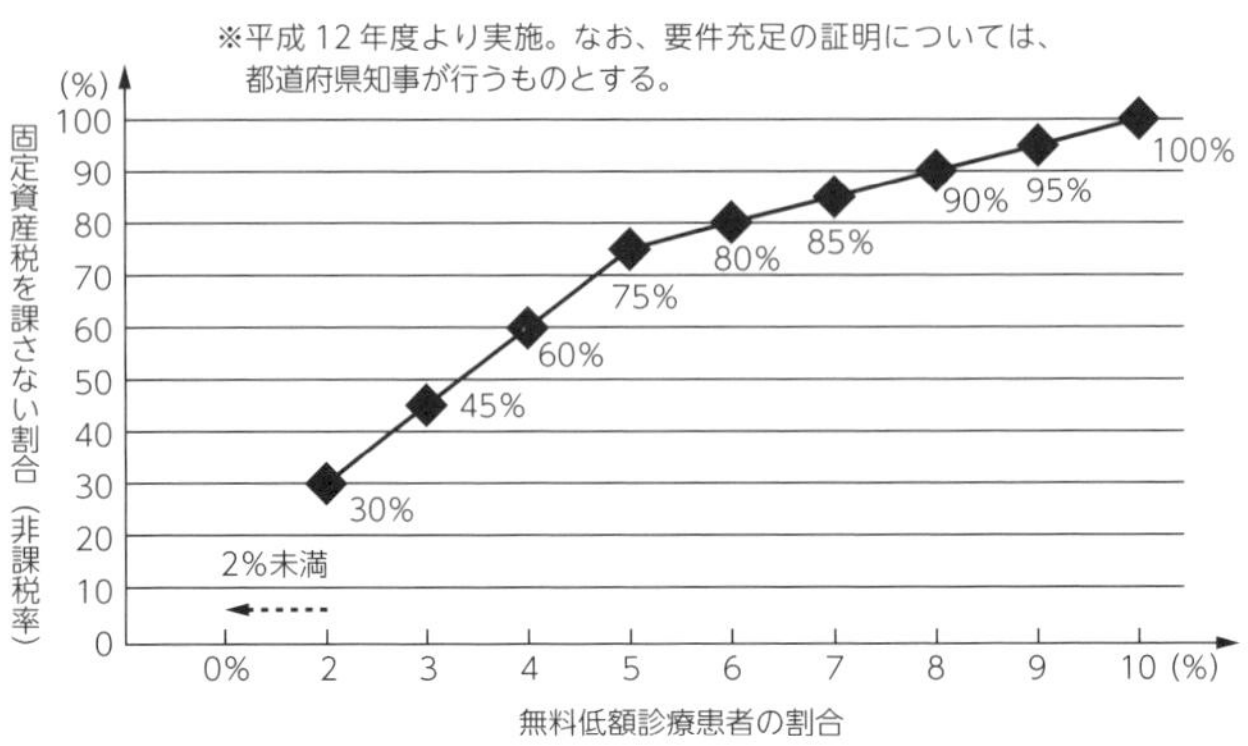

要件充足率	段階率	算定式
0%以上2%未満	100%(割引なし)	
2%以上5%未満	70%～25%	(無低患者取扱率－2/100)×15＋30/100
5%以上10%未満	25%～0%	(無低患者取扱率－5/100)×5＋75/100

（出典）「第4回医療機関の未収金問題に関する検討会資料」2008（平成20）年1月21日

まず取り扱い患者総数では国基準はおろか都基準より勝っているものの、絶対数としては減少傾向にある。

また減免率は近年ほぼ横ばいであり、国基準ではやや減少傾向にある。

さらに減免額では、２０１１（平成23）年度約40万円から若干の上下動があり、近年では２０１５（平成27）年度約60万円、２０１６（平成28）年度約１０５万円と増加傾向にある。なお、都基準については、２０１７（平成29）年度より廃止となり国基準と同様となることが決まっている。

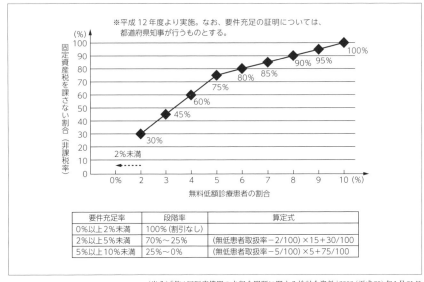

図3　浴風会病院無料低額実績推移

①減免患者数　（人）

	23年度	24年度	25年度	26年度	27年度	28年度
取り扱い患者総数	192,032	185,074	180,187	163,190	161,284	161,113
都基準	65,854	64,072	67,930	63,935	62,360	61,588
国基準	10,988	10,923	12,296	11,167	9,494	8,091

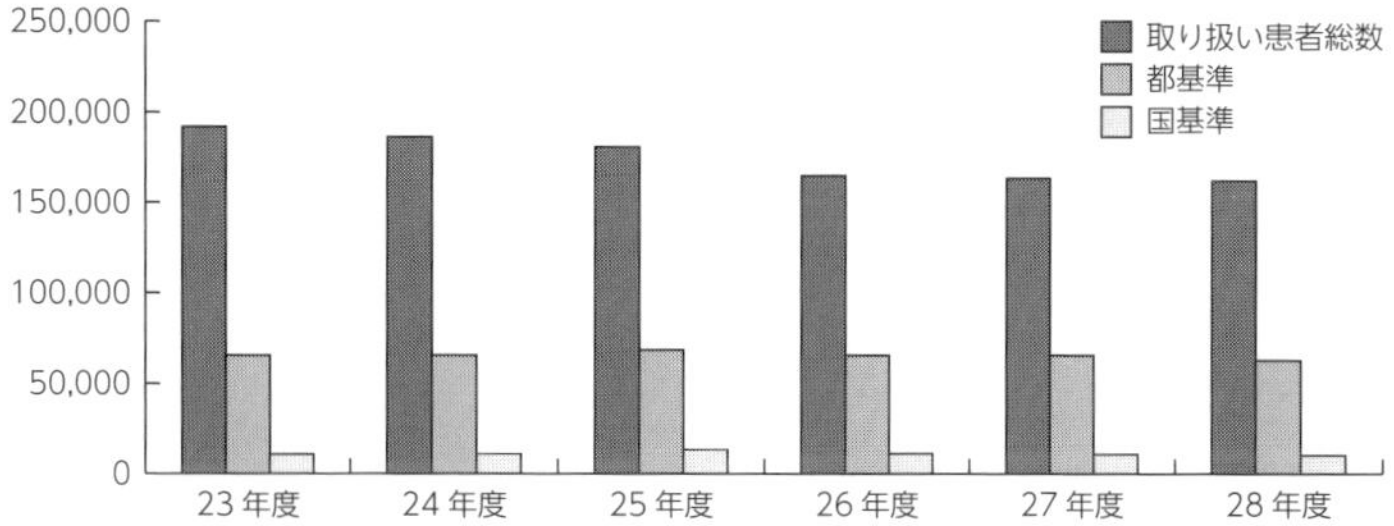

②減免率　（%）

	23年度	24年度	25年度	26年度	27年度	28年度
都基準	34.3	34.6	37.7	39.2	38.7	38.2
国基準	5.7	5.9	6.8	6.8	5.9	5.0

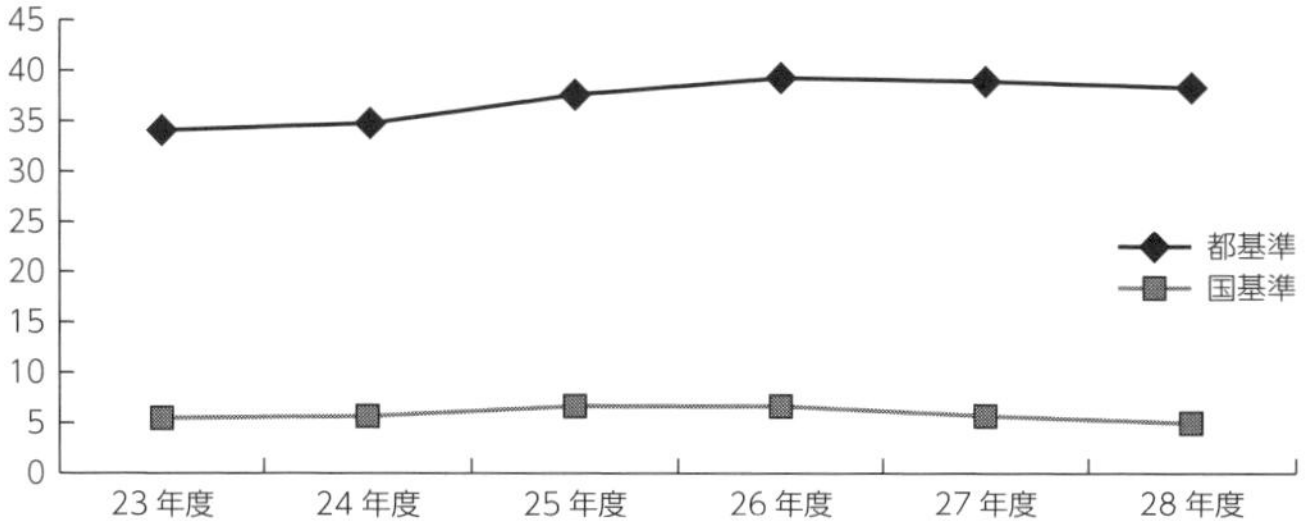

③減免額　（円）

	23年度	24年度	25年度	26年度	27年度	28年度
減免額	401,109	270,000	332,970	501,150	596,190	1,048,350

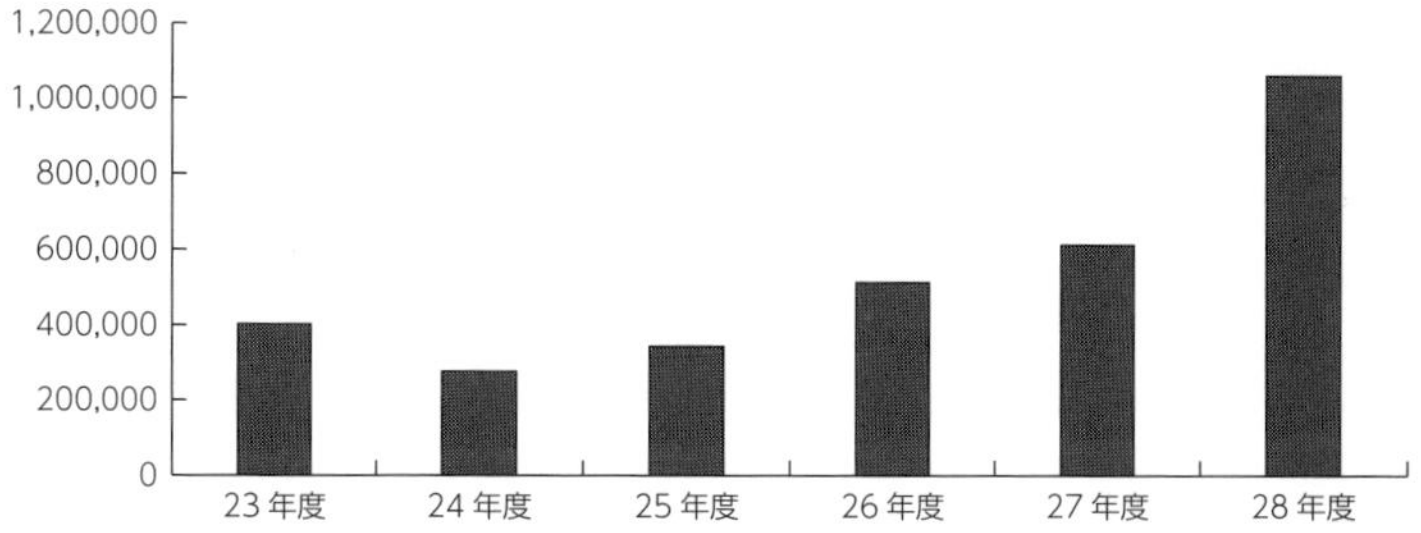

（出典）浴風会病院事業報告

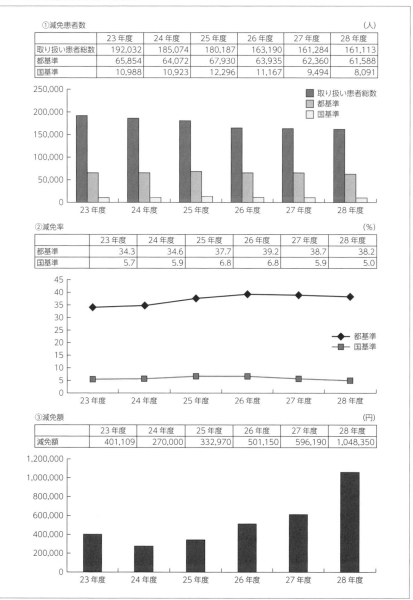

第2節　全国福祉医療施設協議会

全国福祉医療施設協議会が１９９２（平成４）年度より全社協の内部組織として発足し、各都道府県から１人ずつのほか、北海道１人、東京都３人、神奈川県２人、京都府２人、大阪府２人を加えた代表者（計57人）と全社協会長が委嘱する若干名から協議員（定数60人以内）が構成され、毎年度の無料低額診療事業実施状況の調査や事例収集を行い、大会分科会での発表及び『紀要』を発行するなどしている。なお既述したように、都道府県の各福祉医療施設協議会が別途組織されている。

さて２０１６（平成28）年度の全国福祉医療施設協議会の最新の状況調査によると、以下のようである。

法人格に関しては、**図４**のように、社会福祉法人が72・０％と圧倒的大多数である。無料低額診療は必ずしも社会福祉法人だけではなく、例えば公益財団・公益社団のみならず全国民医連※なども含まれているが、逆に社会福祉法人の多くの病院は原則的に無料低額診療事業を行っているからとも考えられる。

図４　全国福祉医療施設協議会の法人格

	件数	%
社会福祉法人	108	72.0%
一般社団法人	6	4.0%
公益社団法人	4	2.7%
一般財団法人	12	8.0%
公益財団法人	14	9.3%
宗教法人	3	2.0%
日本赤十字社	2	1.3%
その他	1	0.7%
無回答	0	0.0%
合計	150	100.0%

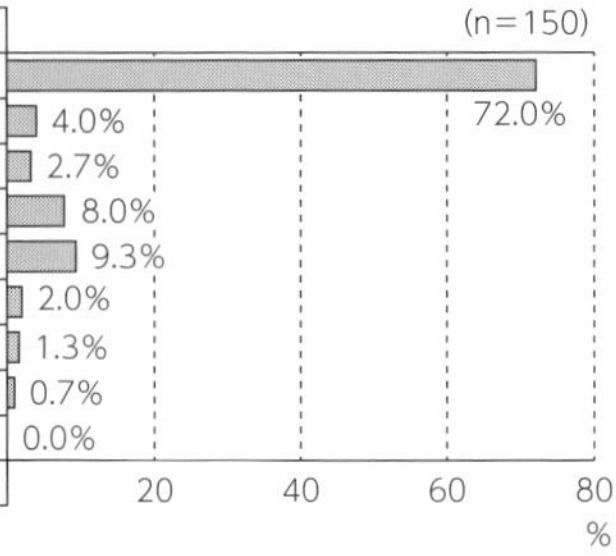

（出典）『全国福祉医療施設協議会紀要（第７号、平成28年）』全国社会福祉協議会、2017年

※**全国民医連**
全日本民主医療機関連合会のこと。都道府県及び政令指定都市ごとに民医連が組織されている。

また事業の種類では、**図5**のように無料低額診療事業が96・4%と医療保護施設の8・0%を大幅に上回っている。

基準別実施状況についてみると、**図6**のように減免規程やMSW※（メディカルソーシャルワーカー）設置では100%だが、10%基準では94・9%とやや下回っている。

図5 事業の種類（複数選択可）

	件数	%
無料低額診療事業	133	96.4%
医療保護施設	11	8.0%
有効回答数	138	—

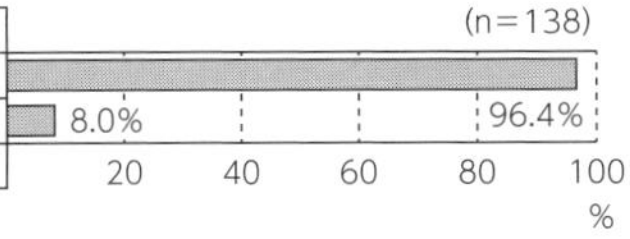

（出典）『全国福祉医療施設協議会紀要（第7号、平成28年）』全国社会福祉協議会、2017年

図6 基準別実施状況

		件数	%
必須項目	減免規程	138	100.0%
	10%基準	131	94.9%
	MSW	138	100.0%
	健康相談	136	98.6%
選択項目	特殊疾患	114	82.6%
	介護体制	86	62.3%
	連携施設	101	73.2%
	時間外診療	67	48.6%
	診療派遣	24	17.4%
	研修実施	51	37.0%
有効回答数		138	—

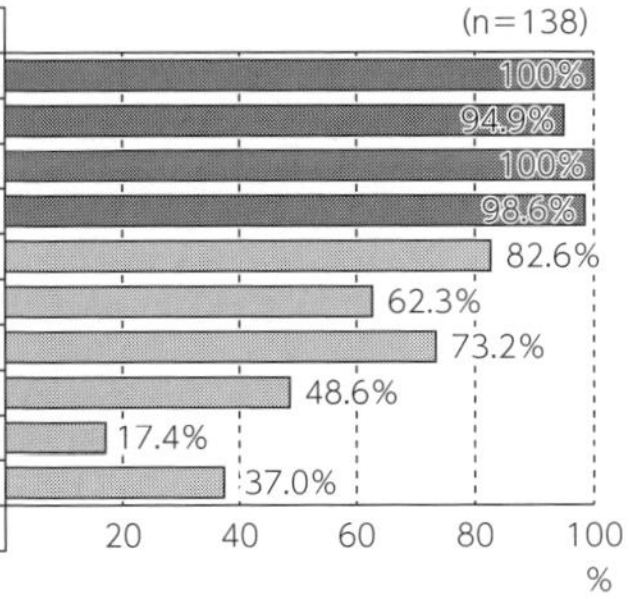

（出典）『全国福祉医療施設協議会紀要（第7号、平成28年）』全国社会福祉協議会、2017年

※MSW（medical social worker）
病院や医療機関で働くソーシャルワーカー。現在、国家資格はないが、それに対して社会福祉士や精神保健福祉士が何とか対応している。今後における医療介護の連携では一般のソーシャルワーカー以上の活躍が期待される。

そこで、個別に減免実施率が10％以上になっているかを問い直すと、**図7**のように「なっている」と答えた病院は105（76・1％）にとどまり、「なっていない」病院も33（23・9％）ある。

さらに、無料低額診療の外来患者への投薬についてみると、**図8**のように院内処方が50・0％、その他は5・8％となっており、※医薬分業で外来患者へ無料低額診療の恩恵が全く与えられていないケースが50％（半分）もあるのが現実である。これは、入院患者の院内処方が認められ、例えば薬代まで無料低額事業の対象となっていることと対比して、国としても再検討する必要があるのではないだろうか。

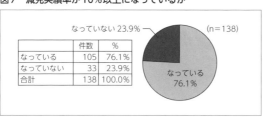

図7　減免実績率が10％以上になっているか

	件数	%
なっている	105	76.1%
なっていない	33	23.9%
合計	138	100.0%

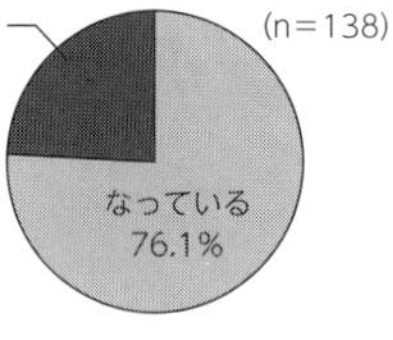

（出典）『全国福祉医療施設協議会紀要（第7号、平成28年）』全国社会福祉協議会、2017年

なお無料低額診療事業の在り方等については、いわゆる自由回答で誠に多様な意見が病院等から寄せられている（注1）。

特に無料低額診療の今日的意義に関しては、次のような意見がある。

第1に、2015（平成27）年4月から実施されている生活困窮者自立支援制度により、事業の対象者が増加傾向にある。

第2に、地域包括ケアの時代だからこそ無料低額診療施設の地域内での連携が重要である。

第3に、※オーバーステイ等、外国籍の人々や制度の隙間

※医薬分業
医師・歯科医師が行う診療行為と薬剤師が行う調剤行為を分離し、それぞれの専門性を発揮させ、医療の質の向上を図ることを目的とする制度。

※オーバーステイ
ビザの期間を超えた不法滞在。

図8 無料低額診療の外来患者への投薬について（複数選択可）

		件数	%
院内処方で対応している		69	50.0%
院外処方箋を発行している（薬代は患者負担）		30	21.7%
院外処方箋を発行しているが、薬代は病院で負担している		0	0.0%
状況に応じて院内・院外処方を分ける	患者の経済状況を考慮して薬剤負担が困難な場合は院内処方で対応	40	29.0%
	入院患者用の薬で対応可能な場合は院内処方で対応	2	1.4%
	その他	3	2.2%
その他		8	5.8%
有効回答数		138	—

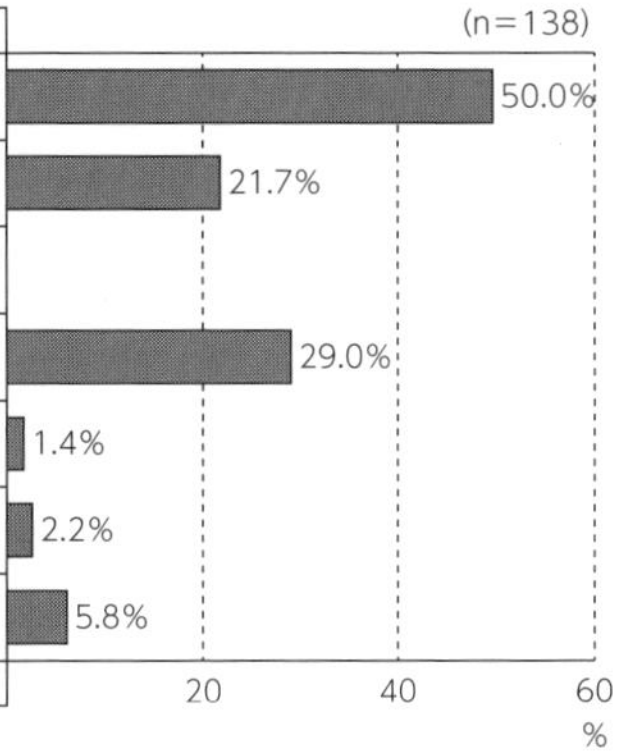

（出典）『全国福祉医療施設協議会紀要（第7号、平成28年）』全国社会福祉協議会、2017年

といわれている人々に対して無料低額診療制度の果たす役割は依然として大きい。

第4に、DVや虐待（児童、高齢、障害）への対応には、適切な医療の提供のみならず生活安定や安全確保などの相談支援が必要である。

以上が主なものである。

また、無料低額診療事業の基準の見直しや外来患者の投薬※の負担軽減の配慮なども要望されている。

さらに地域に向けた実態としては、無料低額診療事業以外に、市民講座やコンサート、看護リハビリテーションフェア、無料医療相談、健康教室などのイベントなど大変豊富な社会貢献活動が社会福祉法人の病院の対外活動としても紹介されている。

※投薬の負担軽減
入院患者には医療保険の対象として大幅な投薬の負担軽減がある。しかし外来患者には、負担軽減が限られている。

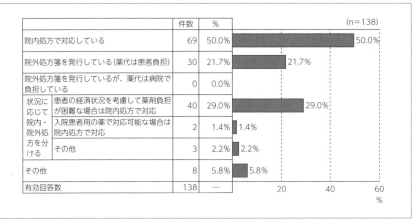

第3節　社会福祉法人の病院とそれ以外の病院の相違

社会福祉法人の病院は通常、無料低額診療を積極的に実施しているほか、どんな特徴をもっているのか。いくつかの特徴があるが、さしあたり病院規模別の分布をみることにしよう。

病院規模別分布は社会福祉法人と医療法人その他で必ずしも明確な相違が見受けられないものの、２００２（平成14）年及び２００７（平成19）年の厚生労働省の医療施設調査をみると、２００床以下の零細・中小病院が２００２（平成14）年及び２００７（平成19）年の両年では社会福祉法人で多く、逆に診療報酬上の基準として２００床を超える大病院は社会福祉法人以外で多いという対比がみられる（表２及び図９ａ、図９ｂ参照）。

例えば、１００～１４９床の病院をみると、２００２（平成14）年では社会福祉法人が20・39％、それ以外が15・76％、２００７（平成19）年では社会福祉法人が23・68％、それ以外が16・69％となっている。他方、３００～３９９床では、２００２（平成14）年で社会福祉法人６・58％、それ以外が７・12％と、また２００７（平成19）年では社会福祉法人は４・74％、それ以外は７・64％となっている。また８００床を超える大病院は、社会福祉法人では２００２（平成14）年は全く存在せず、２００７（平成19）年でも０・53％（１病院のみ）で、他の法人が大多数である。

これは、国公立病院や大学病院などでは多くのベッド数を有する大病院が多く、地方の中小病院は多くが医療法人によって営まれていることなどの反映であろう。

いずれにしても、これからの社会福祉法人の病院は、地域住民の期待に応えつつ、無料低額診療事業にとどまらず新たな事業展開を図り、事業収益をさらに拡大し、その成果を

表2 社会福祉法人及び社会福祉法人以外の病床規模別病院数比較

	2002年		2007年		2012年		2015年		構成比率			
	社会福祉法人	社会福祉法人以外	社会福祉法人	社会福祉法人以外	社会福祉法人	社会福祉法人以外	社会福祉法人	社会福祉法人以外	社会福祉法人（2002年）	社会福祉法人（2007年）	社会福祉法人以外（2002年）	社会福祉法人以外（2007年）
総数	152	7,964	177	7,608	178	7,315	190	7,226	100	100	100	100
20～29床		193	1	141	1	121	1	115	0	0.53	2.42	1.59
30～39	4	434	3	360	2	317	3	305	2.63	1.58	5.45	4.22
40～49	4	686	5	575	4	521	7	508	2.63	3.68	8.61	7.03
50～99	46	2,300	52	2,195	50	2,074	54	2,027	30.26	28.42	28.88	28.05
100～149	31	1,255	40	1,219	46	1,210	45	1,206	20.39	23.68	15.76	16.69
150～199	27	994	32	1,029	32	1,057	38	1,055	17.76	20	12.48	14.6
200～299	19	813	21	794	19	760	19	763	12.5	10	10.21	10.56
300～399	10	567	13	584	11	549	9	552	6.58	4.74	7.12	7.64
400～499	4	284	4	289	7	302	8	309	2.63	4.21	3.57	4.28
500～599	1	169	3	166	3	163	3	156	0.66	1.58	2.12	2.16
600～699	4	113	1	109	1	106	1	97	2.63	0.53	1.42	1.34
700～799	2	51	1	51	1	47	1	49	1.32	0.53	0.64	0.68
800～899		33	1	31		30		30	0	0	0.41	0.42
900床以上		72		65	1	58	1	54	0	0.53	0.9	0.75

地域に還元しなければならないだろう。社会福祉法人の病院経営は、現在のところいまだ開発途上にあり、その事業内容に不透明なところも少なくないが、まさに21世紀初頭の最大の経営課題の一つであることは間違いない。

次に社会福祉法人の病院は、貧困層や結核患者等を治療するために発足したといった歴史的経緯があり、ある種の共通点も戦後初期にはみられたものの、現在ではきわめて多くの診療科目をもった多様な病院として成長している。これをあえて

図9　病床規模別　一般病院数

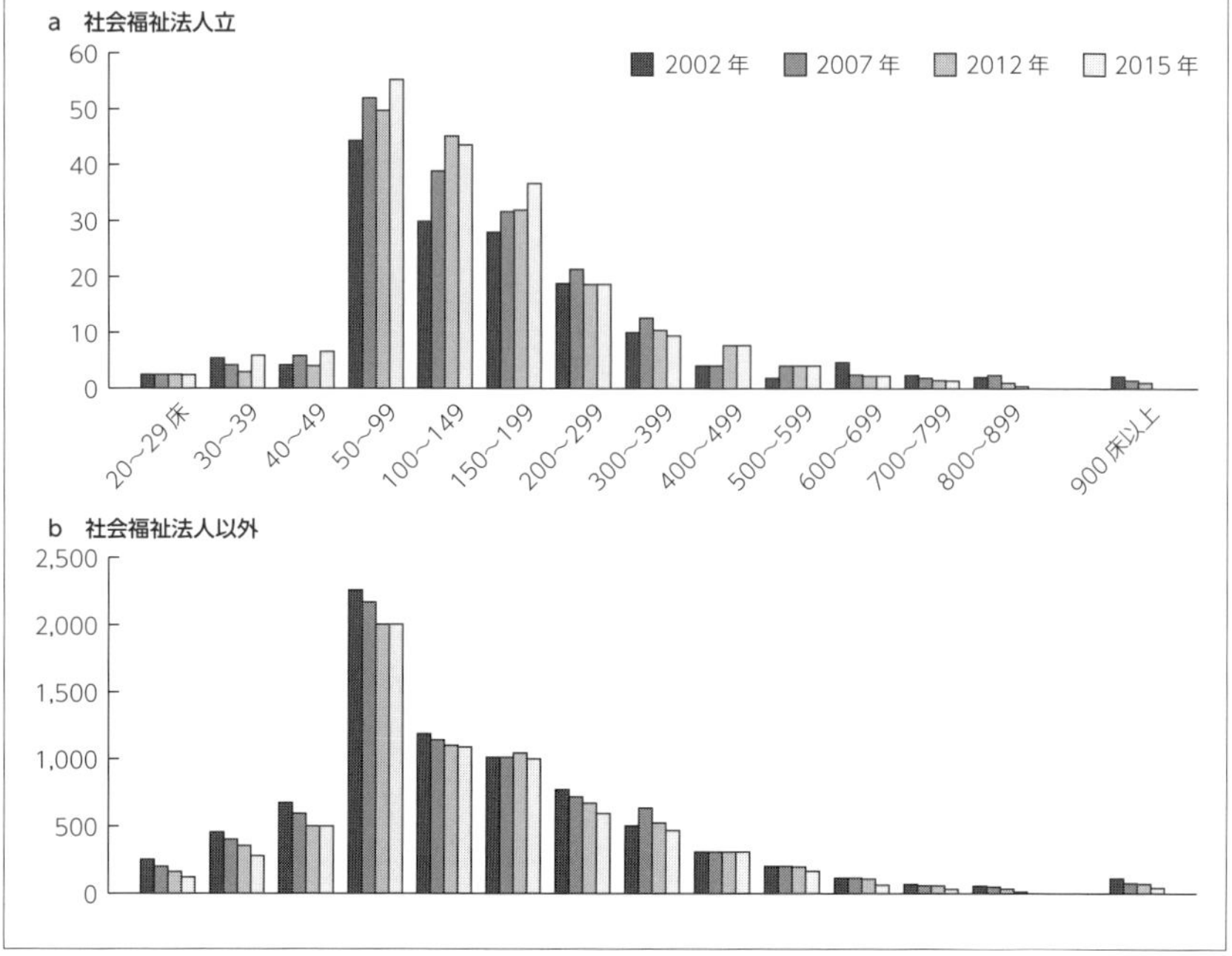

（出典）厚生労働省「医療施設調査」

図10 社会福祉法人の病院類型（主要事例）

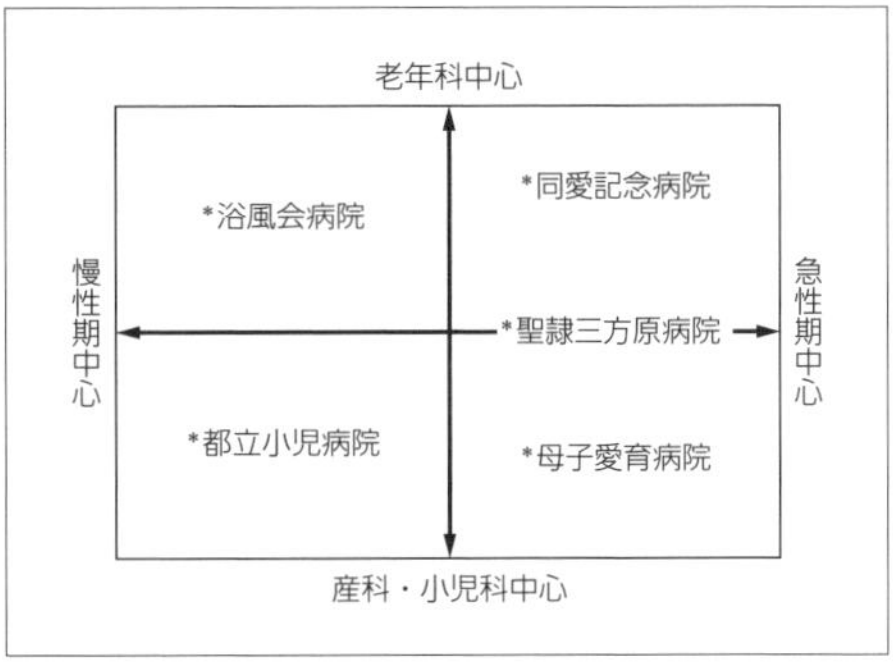

注：この図は厳密な基準で分類したものでなく筆者の印象に基づく未定稿である。なお済生会は最大の社会福祉法人ではあるが、準都道府県立の性格をもつので、本図からは除外している

類型化すると、図10のようになるだろう。

実際の社会福祉法人の病院は多岐多彩できわめて多様であり、軽々に類型化はできないものであるが、急性期中心か慢性期中心か、かつ産科・小児科中心か老年科中心かで、全く厳密なものでないことをお断りした上で、あえて四つのマトリックスをつくることが可能である。

ちなみに浴風会病院は老年科中心で慢性期患者を大半としてきた経緯から、個室利用などが少なくその病院経営は厳しいものがある。ただし、会内の周辺にある高齢者施設からの患者の期待に応えることが容易で、かつ最近では地元高井戸地域周辺の高齢者の利用も増加しつつあるので、他の急性期中心の病院と連携していけば、受け入れる患者層も広がり、未来は必ずしも暗くないことも確かである。また近年では病院スタッフが浴風会高齢者保健医療総合センターの創設により、きわめて意欲的に働いていることも心強い。

いずれにしても、社会福祉法人の病院といえども、その属する病院類型によって、患者数や収益等に差が出てくるのは当然である。特に介護療養病棟や医療療養病棟を抱えている「老人病院」は、出来高払いでない、いわゆる「まるめ」で診療報酬を得ていて、10%以上の無料低額診療を行わざるを得ないとすれば、その経営は必ずしも楽ではない。

厚生労働省をはじめ、都道府県の所管部局においても、わが国の超高齢化の進展を見据えて病院経営を展開するために、もう少し厚めの行政対応を期待したいところである。

第4節　社会福祉法人の病院経営の在り方

社会福祉法人が戦後において病院を運営するに至った経緯を振り返ると、明治以降、日本の近代化の過程で、医療制度が未整備の下、大震災や戦禍による貧困層や結核患者等の救済を目的に、社会事業家により医療が行われてきたものを引き継ぐ形で対応してきた。日本経済が高度成長する中、国民皆保険及び各種医療制度の整備がなされ、国民の生活水準の向上とともに公衆衛生も向上し、医療提供の内容にも大きな変化が生じてきた。さらに一般の医療機関の対応も、例えば生活保護者の医療扶助や無料低額診療もなされるようになってきた。

現在、団塊の世代がすべて後期高齢者になる２０２５（令和７）年に向けた社会保障制度改革が進められており、さらに２０４０年に向けた抜本的対応が検討されている中で、前節でみたように社会福祉法人の病院といえども当然にそれらを見据えた運営に取り組んでいかなければならない。

もちろん、社会福祉法人の病院も従来と同様に、あるいはそれ以上に無料低額診療にも取り組まなければならないところもあるが、社会福祉法人の病院といえども、医療法や診療報酬制度に則《のっと》った運営をしなければならないことは当然である。すなわち、運営規模等による適用の違いはあるものの、当然のことながら医療法人等による一般の病院と同様の設備、運営方法等が適用されるものであり、それらを適正かつ合理的に運営していくだけの経営力がなければならない。医療の質の担保・安全の確保は必要条件であるが、他の社会福祉事業と違い、一部の優遇税制はあるものの補助金などほとんどない医療事業では、一般の民間事業者（病院経営者）と同じ土俵での経営が求められる。それだけに福祉法人の医療スタッフはそれなりの厳しい覚悟が必要である。

なお浴風会病院では、2014（平成26）年10月1日までは、いわゆる老人病院を中心とした病院編成（約300床）であったが、それ以降は介護療養病棟をなくし、地域包括ケア病棟を100床増加させ、在宅復帰機能強化型の医療療養病棟を100床置き、全体として250床に数を減らした。その分、従来設置されていなかった介護老人保健施設100床を浴風会高齢者保健医療総合センターの同一建物内に設け、合計で350床となった。加えて東京都からの指定で、杉並・中野・新宿の3区の認知症疾患医療センター※の役割も担っている。

いずれにしても会内施設の高齢者だけの病院ではなく、地域に開かれた地域医療施設としての新たな展開を志向し始めている。また訪問医療（訪問診療、訪問リハビリテーション（以下、訪問リハとする）、訪問看護）も試行的に展開している（図11参照）。

社会福祉法人の病院としては、社会状況の変化を踏まえ、地域の一般病院と同じ土俵に立ち、その上で単に無料低額診療の提供にとどまらず、在宅医療に向けてどのような立ち位置で地域社会により貢献していけるのかを真剣に考えていく必要がある。

既にふれたように、浴風会病院は地元杉並区で高井戸地区の地域包括ケアシステムの拠点としての役割が期待されており、平常時でも在宅医療の一大発信源として、また大災害

※認知症疾患医療センター
都道府県で、広域市町村（ないし3特別区）に1ヶ所の割合で設置された、認知症に関する相談、紹介や専門研修などを行う医療機関。

図11　浴風会の地域包括システム支援機能の強化に向けた展開

浴風会病院

〈運営内容〉

旧病院			
種別	機能等	病床数（床）	病床利用率（H28実績）
一般	一般病棟（15対1看護）	100	90.5%
	回復期リハ病棟（2）	40	96.0%
	小計	140	
療養	医療療養病棟（1）	52	98.5%
	介護療養病棟	108	97.8%
	小計	160	
計		300	95.3%

高齢者保健医療総合センター
（病院・老人保健施設・在宅医療支援室）

〈運営内容〉

新病院（平成26年10月1日運営開始）			
種別	機能等	病床数（床）	病床利用率（H28実績）
一般	一般地域包括ケア病棟	100	85.4%
	回復期リハ病棟（2）	50	90.7%
	小計	150	
療養	医療療養（1）在宅復帰機能強化型	100	83.8%
	計	250	85.8%

＊介護療養病床を廃止し、老人保健施設を新設（病院との合築施設）

（新）老健	一般68床　認知症32床	100	93.6%

在宅医療	・在宅訪問事業の開始（訪問診療、訪問看護、訪問リハ） ・在宅療養後方支援病院 ・杉並区後方支援病床
その他	・東京都認知症疾患医療センター指定

時には、災害避難所の役割なども期待されている。特に、新しい浴風会病院は旧病院と比べて、一見病床利用率が著しく低下しているようにみえるが、２０１４（平成26）年10月1日現在、移転時の特殊事情が絡むことは別として、浴風会病院スタッフの総力で病床利用率を各々95％に引き上げる目標が立てられ、鋭意取り組んでいるところであるがなかなか経営改善は進んでいない（注2）。

第5節　浴風会病院の経営戦略

以上述べてきたことから、社会福祉法人の病院は、一般病院と同様の、あるいはそれ以上の経営努力が課せられなければならない時代状況にあるといえる（注3）。

ちなみに浴風会病院の経営戦略は、近隣住民に開かれた地域医療の病院にすることにあり、そのための手段として京王井の頭線高井戸駅と浴風会を繋《つな》ぐ無料送迎バスの運行や、毎月刊行されている浴風会誌『浴風会』で「浴風会病院診療案内」を2017（平成29）年の5月号から連載するなどの広報強化に努めるほか、既に述べたことを含めて改めて紹介すると、以下のとおりである。

その第1は空ベッドをなくし、できる限り満床（100％）を目指すことである。当面は95％の病床利用率が目標である。特に単価の高い1人部屋（個室）の充足率を上げることも大きな課題となっている。その際、1人部屋は借金返済の大きな財源となるので、「浴風会病院友の会」（仮称）の発足などあらゆる機会を利用して、1人部屋の空室を解消することが最重要課題の一つともなる。また、脳ドック※や認知症診療などを含む検査入院なども検討されなければならない。もちろん、死亡退院以外に既存施設・自宅への退院もあるので、現実には95％の別途利用率がほぼ上限であろう。いずれにせよ、医師を中心に病院スタッフがいたずらに患者選びをしないで、とりあえず地域の住民を受け入れ、その上で専門病院を紹介するなど目標達成に全力で取り組まなければならない。

第2は在宅医療を広報活動を強化して、杉並区医師会等と連携して訪問診療、訪問リハ、訪問看護のすべての分野で拡大することである。その場合、在宅医療の専門スタッフを置くだけでなく、既存の病院スタッフの兼務も可能となるような体制づくりも必要であろう。特に退院患者への在宅医療は特段に充実させる必要がある。

第3は、各種の外来患者数を積極的な広報も含めて大幅に増やす努力の必要性である。

※脳ドック
脳のCTスキャンやMRIなどにより、脳の画像診断等を行い、アルツハイマー型認知症や血管障害などを短時間に診断・診療すること。

たしかに外来は、いわゆる儲《もう》かる部門ではないが、赤字を生むことはどうしても避けなければなるまい。特に浴風会病院は、戦前戦後の長きにわたって会内施設の高齢者への医療提供（入院治療等）が過半数を超えてきたことから、近隣住民にはいまだ自分たちは浴風会病院では診てもらえないのではないかという誤解が生じている。そうした誤解を早急に払拭する努力は必要不可欠で、また慢性期の患者が多いことから予約制を完全実施することが重要である。

脳ドックや物忘れ外来※などを積極的に広報し、浴風会単独では困難な診療科目を地元医師会や提携病院の協力を得て地元住民に開放していくことなどを検討していくべきと思われる。施設内病院から地域医療の拠点病院への転換が求められている。

第4に、近隣の都営住宅団地への無料診療事業の定期開催（毎月1回）を今後も継続的に行い、かつ市民向け医療講座（ないし健康教室）などを、病院スタッフを中心として定期的に地域貢献事案を行うことも有効であろう。

こうした4点を少なくとも視野に入れ、社会福祉法人の病院らしくお年寄りに大変親切な医療ケアを長年にわたって実施してきた実績を生かしながら、今後は職員の総意で浴風会病院の当面のいわゆる中期経営計画※を打ち立て、経営の改善に病院スタッフ及び周囲の浴風会施設の協働で努めなければならないだろう（注4）。

なお一般的に、いわゆる黒字病院※は、(1)収支構造をリアルに把握し、自院の強みを認識している、(2)経営意識が強く、情報収集力が高く、技術力がある、(3)ハード面がきれい、(4)職員が謙虚で明るい、(5)医療コンサルタントや専門家の協力を得ているなどの特徴をもっているといわれる。

※物忘れ外来
認知症外来等を市民にわかりやすく、かつ掛かりやすく標榜するもの。専門外来に分類されるが、法規制は存在しない。

※中期経営計画
浴風会病院では２０２４（令和６）年に、右記のほか、電子カルテ更新に合わせたＩＴ化と体制整備を行うこととしている。

※黒字病院
赤字病院に対する概念で、経営収支差がプラスの優良病院のこと。

第6章

本部機能の強化

第1節　本部機能の意味

これからの社会福祉法人の経営にとって、本部機能の強化はきわめて重要な戦略的課題の一つとなる。というのも、かつての福祉措置時代においては、もっぱら施設運営が重視され法人経営の視点はほとんど皆無であったが、これからの社会福祉法人の経営戦略にとって本部機能は、株式会社における本社機能※と同様に、きわめて重要な位置を占めるからである。ただし、念のために述べておけば、本部機能は大規模法人のみに重視されるべきものでなく、零細中小法人にあっても必ずしも本部組織としては存在しなくても本部機能としては、どこに位置づけられてもきわめて重視されねばならないものだからである。

ちなみに企業社会においても本社については明確な定義があるわけではない。当該企業が本社と称しているものが本社であるというほかはないが、企業内の複数事業所のうち、

※**本社機能**
株式会社などの大企業で中枢事業所（本社）をもつ総括機能のこと。

最も業務が集中している経営上の中心となる事業所が本社であると通常は理解されている。

社会福祉法人にとっても、法人本部に関わる業務の執行機能についての規定は存在しない。しかし、社会福祉法人の意思決定機関（理事会ないし評議員会）の補佐的な執行機能の取りまとめを担うものとして、本部機能が効果的に発揮されるべきことはきわめて大切である。

ちなみに2009（平成21）年8月に東京都が実施した「社会福祉法人に対するアンケート調査」※によれば、以下のようである。

全体の67・4%の法人が本部を設置しており、特に複数の施設を経営している法人では74・3%が本部をもっている。ただし、本部専従職員を配置している法人は全体の51・1%で、1施設のみ運営している法人では、36・1%と割合が低くなっている。また、本部機能を理事長または施設長が兼務している法人は全体の55・1%と過半数を超えている。

さて、社会福祉法人の本部機能を詳しくみると、以下の四つの機能がある（注1）。

第1の機能としては、理事会等の意思決定に基づき、法人全体や各事業の計画的な進行管理を行うことである。

第2の機能としては、収支状況等の経営上の課題やサービス提供等の事業運営上の課題について、現状のみならず将来起こり得るリスクを含めた具体的情報を外部や法人内の各事業部門から収集し分析することである。

第3の機能としては、右記の結果について考えられる対策案を含め、理事長や理事会に報告、判断を求めることである。

※「社会福祉法人に対するアンケート調査」
東京都が2009（平成21）年に先駆的に行った社会福祉法人に対する経営実態調査。

第4の機能として、複数の施設・事業を運営している場合には、全施設・全事業の経理、総務、人事などを集約することである。

以上が少なくとも法人本部機能といえるものである。

なお社会福祉法人の本部機能の具体的業務※としては、以下の項目が挙げられる（注2）。

- 理事会及び評議員会の日程調整、議事録の作成
- 施設ごとの利用状況及び収支や法人全体の経営状況の把握
- 法人の課題分析、対応策の検討
- 施設ごとや法人全体の財務指標の作成、経営分析
- 施設での苦情解決及び事故の把握等によるリスクマネジメント
- 施設ごとの改築、設備更新計画の策定、管理
- 法制度改正等に伴う経営判断に必要な情報の収集及び分析
- 各事業部門からの連絡、報告、相談及び厚生労働省、都道府県、地元区市町村との連絡窓口
- 各施設経理区分の管理、本部経理区分の有効活用、法人単位の資金管理
- 職員管理（採用、研修、給与等）、契約、資金繰り、財産管理等の一括化
- 法人全体の階層別研修計画の作成と実施
- 地方行政、医療機関、関係福祉施設等との連携
- その他

※本部機能の具体的業務
以下は、東京都の報告書による指摘であり、地方都市や農村部では、また違った対応も必要であろう。

第2節　本部機能の二面性

本部機能には、企業や団体あるいは軍隊などと同様に、第1に総務（ないし庶務）機能と第2に統括（ないし総合企画）機能の両面がある。

例えば大企業の場合は、本部機能は本社が担い、営業部門や製造部門などの事業部門を統括すると同時に各部門の事務を調整することが通例である。また軍隊の場合は、戦前の日本軍の例を挙げると、参謀本部が本部機能（統括機能）を担い、各前線の軍隊が事業部門を担って参謀本部の統制に原則的に従っていたようである。

特に、第二次世界大戦（特に大東亜戦争）における日本陸海軍の手痛い敗北は、「会社組織の経営に常に必要な〝戒め〟を学べる指南書」（サントリーホールディングス社長・新浪剛史氏）として評価の高い名著『失敗の本質』（注3）によって見事に分析されている。参謀本部の前線を無視した無謀な作戦が精神主義的な「白兵銃剣主義」と「艦隊決戦主義」というパラダイムと相まって、また関東軍などの暴走を許すなどの無統制というアンバランスが絡み、日本軍の敗北を決定づけたといわれている。このことは、企業や団体にとっても本部機能の担うべき役割に厳しい教訓を与えている。戦後日本の企業は初期には本社の先駆的な対応に多く依存していたが、その後、バブル崩壊後の不安定期や不況期には既存路線を大胆に変更することができず、欧米諸国はもちろん中国、韓国などの東アジア諸国に遅れをとってしまった。これは、本社による本部機能の先見性のなさが原因ともいわれている。

こうして、社会福祉法人においても、かつての福祉措置時代には、本部機能は総務（庶務）機能のみで事足りていたが、社会福祉基礎構造改革以降、特に最近の社会福祉法人改革期においては、社会福祉法人の本部機能のうち統括機能（ないし総合企画機能）の発揮が強く求められるようになってきた。例えば人材確保にしても、地域貢献事業にしても、また新規事業開拓にしても、各施設任せにするのではなく本部機能を発揮して、法人役員自らが地域に向けた創意工夫のある方針を打ち立てなければならない時代に入ってきたのである。

しかし現実的には、例えば東京都内の社会福祉法人の例をとっても、福祉・医療の有資格者や実務経験者は52・1％しかおらず、社会福祉法人制度の理解が浅い者も少なからずいるといわれている（注4）。

そこで東京都は２０１０（平成22）年３月に、社会福祉法人の役員に対する研修の実施を提言し、それを受けて平成22年度から実践的な社会福祉法人役員の機能強化研修を実施している。

いずれにしても、東京都は国に対して意思決定機関として理事会等の役割を社会福祉法に明確に定め、本部機能を理事会の補佐及び執行機能の取りまとめを担うものとして位置づけ、かつ運営費の本部経理区分への繰り入れ制限を緩和することなどを要求した（注5）。

これは、２０１７（平成29）年４月以降の社会福祉法人改革でも、かなりの部分で反映される契機になり、社会福祉に関する施設運営から法人経営への大転換がなされるゆえんとなったと思われる。

第3節　法人本部組織の充実

社会福祉法人の場合、約8割が1法人1施設なので、大多数の法人では本部機能は理事長ないし常務理事の関連事務として位置づけられ、実質的には独立した本部組織（いわゆる本部事務所）をほとんどもっていないのが現実である。しかも、大規模法人の場合でも、以下の三つのタイプに区分され、大部分は前者の二つのタイプとなっている。

第1のタイプは、法人の大規模施設内に本部機能が存在するもので、大規模施設長が理事長ないし常務理事を兼務している場合がほとんどである。また本部職員は、原則として施設職員が兼務していることが大半である。

第2のタイプは、各施設群とは相対的に独立した建物に本部を設け、一部は施設職員と兼任だが、それ以外の各施設からの分担金などで本部会計から本部の人件費が支払われるものである。私ども浴風会や社会福祉法人恩賜財団母子愛育会なども、この第2のタイプに属し、総職員数の2～3％が本部職員となっている。

第3のタイプは、各施設群とは明確に独立した本部事務所を、場合によっては便利のよい市街地中心部に設け、本部機能を強力に遂行するものである。特に総務、財務、人事、企画、広報などの部門を有する聖隷福祉事業団（職員総数1万3000人）や恩賜財団済生会などがその典型である。そこには、病院や支部などから何らかの分担金が潤沢に提供されている。なお、福祉法人協同組合（仮称）が認められれば、中枢法人が本部機能を担うか、ないしは独立した本部事務所をもつことが十分に可能である。

ここで私ども浴風会本部の例を紹介すると、本部職員は、非常に少なく15名（全体の

2％弱）で、総務部、財務部、企画開発本部、事業本部の4部門からなっている。今般の改革案として、このほかに人材確保対策推進本部と地域公益活動推進本部の2部門を新たに設けたところである。

具体的内容としては、以下の4点が新たに改善された。

(1)総合的な戦略の下で、困難化する人材確保にあたる組織として、人材確保対策推進本部を設置すること。

(2)法人内における地域公益活動の調整・取りまとめや開発のための組織として、地域公益活動推進本部を設置すること。

(3)企画開発本部に、地域の発展（法人の発展）に資する事業開発を行うための組織（事業開発推進室）を設置すること。

(4)事業本部に、リハビリテーション業務及び相談業務に係る調整を行うための「リハビリ業務調整室」※と「相談業務調整室」※を設置すること。

浴風会はさしあたり、以上の改善内容で法人本部組織を改善し、新しく本部機能を充実強化させる予定である（**図1参照**）。

なお近い将来、国や都、杉並区とよく相談して本部機能強化の方策、例えば各事業部門からの分担金に関する規制緩和などを推進していきたい。

いずれにしても国や都道府県、市区町村とのしたたかな連携は、他の有力法人の連携と相まって、今後の社会福祉法人の発展にとって必要不可欠である。そこに理事長及び本部幹部職員の強いリーダーシップが求められる。

それにより社会福祉法人が地域社会で存在意義を増していく現実的可能性は大いに広が

※リハビリ業務調整室
浴風会が独自に設置した病院・施設のリハビリワーカーの業務連絡会議。

※相談業務調整室
病院・施設のソーシャルワーカーの業務連絡会議。

図1　浴風会の法人本部組織（平成29年7月～）

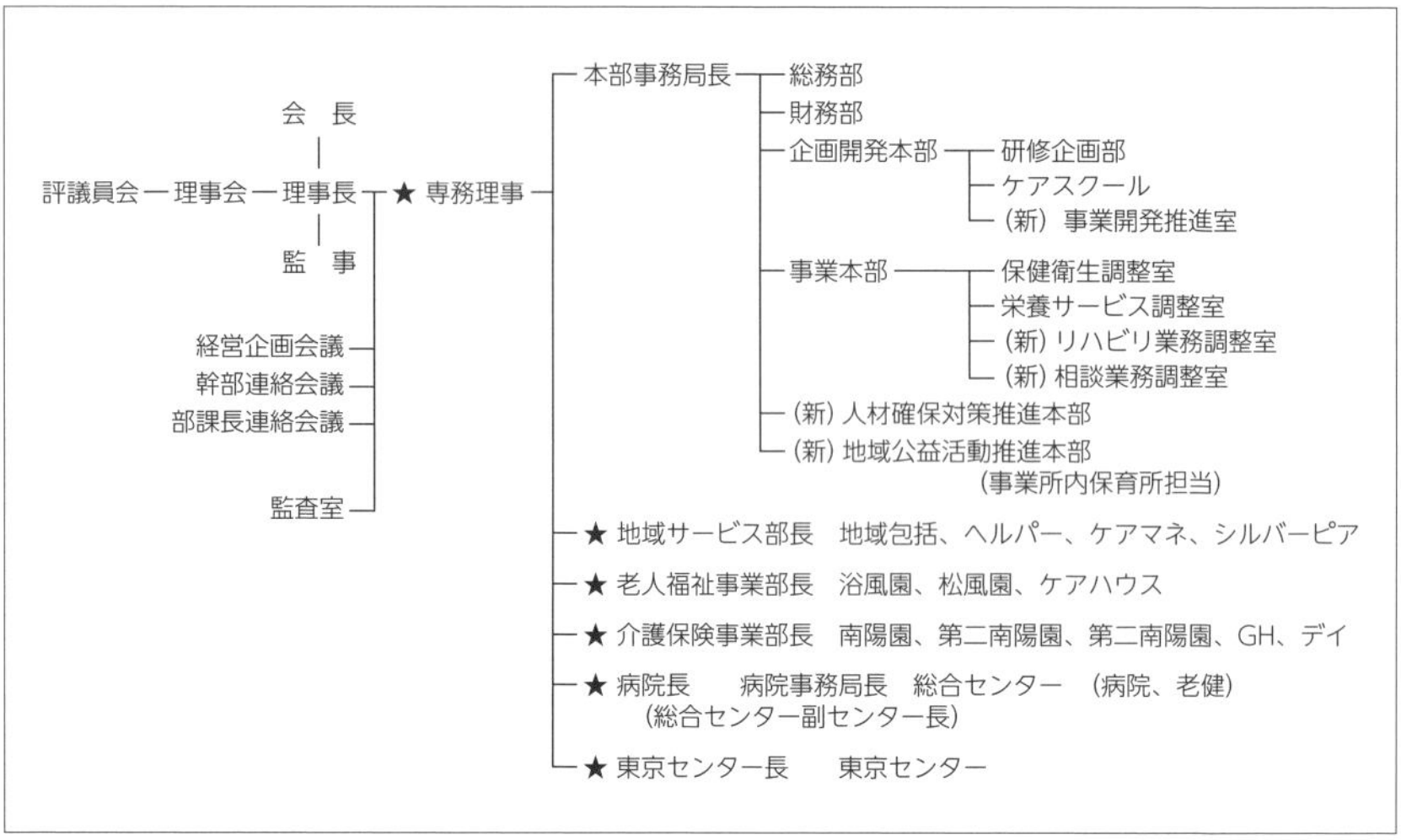

注：★印は業務執行理事（専務理事の担当業務は本部事務局業務）

るだろう。

第4節　人材確保の本部方針

人材確保のところでふれておくべきだったが、法人本部として、2025（令和7）年を目途に積極的な人材確保戦略を立てるべきである。国も2020年代初頭に向けた介護人材確保について需要見込みと供給見込みの差を明らかにし、約25万人確保のための対策を総合的・計画的に推進しつつあるが、社会福祉法人自らも新たな人材確保の戦略を立てるべきであろう。その点で、例えば社会福祉法人伸こう福祉会の経験は参考になる。すなわち人材の確保・育成・定着を視野に入れ、高齢者、障害者をはじめ、就職困難者（刑務所出所者等）を積極的に雇用

（例えば２０１６（平成28）年現在、高齢者のスタッフは全スタッフのうちの13・３％、障害をもつスタッフは２・６％、外国籍スタッフは３・６％となっている）しているところが参考になる（注６）。特に中長期的には外国人介護職をこれまでのＥＰＡ※（経済連携協定）のみならず、２０１７（平成29）年11月より始まった介護分野における技能実習※制度を生かし、外国人介護スタッフを確保することは、社会福祉法人の人材確保策を魅力的にすることになろう。

※ＥＰＡ（Economic Partnership Agreement)
ＦＴＡ（自由貿易協定）の物品・サービスの貿易自由化に加え、人の移動など幅広い経済取引に関して、自由なやり取りを可能にする国家間協定。フィリピン・インドネシア・ベトナムとは、看護・介護福祉士候補者の日本への受け入れ協定が結ばれている。

※技能実習制度
開発途上国等の人材に日本の技能を学ぶ機会を広く与えるために一定の人材を受け入れ、対象となる業を行う企業で働いてもらう制度。特に介護に関して、２０１７（平成29）年11月より丁寧な対応を始めた。

終　章

福祉マネジメントのリーダーシップ

第1節　福祉法人のトップマネジャーのリーダーシップ

ここで最後になるが、法人経営の肝《きも》ともいえる社会福祉法人のトップマネジャーのリーダーシップに関して、私見を交えてざっくばらんに述べてみることにしよう。

現代経営学の碩学のドラッカーのリーダーシップ論については、きわめて示唆に富んだ指摘をしているので、私はその中で次の発言に注目したい。

「リーダーがリーダー足らしめるものは肩書ではない。範となることによってである。そして最高の範になることがミッションへの貢献を通じて自らを大きな存在にし、自らを尊敬できる存在にすることである」（注1）。

こうしたドラッカーの指摘を踏まえて、私なりのリーダーシップ論について、私の趣味の将棋を例にややエッセイ風に述べてみたい。

近年、14歳2カ月の最年少でプロ棋士となり、将棋史上最多の29連勝した藤井聡太氏（現七段）にあやかって、日本の将棋の指し方を例に、福祉マネジメントのリーダーシップの内容について比喩的に述べてみることにする。将棋は囲碁と異なり、石の目の多数の獲得を争うのではなく、相手の玉（または王）をとることを争うゲームである。それを前提に以下4点についてみることにする。

まず第1に、将棋の戦略において最も大切なことは、囲碁でも同様に全局を広く観て、敵と自己の力関係を冷静に測ることである。「敵」と自己（味方）の長所・短所を見極めるということは、軍事戦略においても、企業経営においても、また福祉サービス経営の場合においても最も重要である。ちなみにここで敵とは、社会福祉法人が対応する地域住民の福祉ニーズである。地域住民の福祉ニーズがどのように分布し、どの福祉ニーズが充足され、どの福祉ニーズが充足されていないかを探ることは福祉マネジメントの出発点である。例えば介護施設整備が進んでいない地域では、介護施設整備が最優先課題となり得るが、整備がある程度進んでいる地域では、在宅介護の充実のほうが重点課題となろう。こうした状況を、地元行政の力を借りて福祉分野ごとにしっかりとリアルに把握し、何ができるかを検討することが福祉マネジメントのリーダーにとって必要不可欠となる。むしろトップマネジャーだからこそ、それができるといえる。ちなみに地元杉並区における社会福祉施設整備計画では、私ども浴風会が担っている守備範囲は決して狭くはなく、例えば特別養護老人ホームの平成30年度計画の約3割を浴風会が占めるなど私どものリーダーシップが杉並区の行政計画の達成をある程度、決めることになる。

第2は、自身の戦力（職員と施設）を「遊び駒」とすることなく、十分に力を発揮させることである。各社会福祉法人の伝統と立場から、社会福祉施設等の状況を踏まえ、すべての法人職員の特性を把握し、地域住民の福祉ニーズの充足に職員の総力を注ぎ込むことである。社会福祉法人のトップリーダーは、通常はせいぜい気に入ったサブリーダーの力のみを生かすことに注意を払うが、ベテランや新人の職員を含めてすべての職員を信頼して、効果的かつ効率的に働いてもらう必要がある。特に気に入った側近だけを思うがままに働かせることは、古き社会福祉法人のトップリーダーの悪しき典型であったといえる。

第3は、ようやくにして敵方への詰め（すなわち住民の福祉ニーズの充足）にさしせまる局面では、「寄せはシンプルに」ということである。この場合の「寄せ」は福祉サービス実施までの段取りと手順のことである。社会福祉の場合は、地域住民の多様な福祉ニーズを分析して、どの分野の充足を優先するかを周囲にもわかりやすく説明して、計画的に着手することである。こうした手順を誤ると、寄せは複雑化して、詰めをうっかり逃してしまうことがある。すなわち、福祉サービスの着手に遅れたり、中断したりして、結果的に地域住民の要求に応えられなくなるのである。この点で、社会福祉法人のトップリーダーの政策的判断力がものをいうだろう。

第4は、駒得と寄せの速さとのバランスをしっかり把握し、各局面の最善手を発見することである。すなわち、余裕財産や潤沢な職員配置といった駒得を待ってから取りかかるのか、それとも不十分であっても福祉ニーズを最速で充足するための寄せの速さのどちらに力点を置くかに配慮することである。社会福祉法人の場合は、職員の能力や財政基盤などをしっかり把握しつつも、十分に余裕ができたらではなく、速やかに地域住民の福祉ニーズの充実に対応することである。各社会福祉法人は、自らの力を過大評価して先走ることは避けるにしても、過小評価して対応が遅れることでもっと悪い状況が生じることがままある。ちなみにドラッカーも「非営利組織では、性急さよりも鈍重さによる失敗の方が多い」（注2）とも述べている。

ここで、戦後日本の「障害福祉の父」といわれる糸賀一雄※のリーダーシップの例を挙げてみたい（注3）。糸賀は次のように述べている。

「敗戦後の社会の混乱の中で、一つの理想を貫こうとすることは困難である。しかしそれが克服されなければ、社会の立て直しはできない相談である。理想が高く、それに向かって苦しんで戦っていくひたむきなその姿の中に、本当の意味での指導性〔リーダーシップ―引用者〕というものがあるのではあるまいか」（注4）。

私はこう付言している。『『糸賀一雄著作集（全3巻）』（ＮＨＫ出版）を垣間見るだけで、①スタッフ全体への思想的統率力、②部下に対する思いやりやユーモアの心、③行政等との調整力、④思い付いたら直ちに実行する行動力など、理想的で思索的な人間には稀有な実践的指導力に驚かされるばかりである」（注5）と。

ちなみに、ドラッカーは「リーダーシップとは人を惹きつけることではない。惹きつけるだけでは扇動者に過ぎない。（略）それでは人気取りに過ぎない。リーダーとは、人のビジョンを高め、成果の水準を高め、人格を高めることである」（注6）と述べている。まさにこの言葉こそ、糸賀の福祉マネジメントのリーダーシップを端的に表現するものである。これは、今日の福祉マネジメントのリーダーシップにも共通するものではないだろうか。

※糸賀一雄（1914～1968）
戦後、近江学園を創設した「障害福祉の父」とも呼ばれる社会事業家。「この子らを世の光に」という理念を提唱した。拙著『障害福祉の父　糸賀一雄の思想と生涯』ミネルヴァ書房、２０１４年、参照。

第2節　福祉マネジメントのネットワーキング力

以上前節で少なくとも福祉マネジメントのリーダーシップの内容についてはいくらか述べてきたが、私が9年間の浴風会理事長として絶えず努力してきたことも同様のものである。

それと、忘れてはならないこととして、リーダーシップはトップリーダーの個人的能力に必ずしも限定されないことを指摘しておきたい。それは、トップリーダーによるネット※ワーキング力（いわば人の絆づくりと根まわし力）のことである。これは、行政等による公式なネットワーク形成ではなく、地元自治体、都道府県、国の有力な人材との太いパイプをつくることにもつながる。おそらくこうした点は、各社会福祉法人にとってもいわば企業秘密であり、文章化はほとんどなされていなくても、きわめて重要なことである。先にふれた糸賀一雄はもちろん、現在、大活躍をしている社会福祉法人の有力指導者は例外なく、そうしたネットワーキング力を強力にもっている。こうしたネットワーキングには、必ずしも行政との関係だけでなく、医師会、歯科医師会、町内会などとの地域提携も含まれる。いずれにしてもネットワーキングは、これからの社会福祉法人の地域貢献に必要不可欠であり、また民間企業やマスコミ等との連携も、必ずしも業務委託といった形式的なものにとどまらず重要となってくる。

繰り返しで恐縮だが、私の知る限り、優れた福祉マネジメントの全国的トップリーダーは個人的な絶対的能力だけでなく、強大なネットワーキング力をもっていることは確かである。

いずれにしても、今日の社会福祉法人は、かつての福祉措置制度における護送※船団方式

※ネットワーキング（networking）
ソーシャルワーク（特にコミュニティ・ソーシャルワーク）の手法の一つで、行政的なネットワーク形成とは異なり、人の絆づくりや根まわしに関連する行動対応力。

※護送船団方式
船団の中で速力の小さい船を護送しながら航行する船団のように、行政が特定の産業を保護するため、弱小の企業に足並をそろえ、全体の安泰を図ること。

のように、行政（戦艦）に守られてゆっくり進む艦隊ではない。嵐の中でトップリーダーである船長を先頭に、大海で逃げ惑う大魚群を猛スピードで追いかける漁船のようなものであろう。今の時代状況は、社会福祉法人のトップリーダーにこうした姿勢を求めているのではなかろうか。

私ども浴風会では理事長をはじめ、業務執行理事などが地元杉並区、東京都、厚生労働省と密接に連携し、また地元杉並区医師会や町内会等とも連携を深め、さらに関係企業とも連携を保ちつつ、ネットワーキング力を強化しようと考えているところである。その全体像は現在、法人本部のみが把握しているつもりであるが、すべての事業部門、すべての職員にも共有してもらいたいものである。

いずれにしても、将来の社会福祉法人のトップマネジャーは民間大企業のＣＥＯに勝るとも劣らない指導力（リーダーシップ）を発揮して、少子高齢社会の荒波を乗り越えた経営改善を図り、21世紀の共生社会に向けて本領を発揮してもらいたいものである。

注釈

第Ⅰ部

第1章

（注1）この三相構造（または三層構造）に関しては、『京極高宣著作集（第2巻）』中央法規出版、2002年、所収論文（Ⅱの第四章）参照。

（注2）この点については、阿部實「編集幹事あとがき」『京極高宣著作集（第2巻）』中央法規出版、2002年、参照。

（注3）繰り返しになるが、全国の優れた実績をもつ社会福祉法人の事例に関しては、本書を皮切りに、社会福祉法人経営者協議会や社会福祉学界との協力を得て例えば『明日の福祉経営（仮題）』として講座等を近い将来に刊行することを期待している。

第2章

（注1）P・F・ドラッカー『マネジメント（上）』上田惇生訳、ダイヤモンド社、2008年、72頁。

（注2）同右、7頁。

（注3）同右、87頁。

（注4）同右、90頁。

（注5）同右、106頁。

（注6）同右、116頁。

第Ⅱ部

第2章

（注1）伊丹敬之・加護野忠雄著『ゼミナール経営学入門（第3版）』日本経済新聞社、2003年、550頁。
（注2）同右、551頁参照。個別企業マネジメントとそれらを傘下に治める法人全体のマネジメントとは区別される。
（注3）武居敏「社会福祉法人の意義と役割」浦野正男編著『社会福祉施設経営管理論2016』全国社会福祉協議会、2016年、17頁。
（注4）2017（平成29）年4月以降、年間30億円以上の販売事業を行う社会福祉法人等には、会計監査人の設置が義務づけられるようになった。
（注5）武居敏「福祉サービス提供組織の組織体制と管理」『社会福祉学習双書』編集委員会編『（社会福祉学習双書2016）社会福祉概論Ⅱ』全国社会福祉協議会、2016年、205~206頁参照。
（注6）京極高宣著『福祉レジームの転換』中央法規出版、2013年、116頁。
（注7）同右、116~117頁。
（注8）同右、116頁。
（注9）武居前掲書、31頁参照。

第Ⅲ部

第1章

（注1）京極高宣『（改訂）社会福祉学とは何か』全国社会福祉協議会、1998年、173~174頁参照。

（注2）『社会福祉学習双書』編集委員会編『(社会福祉学習双書2016）社会福祉概論Ⅱ』全国社会福祉協議会、第2部、第3章参照。
（注3）京極前掲書、120頁。
（注4）京極高宣『福祉サービスの利用者負担』中央法規出版、2009年、参照。

第2章
（注1）労働におけるインセンティブの配慮や適切な人事考課が鍵である。

第Ⅳ部

第1章
（注1）京極高宣『(新版）日本の福祉士制度』中央法規出版、1998年、特に第1章参照。
（注2）浦野正男「社会福祉施設のサービス管理」浦野編『社会福祉施設経営管理論（2016）』全国社会福祉協議会、2016年、第3章参照。
（注3）辻中浩司「実践事例2―156―の取り組み」浦野編前掲書、第3章所収参照。
（注4）このあたりについては、日本ユニットケア推進センターの各種報告書参照。なお東京都による反論に関しては、狩野信夫「東京都における特別養護老人ホーム等整備のあり方について」『浴風会誌』2010年11月号参照。
（注5）京極高宣『(三訂）福祉用具の活用法』北隆館、2007年、参照。
（注6）浦野正男「社会福祉施設のサービス管理」浦野編前掲書、第4章第3節③参照。
（注7）濱田和則「実践事例4―苦情解決の取り組み」浦野編前掲書、219~223頁参照。
（注8）辻中浩司「品質マネジメントシステム―ISO9001認証の実践と展開①②」(『月刊福祉』、2003年、3月号及び

4月号）参照。

（注9）以下は、平田厚「社会福祉施設における権利擁護」浦野編前掲書、第3章第7節参照。

（注10）村岡裕「リスクマネジメントとサービス管理」浦野前掲書、第3章参照。

（注11）以下は、同右参照。ただし浴風会ではリスクマネジャーは施設長が兼務している。

（注12）同右参照。私が浴風会理事長に就任した直後数日で利用者家族による訴訟が起こったが、施設の処遇記録により不可抗力による事故が証明され、無事和解となった。

第3章

（注1）平松良洋「社会福祉施設・設備管理」浦野正男編『社会福祉施設経営管理論（2016）』全国社会福祉協議会、2016年、第7章第2節参照。以下の論述も平松論文に依拠している。

（注2）市川渕「福祉用具の活用と維持管理」浦野編前掲書、第7章第3節参照。

（注3）東畠弘子「在宅での自立した生活を実現するために―福祉用具の果たすべき役割」（『地域ケアリング』2017年11月号）等を除けば、残念ながら福祉用具等のこうした効果分析は現在のところ不十分である。医療器具等に関しては、西村周三・京極髙宣「医療における技術革新と産業としての医療」（宮島洋・西村周三・京極髙宣編『社会保障と経済（第3巻）―社会サービスと地域』東京大学出版会、2010年）参照。

第4章

（注1）武居敏「福祉サービスの組織と経営に係る基礎理論」『社会福祉学習双書』編集委員会編『（社会福祉学習双書2016）社会福祉概論Ⅱ』全国社会福祉協議会、2016年、第2部第3章所収参照、以下も同様。

（注2）浴風会は2014（平成26）年10月に、浴風会病院改築・老健くぬぎ新築の合築センター（高齢者保健医療総合センター）を建設したため、福祉医療機構からの多額融資により返済等で通常の資金収支と多少異なるところも出ている。

（注3）財務規律の強化に関しては、2017（平成27）年1月16日社会保障審議会福祉部会資料参照。

（注4）京極高宣『福祉レジームの転換』中央法規出版、2013年、第8章参照。
（注5）戦略と戦術の区別は軍事用語に端を発しているが、両者の区別はきわめて相対的であり、戦略（strategy）は個々の戦闘を総合し、戦争を全面的に運用する方法として、実践における個々の戦術（tactics）と区別される（第V部第1章第2節（120頁）参照）。

第V部

第1章

（注1）A・チャンドラー『経営戦略と組織』三菱経済研究所訳、実業之日本社、1967年、参照。
（注2）H・I・アンゾフ『企業戦略論』広田寿亮訳、産業能率短期大学出版部、1969年、参照。
（注3）1980年代以降、わが国では、社会福祉の計画的推進が課題となって、以来、その計画の根幹を決定する戦略課題が注目されるようになった。そこから戦略という概念が登場してくるようになったといえる。
（注4）ジェイ・B・バーニー『企業戦略論（基本編）』岡田正大訳、ダイヤモンド社、2003年、28頁。
（注5）西村克己「経営戦略とは何か」『直感で理解する経営基礎講座（経営戦略論）』（第1回、2004年12月）参照。
（注6）加護野忠雄編著『企業の戦略』八千代出版、2003年、参照。
（注7）現代経営学における経営戦略論はおよそ100年の歴史をもち多様に発展してきた。三谷宏治『経営戦略全史』ディスカバー・トゥエンティワン、2013年、参照。本書は啓蒙書だが、経営戦略の全体を豊かに展開している。また経営戦略の全体像に関しては、経営戦略研究所『この1冊ですべてわかる―経営戦略の基本』日本実業出版社、2008年が大変要領よくまとめている。
（注8）水谷内徹也『日本企業の経営理念―「社会貢献」志向の経営ビジョン』同文舘出版、1992年。

（注9）P・F・ドラッカー『非営利組織の経営』上田惇生訳、ダイヤモンド社、２００７年、11頁。
（注10）同右、「第Ⅴ部　自己開発、第4章　非営利組織における女性の活躍（ロクサンヌ・スピッツァーレーマンとの対話）」。
（注11）社会サービス事業を利用者サイドからみてサービスの消費過程とのみ捉える見方が一般的であるが、私はかねてよりサービス提供サイドからみて、サービスの生産過程（それも多くは職員による集団的作業）と考えている。なおサービス経済論に関する最新の古典論研究については、櫛田豊『サービス商品論』（桜井書店、２０１６年）を参照。「対人労働」部門が生産できるという「本書の視点」は社会福祉学の構築の鍵である。
（注12）同右、「第Ⅴ部　自己開発」。
（注13）同右、90頁。
（注14）同右、扉頁。
（注15）同右、「まえがき」vii頁。
（注16）同右、「まえがき」viii頁。
（注17）同右、「まえがき」ix頁。
（注18）同右、本書の帯での推薦文。

第2章

（注1）『浴風会基本構想』浴風会本部、２０１０年10月23日、参照。
（注2）『稲盛和夫経営講話』ＫＣＣＳマネジメント・コンサルティング、２０１０年、参照。

第3章

（注1）ＳＣＡＰＩＮは、“Supreme Commander for the Allied Powers Index Number”の略で、ＧＨＱによる日本政府への指令（ＳＣＡＰ）の発出番号（ＩＮ）を示す。
（注2）蟻塚昌克『〈証言〉日本の社会福祉１９２０〜２００８』ミネルヴァ書房、２００９年、１５４頁参照。

（注3）北場勉『戦後社会保障の形成』中央法規出版、2000年、164頁参照。北場氏はきわめて実証的に社会福祉法人が誕生する前に、憲法89条を回避せず、日本政府は新たな行政対応をしたとして、いわゆる通説に反論している。しかしながら私には、右の短いタイムラグにかかわらず、時代の流れとして、法的論理の方向性は通説でかまわないように思われる。

（注4）社会福祉法令研究会編「続編第6章社会福祉法人」『社会福祉法の解説』中央法規出版、2001年、152～153頁参照。

（注5）以下**図2**～**図9**は第11回社会保険審議会福祉部会（平成26年8月27日）参考資料2「社会福祉法人基礎データ集」6～13頁をもとに著者作成。

（注6）以下は第1回社会保険審議会社会福祉部会（平成26年8月27日）参考資料2「社会福祉法人基礎データ集」参照。

（注7）社会福祉法人経営研究会編『社会福祉法人における合併・事業譲渡・法人間連携の手引き』全国社会福祉協議会出版、2008年3月、参照。

（注8）当時は今日のように全国社会福祉法人経営者協議会となっていなかった。

（注9）社会福祉法人の合併に関する研究は近年でも数が少なく、大川新人氏の「社会福祉法人の合併の事例研究」（『日本地域政策研究』第8号、日本地域政策学会、2013年3月）及び「社会福祉法人の合併相乗効果に関する研究」（『社会福祉学』第55巻4号、日本福祉学会、2015年）が貴重な問題提起をしている。またそれ以前では、森川弘文「社会福祉法人の合併がもたらす問題と課題について」（『国際医療福祉大学紀要』第12巻1号、2007年）参照。

（注10）「中小企業等協同組合法等の一部を改正する法律」（平成19年4月1日）により、「中小企業等協同組合法」に規定する①事業協同組合・連合会、②事業協同小組合、③火災共済協同組合・連合会、④企業組合、「中小企業団体の組織に関する法律」に規定する⑤商工組合・連合会、⑥協業組合の運営方法が大きく変わった。

第Ⅵ部

第1章

（注1）近年では、3Kの暗いイメージを払拭するため、全国の介護施設で働く若い男性職員の生き生きとした姿を啓蒙宣伝する動きも顕著になってきている。

（注2）廣江研「実践事例5―人事管理・人材育成の取り組み」（浦野正男編著『社会福祉施設経営管理論（2017）』全国社会福祉協議会、所収）参照。

（注3）斉藤正身『医療・介護に携わる君たちへ』幻冬舎、2017年、第4章参照。

（注4）病院や診療所などの広報に関しては、大幅な規制緩和が行われている。平成30年10月24日厚生労働省医政局総務課事務連絡「「医業若しくは歯科医業又は病院若しくは診療所に関する広告等に関する指針（医療広告ガイドライン）に関するQ＆Aについて」の改訂について」参照。

（注5）経営協も平成29年度事業計画で「広報活動の強化」を重点課題の一つとして取り上げ、①内部広報媒体のリニューアル、②会員法人に対する情報提供、③会員法人による広報の取り組み支援、④国民に向けた情報発信、⑤地域における公益的な取組の推進、情報発信を謳っている。

（注6）『平成28年度浴風会事業報告書』26頁参照。

第2章

（注1）京極高宣「社会福祉法人の社会貢献の意義と特徴」『地域ケアリング』2016年7月号、所収論文参照。

（注2）高室成幸執筆代表『地域貢献事業40の実践例』日総研、2017年、参照。

（注3）「（いきいきチャレンジ）東京都杉並区社会福祉法人浴風会」『WAM-2016.12』19頁。

（注4）斎藤十朗「社会福祉法人を取り巻く状況と今後の役割」『浴風会』2017年6月号、「巻頭言」参照。

（注5）この課題は福祉経営学の今日的研究課題の一つとなっている。
（注6）「（座談会）社会福祉法人改革の先にあるもの」『月刊福祉』２０１７年10月号の菊地月香氏の発言（37頁）。

第3章

（注1）地域包括ケアシステムに関する理論的かつ歴史的研究としては、筒井孝子『地域包括ケアシステムのサイエンス』社会保険研究所、２０１４年及び同『地域包括ケアシステム構築のためのマネジメント戦略』中央法規出版、２０１４年、参照。またその書評としては、京極髙宣「地域包括ケアシステム構築に向けて―『理論書』２冊をひもとく」（『厚生福祉』２０１４年10月24日号所収）を参照。
（注2）厚生労働省編『平成26年版厚生労働白書』２０１４年、３９７頁。
（注3）『介護保険制度の解説（平成27年8月版）』社会保険研究所、２０１５年、参照。
（注4）厚生労働省「我が事・丸ごと」地域共生社会実現本部『〝地域共生社会〟の実現に向けて（当面の改革工程）』２０１７年2月7日、2頁。
（注5）関川芳孝「社会福祉法人改革と地域福祉」『日本の地域福祉』第30巻、日本地域福祉学会、２０１７年3月、所収。
（注6）『地域包括ケアシステムにおける養護老人ホーム及び軽費老人ホームの役割・あり方に関する調査研究事業報告書』日本総研、２０１５年3月、参照。本報告は私が調査研究会座長として取りまとめたものである。
（注7）介護保険施設の地域連携に関しては、川原丈貴「介護保健施設の経営戦略」（『原点』２０１２年論文集テーマ所収論文）参照。

第4章

（注1）以上は、「社会福祉施設の建物・設備管理」浦野正男編『社会福祉施設経営管理論（２０１７）』全国社会福祉協議会出版部、第7章第2節参照。
（注2）宮島敏・京極髙宣「大災害における社会福祉法人の対応」『事業継続計画（ＢＣＰ：Business Continuity Planning）研究

報告書』ＭＳ＆ＡＤ基礎研究所、２０１４年3月18日号。

（注3）以上は、『社会福祉学習双書』編集委員会編『（社会福祉学習双書２０１７）地域福祉論（改正8版）』全国社会福祉協議会出版部、２０１７年3月、第5章第1節参照。

（注4）これまでの社会福祉学習においては（注３）のような記述が一切なく、ソーシャルワークやケアワークのごく一般的な解説や制度論的記述にとどまっていたが、近年の大災害の教訓として重視されるに至った。

（注5）畠山泰彦「災害派遣福祉チームの創設に向けた取り組み」『月刊福祉』全国社会福祉協議会出版部、２０１４年３月号所収。

（注6）Thunderbird Information『認定特定非営利法人災害福祉広域支援ネットワーク・サンダーバード』２００８年10月、参照。

（注7）同行動指針は、その後の情状変化を踏まえて本年（２０１７年）11月以降、改訂の予定である。

（注8）災害対策に関する社会福祉法人の役割については、『経営協』２０１７年2月号の特集「災害時に求められる社会福祉法人の力」を参照。

（注9）災害対策の直近の方針については、私たちの問題提起を受けて作成された平成30年5月31日厚生労働省社援発０５３１第1号「災害時の福祉支援体制の整備について」別添「災害時福祉支援体制の整備にむけたガイドライン」を参照。

第5章

（注1）全社協全国福祉医療施設協議会『全国福祉医療施設協議会紀要（第7号・平成28年度）』全国福祉医療施設協議会、２０１７年3月、74～86頁参照。

（注2）浴風会では旧病院を改築し、老健施設の新築と合わせて、高齢者浴風会保健医療総合センターを約2年前に発足させた。ハード面の連携はそれなりにできたが、人事面などのソフト面の連携はまだまだであり、現在、センター職員の間で鋭意検討中である。

（注3）社会福祉法人の病院戦略については専門書も専門的論議も経営協（経営者協議会）サイドではほとんどないことから、

私どもの福祉法人経営学会の存在意義の一つがあるといえる。

（注4）社会福祉法人聖隷福祉事業団はわが国の社会福祉法人立病院の代表的モデルとして、先進医療と地域医療の最先端を歩んでおり、そこから私どもが学ぶところはきわめて多い。

第6章

（注1）『社会福祉法人の経営適正化に向けて―社会福祉法人が提供する福祉サービスを利用者が安心して、持続的に利用できるために―』東京都社会福祉法人経営適正化検討会、2011（平成23）年3月参照。以下の指摘も同様。

（注2）同右参照。ただし、法人全体の研修についてはあえて職員管理からはずし独自業務として、私が追加した。

（注3）戸部良一・寺本義也・鎌田伸一・杉之尾孝生・村井友秀・野中郁次郎『失敗の本質』中央公論社、1991年（オリジナルは1984年、ダイヤモンド社）参照。また最近の解説書では、鈴木博毅『〝超〟入門　失敗の本質』（ダイヤモンド社、2012年）がわかりやすい。

（注4）『社会福祉法人の経営適正化に向けて―社会福祉法人が提供する福祉サービスを利用者が安心して、持続的に利用できるために―』、東京都社会福祉法人経営適正化検討会、2011（平成23）年3月、19頁参照。

（注5）同右、20頁参照。

（注6）足立聖子「社会福祉法人改革の到達点と課題―人材確保と定着・育成について」『地域ケアリング』2017年12月臨時増刊号所収参照。

終　章

（注1）P・F・ドラッカー『非営利組織の経営』上田惇生訳、ダイヤモンド社、2007年、213頁。

（注2）同右、29頁。

（注3）京極髙宣『障害福祉の父　糸賀一雄の思想と生涯』ミネルヴァ書房、2015年、参照。

（注4）糸賀一雄著作集刊行会編『糸賀一雄著作集1』日本放送出版協会、1982年、176頁。

（注5）京極前掲書、651頁。

（注6）P・F・ドラッカー『ドラッカー365の金言』上田惇生訳、ダイヤモンド社、2005年、3頁。

巻末資料

・厚生労働省　社会福祉法人制度改革について

・厚生労働省「地域における医療及び介護の総合的な確保を推進するための関係法律の整備等に関する法律（医療介護総合確保推進法）」の概要

厚生労働省
Ministry of Health, Labour and Welfare

社会福祉法人制度改革について

社会福祉法等の一部を改正する法律

衆議院可決：平成27年7月31日
参議院可決：平成28年3月23日
衆議院再可決・成立・公布
：平成28年3月31日

福祉サービスの供給体制の整備及び充実を図るため、
・社会福祉法人制度について経営組織のガバナンスの強化、事業運営の透明性の向上等の改革を進めるとともに、
・介護人材の確保を推進するための措置、社会福祉施設職員等退職手当共済制度の見直しの措置を講ずる。

1．社会福祉法人制度の改革

（1）経営組織のガバナンスの強化

○ 議決機関としての評議員会を必置（小規模法人について評議員定数の経過措置）、一定規模以上の法人への会計監査人の導入 等

（2）事業運営の透明性の向上

○ 財務諸表・現況報告書・役員報酬基準等の公表に係る規定の整備 等

（3）財務規律の強化（適正かつ公正な支出管理・いわゆる内部留保の明確化・社会福祉充実残額の社会福祉事業等への計画的な再投資）

○ 役員報酬基準の作成と公表、役員等関係者への特別の利益供与の禁止 等
○ 「社会福祉充実残額（再投下財産額）」（純資産の額から事業の継続に必要な財産額（※）を控除等した額）の明確化
※①事業に活用する土地、建物等 ②建物の建替、修繕に要する資金 ③必要な運転資金 ④基本金及び国庫補助等特別積立金
○ 「社会福祉充実残額」を保有する法人に対して、社会福祉事業又は公益事業の新規実施・拡充に係る計画の作成を義務付け 等

（4）地域における公益的な取組を実施する責務

○ 社会福祉事業及び公益事業を行うに当たって、無料又は低額な料金で福祉サービスを提供することを責務として規定

（5）行政の関与の在り方

○ 所轄庁による指導監督の機能強化、国・都道府県・市の連携 等

2．福祉人材の確保の促進

（1）介護人材確保に向けた取組の拡大

○ 福祉人材の確保等に関する基本的な指針の対象者の範囲を拡大（社会福祉事業と密接に関連する介護サービス従事者を追加）

（2）福祉人材センターの機能強化

○ 離職した介護福祉士の届出制度の創設、就業の促進、ハローワークとの連携強化 等

（3）介護福祉士の国家資格取得方法の見直しによる資質の向上等

○ 平成29年度から養成施設卒業者に受験資格を付与し、5年間をかけて国家試験の義務付けを漸進的に導入 等

（4）社会福祉施設職員等退職手当共済制度の見直し

○ 退職手当金の支給乗率を長期加入者に配慮したものに見直し
○ 被共済職員が退職し、再び被共済職員となった場合に共済加入期間の合算が認められる期間を２年以内から３年以内に延長
○ 障害者支援施設等に係る公費助成を介護保険施設等と同様の取扱いに見直し

1

【施行期日】平成29年４月１日（1の(2)と(3)の一部,(4),(5)の一部,2の(1),(4)は平成28年４月１日、２の(3)は公布の日（平成28年３月31日）

社会福祉法人制度の改革（主な内容）

○ 公益性・非営利性を確保する観点から制度を見直し、国民に対する説明責任を果たし、地域社会に貢献する法人の在り方を徹底する。

1. 経営組織のガバナンスの強化 □ 理事・理事長に対する牽制機能の発揮 □ 財務会計に係るチェック体制の整備	○ 議決機関としての評議員会を必置　※理事等の選任・解任や役員報酬の決定など重要事項を決議 （注）小規模法人について評議員定数に係る経過措置を設ける。 ○ 役員・理事会・評議員会の権限・責任に係る規定の整備 ○ 親族等特殊関係者の理事等への選任の制限に係る規定の整備 ○ 一定規模以上の法人への会計監査人の導入　等
2. 事業運営の透明性の向上 □ 財務諸表の公表等について法律上明記	○ 閲覧対象書類の拡大と閲覧請求者の国民一般への拡大 ○ 財務諸表、現況報告書（役員報酬総額、役員等関係者との取引内容を含む。）、役員報酬基準の公表に係る規定の整備　等
3. 財務規律の強化 ① 適正かつ公正な支出管理の確保 ② いわゆる内部留保の明確化 ③ 社会福祉事業等への計画的な再投資	① 役員報酬基準の作成と公表、役員等関係者への特別の利益供与を禁止 等 ② 純資産から事業継続に必要な財産（※）の額を控除し、福祉サービスに再投下可能な財産額（「社会福祉充実残額」）を明確化 ※①事業に活用する土地、建物等 ②建物の建替、修繕に必要な資金 ③必要な運転資金 ④基本金、国庫補助等特別積立金 ③ 再投下可能な財産額がある社会福祉法人に対して、社会福祉事業又は公益事業の新規実施・拡充に係る計画の作成を義務づけ（①社会福祉事業、②地域公益事業、③その他公益事業の順に検討）　等
4. 地域における公益的な取組を実施する責務 □ 社会福祉法人の本旨に従い他の主体では困難な福祉ニーズへの対応を求める	○ 社会福祉事業又は公益事業を行うに当たり、日常生活又は社会生活上支援を要する者に対する無料又は低額の料金で福祉サービスを提供することを責務として規定　※利用者負担の軽減、無料又は低額による高齢者の生活支援等
5. 行政の関与の在り方 □ 所轄庁による指導監督の機能強化 □ 国・都道府県・市の連携を推進	○ 都道府県の役割として、市による指導監督の支援を位置づけ ○ 経営改善や法令遵守について、柔軟に指導監督する仕組み（勧告等）に関する規定を整備 ○ 都道府県による財務諸表等の収集・分析・活用、国による全国的なデータベースの整備　等

2

1．経営組織の在り方について

○ 社会福祉法人について、一般財団法人・公益財団法人と同等以上の公益性を担保できる経営組織とする。

	<改正前>	<改正後>
理事 理事長 理事会	●理事会による理事・理事長に対する牽制機能が制度化されていない。 ●理事、理事長の役割、権限の範囲が明確でない。 （注）理事会、理事長は通知に規定が置かれている。	●理事会を業務執行に関する意思決定機関として位置付け、理事・理事長に対する牽制機能を働かせる。 ●理事等の義務と責任を法律上規定。
評議員 評議員会	●評議員会は、任意設置の諮問機関であり、理事・理事長に対する牽制機能が不十分。 （審議事項） ・定款の変更 ・理事・監事の選任　等	●評議員会を法人運営の基本ルール・体制の決定と事後的な監督を行う機関として位置付け、必置の議決機関とする。 ※小規模法人について評議員定数の経過措置 （決議事項） ・定款の変更 ・理事・監事・会計監査人の選任、解任 ・理事・監事の報酬の決定　等
監事	●監事の理事・使用人に対する事業報告の要求や財産の調査権限、理事会に対する報告義務等が定められていない。	●監事の権限、義務（理事会への出席義務、報告義務等）、責任を法律上規定。
会計 監査人	●資産額100億円以上若しくは負債額50億円以上又は収支決算額10億円以上の法人は2年に1回、その他の法人は5年に1回の外部監査が望ましいとしている（通知）。	●一定規模以上の法人への会計監査人による監査の義務付け（法律）。

2．運営の透明性の確保について

○ 社会福祉法人の高い公益性に照らし、公益財団法人以上の運営の透明性を確保することとし、以下の事項を法令上明記。
・ 定款、事業計画書、役員報酬基準を新たに閲覧対象とすること
・ 閲覧請求者を利害関係人から国民一般にすること
・ 定款、貸借対照表、収支計算書、役員報酬基準を公表対象とすること

○ 既に通知により公表を義務付けている現況報告書（役員名簿、補助金、社会貢献活動に係る支出額、役員の親族等との取引内容を含む。）について、規制改革実施計画を踏まえ、役員区分ごとの報酬総額を追加した上で、閲覧・公表対象とすることを法令上明記。

○ 国民が情報入手しやすいホームページを活用して公表。

	改正前		改正後		公益財団法人		規制改革実施計画
	備置き・閲覧	公表	備置き・閲覧	公表	備置き・閲覧	公告・公表	公表
事業報告書	○	－	○	－	○	－	－
財産目録	○	－	○	－	○	－	－
貸借対照表	○	○（通知）	○	○	○	○	○（通知で措置済）
収支計算書（事業活動計算書・資金収支計算書）	○	○（通知）	○	○	○	○	○（通知で措置済）
監事の意見を記載した書類	○	－	○	－	○	－	－
現況報告書（役員名簿、補助金、社会貢献活動に係る支出額、役員の親族等との取引状況を含む。）	－	○（通知）	○	○	○	－	○
役員区分ごとの報酬総額	－	－	○（※）	○（※）	○	－	○
定款	－	－	○	○	○	－	－
役員報酬基準	－	－	○	○	○	○	－
事業計画書	－	－	○	－	○	－	－

（※）現況報告書に記載

3．社会福祉法人の財務規律について

○　社会福祉法人が保有する財産については、事業継続に必要な財産（控除対象財産）を控除した上で、再投下対象財産（社会福祉充実財産）を明確化する。
○　社会福祉充実財産が生じる場合には、法人が策定する社会福祉充実計画に基づき、既存事業の充実や新たな取組に有効活用する仕組みを構築する。

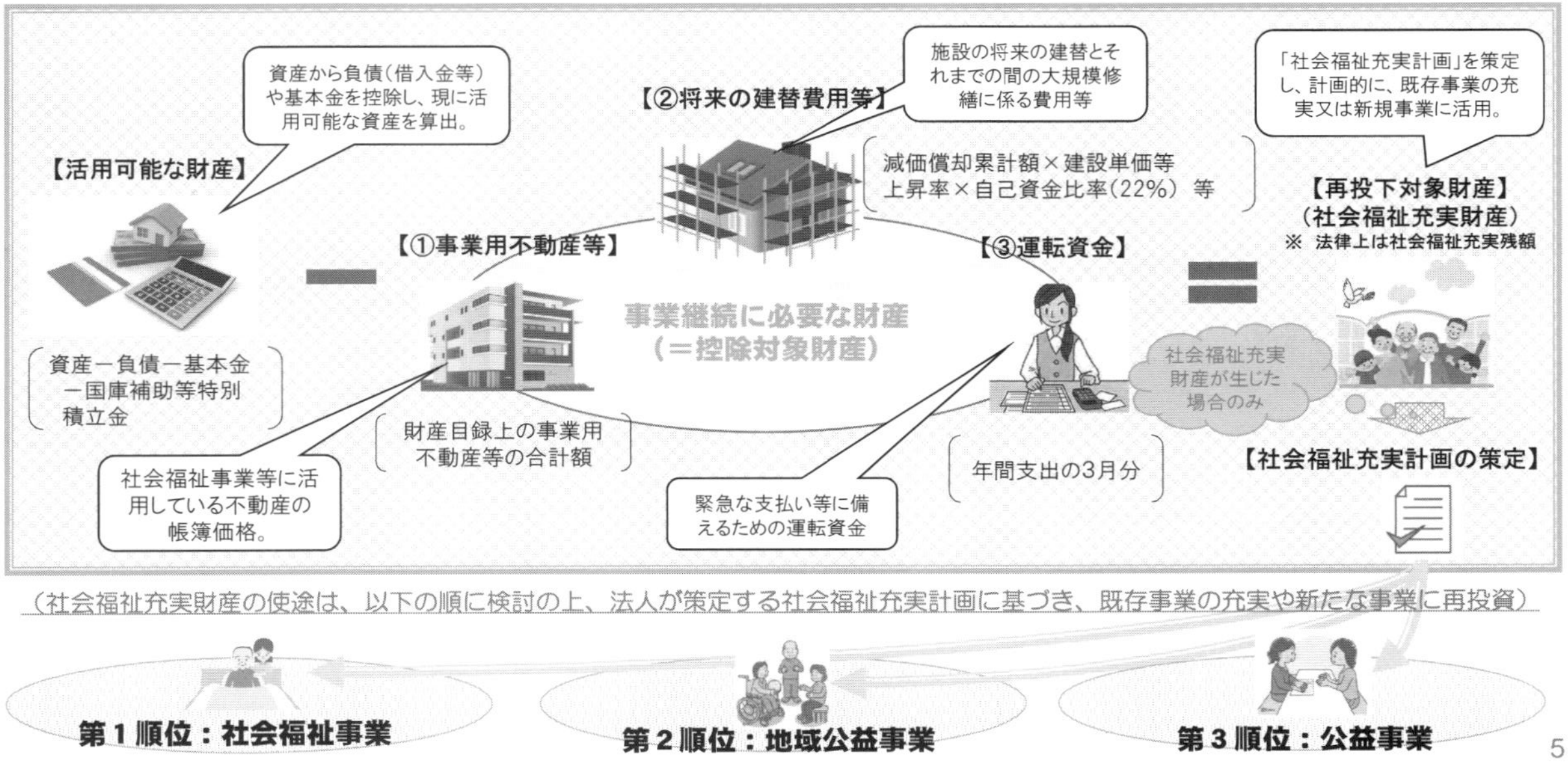

資産から負債（借入金等）や基本金を控除し、現に活用可能な資産を算出。
【活用可能な財産】
資産－負債－基本金－国庫補助等特別積立金
社会福祉事業等に活用している不動産の帳簿価格。
【①事業用不動産等】
財産目録上の事業用不動産等の合計額
施設の将来の建替とそれまでの間の大規模修繕に係る費用等
【②将来の建替費用等】
減価償却累計額×建設単価等上昇率×自己資金比率（22%） 等
事業継続に必要な財産（＝控除対象財産）
【③運転資金】
年間支出の3月分
緊急な支払い等に備えるための運転資金
「社会福祉充実計画」を策定し、計画的に、既存事業の充実又は新規事業に活用。
【再投下対象財産】（社会福祉充実財産）
※ 法律上は社会福祉充実残額
社会福祉充実財産が生じた場合のみ
【社会福祉充実計画の策定】
（社会福祉充実財産の使途は、以下の順に検討の上、法人が策定する社会福祉充実計画に基づき、既存事業の充実や新たな事業に再投資）
第１順位：社会福祉事業
第２順位：地域公益事業
第３順位：公益事業

4．「地域における公益的な取組」について

○ 平成28年改正社会福祉法において、社会福祉法人の公益性・非営利性を踏まえ、法人の本旨から導かれる本来の役割を明確化するため、「地域における公益的な取組」の実施に関する責務規定が創設された。

（参考）社会福祉法（昭和26年法律第45号）（抄）
第24条 （略）
2 社会福祉法人は、社会福祉事業及び第二十六条第一項に規定する公益事業を行うに当たっては、日常生活又は社会生活上の支援を必要とする者に対して、無料又は低額な料金で、福祉サービスを積極的に提供するよう努めなければならない。

【社会福祉法人】

地域における公益的な取組

① 社会福祉事業又は公益事業を行うに当たって提供される「福祉サービス」であること

（留意点）
社会福祉と関連のない事業は該当しない

（在宅の単身高齢者や障害者への見守りなど）

② 「日常生活又は社会生活上の支援を必要とする者」に対する福祉サービスであること

（留意点）
心身の状況や家庭環境、経済的な理由により支援を要する者が対象

（生活困窮世帯の子どもに対する学習支援など）

③ 無料又は低額な料金で提供されること

（留意点）
法人の費用負担により、料金を徴収しない又は費用を下回る料金を徴収して実施するもの

○ **社会福祉法人の地域社会への貢献**
⇒ **各法人が創意工夫をこらした多様な「地域における公益的な取組」を推進**

地域において、少子高齢化・人口減少などを踏まえた福祉ニーズに対応するサービスが充実

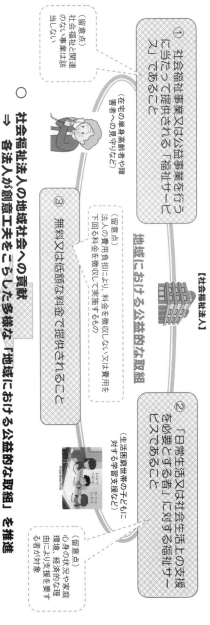

「地域における医療及び介護の総合的な確保を推進するための関係法律の整備等に関する法律（医療介護総合確保推進法）」の概要

地域における医療及び介護の総合的な確保を推進するための関係法律の整備等に関する法律の概要

趣旨

持続可能な社会保障制度の確立を図るための改革の推進に関する法律に基づく措置として、効率的かつ質の高い医療提供体制を構築するとともに、地域包括ケアシステムを構築することを通じ、地域における医療及び介護の総合的な確保を推進するため、医療法、介護保険法等の関係法律について所要の整備等を行う。

概要

1．新たな基金の創設と医療・介護の連携強化（地域介護施設整備促進法等関係）

①都道府県の事業計画に記載した医療・介護の事業（病床の機能分化・連携、在宅医療・介護の推進等）のため、**消費税増収分を活用した新たな基金を都道府県に設置**

②**医療と介護の連携を強化**するため、厚生労働大臣が基本的な方針を策定

2．地域における効率的かつ効果的な医療提供体制の確保（医療法関係）

①医療機関が都道府県知事に**病床の医療機能（高度急性期、急性期、回復期、慢性期）等を報告し、**都道府県は、それをもとに**地域医療構想（ビジョン）**（地域の医療提供体制の将来のあるべき姿）を医療計画において策定

②**医師確保支援**を行う地域医療支援センターの機能を法律に位置付け

3．地域包括ケアシステムの構築と費用負担の公平化（介護保険法関係）

①在宅医療・介護連携の推進などの**地域支援事業の充実**とあわせ、**予防給付（訪問介護・通所介護）を地域支援事業に移行し、多様化**　※地域支援事業：介護保険財源で市町村が取り組む事業

②**特別養護老人ホーム**について、在宅での生活が困難な中重度の要介護者を支える機能に重点化

③**低所得者の保険料軽減を拡充**

④**一定以上の所得のある利用者の自己負担を２割へ引上げ**（ただし、一般の世帯の月額上限は据え置き）

⑤低所得の施設利用者の食費・居住費を補填する**「補足給付」の要件に資産などを追加**

4．その他

①診療の補助のうちの**特定行為を明確化**し、それを手順書により行う看護師の研修制度を新設

②**医療事故に係る調査の仕組み**を位置づけ

③医療法人社団と医療法人財団の合併、持分なし医療法人への移行促進策を措置

④介護人材確保対策の検討（介護福祉士の資格取得方法見直しの施行時期を27年度から28年度に延期）

施行期日

公布日（H26.6.25）。ただし、医療法関係は平成26年10月以降、介護保険法関係は平成27年４月以降など、順次施行。

1

主な施行期日について

施行期日	改正事項
①公布の日 （平成26年6月25日）	○診療放射線技師法（業務実施体制の見直し） ○社会福祉士及び介護福祉士法等の一部を改正する法律（介護福祉士の資格取得方法の見直しの期日の変更） ●地域における公的介護施設等の計画的な整備等の促進に関する法律（厚生労働大臣による総合確保方針の策定、基金による財政支援） ○医療法（総合確保方針に即した医療計画の作成） ●介護保険法（総合確保方針に即した介護保険事業計画等の作成）
②平成26年10月1日	○医療法（病床機能報告制度の創設、在宅医療の推進、病院・有床診療所等の役割、勤務環境改善、地域医療支援センターの機能の位置づけ、社団たる医療法人と財団たる医療法人の合併） ○外国医師等が行う臨床修練に係る医師法第十七条等の特例等に関する法律（臨床教授等の創設） ○良質な医療を提供する体制の確立を図るための医療法等の一部を改正する法律（持分なし医療法人への移行）
③平成27年4月1日	○医療法（地域医療構想の策定とその実現のために必要な措置、臨床研究中核病院） ●介護保険法（地域支援事業の充実、予防給付の見直し、特養の機能重点化、低所得者の保険料軽減の強化、介護保険事業計画の見直し、サービス付き高齢者向け住宅への住所地特例の適用） ※なお、地域支援事業の充実のうち、在宅医療・介護連携の推進、生活支援サービスの充実・強化及び認知症施策の推進は平成30年4月、予防給付の見直しは平成29年4月までにすべての市町村で実施 ○歯科衛生士法、診療放射線技師法、臨床検査技師等に関する法律（業務範囲の拡大・業務実施体制の見直し） ○歯科技工士法（国が歯科技工士試験を実施）
④平成27年8月1日	●介護保険法（一定以上の所得のある利用者の自己負担の引上げ、補足給付の支給に資産等を勘案）
⑤平成27年10月1日	○医療法（医療事故の調査に係る仕組み） ○看護師等の人材確保の促進に関する法律（看護師免許保持者等の届出制度） ○保健師助産師看護師法（看護師の特定行為の研修制度）
⑥平成28年4月1日	●介護保険法（地域密着型通所介護の創設）
⑦平成30年4月1日	●介護保険法（居宅介護支援事業所の指定権限の市町村への移譲）

介護保険制度の改正の主な内容について

①地域包括ケアシステムの構築

高齢者が**住み慣れた地域で生活を継続**できるようにするため、**介護、医療、生活支援、介護予防を充実**。

サービスの充実

○地域包括ｹｱｼｽﾃﾑの構築に向けた地域支援事業の充実

①在宅医療・介護連携の推進

②認知症施策の推進

③地域ケア会議の推進

④生活支援サービスの充実・強化

＊介護サービスの充実は、前回改正による24時間対応の定期巡回サービスを含めた介護サービスの普及を推進

＊介護職員の処遇改善は、27年度介護報酬改定で対応

重点化・効率化

①全国一律の予防給付（訪問介護・通所介護）を市町村が取り組む地域支援事業に移行し、多様化

＊段階的に移行（～29年度）

＊介護保険制度内でのサービス提供であり、財源構成も変わらない。

＊見直しにより、既存の介護事業所による既存サービスに加え、NPO、民間企業、住民ボランティア、協同組合等による多様なサービスの提供が可能。これにより、効果的・効率的な事業も実施可能。

②特別養護老人ホームの新規入所者を、原則、要介護3以上に重点化（既入所者は除く）

＊要介護1・2でも一定の場合には入所可能

②費用負担の公平化

低所得者の保険料軽減を拡充。また、**保険料上昇をできる限り抑える**ため、**所得や資産のある人の利用者負担を見直す**。

低所得者の保険料軽減を拡充

○低所得者の保険料の軽減割合を拡大

・給付費の5割の公費に加えて別枠で公費を投入し、低所得者の保険料の軽減割合を拡大（※軽減例・対象は完全実施時のイメージ）

＊保険料見通し：第6期5,500円程度→2025年度8,200円程度

＊軽減例：年金収入80万円以下　5割軽減　→　7割軽減に拡大

＊軽減対象：市町村民税非課税世帯（65歳以上の約3割）

重点化・効率化

①一定以上の所得のある利用者の自己負担を引上げ

・　2割負担とする所得水準は、65歳以上高齢者の上位20%に該当する合計所得金額160万円以上（単身で年金収入のみの場合、280万円以上）。ただし、月額上限があるため、見直し対象の全員の負担が2倍になるわけではない。

・　医療保険の現役並み所得相当の人は、月額上限を37,200円から44,400円に引上げ

②低所得の施設利用者の食費・居住費を補填する「補足給付」の要件に資産などを追加

・預貯金等が単身1000万円超、夫婦2000万円超の場合は対象外

・世帯分離した場合でも、配偶者が課税されている場合は対象外

・給付額の決定に当たり、非課税年金（遺族年金、障害年金）を収入として勘案　　＊不動産を勘案することは、引き続きの検討課題

○　このほか、「2025年を見据えた介護保険事業計画の策定」、「サービス付高齢者向け住宅への住所地特例の適用」、「居宅介護支援事業所の指定権限の市町村への移譲・小規模通所介護の地域密着型サービスへの移行」等を実施

3

在宅医療・介護連携の推進

○ **医療と介護の両方を必要とする状態の高齢者が、住み慣れた地域で自分らしい暮らしを続けることができるよう、地域における医療・介護の関係機関（※）が連携して、包括的かつ継続的な在宅医療・介護を提供することが重要。**

（※）在宅療養を支える関係機関の例

・診療所・在宅療養支援診療所・歯科診療所等　（定期的な訪問診療等の実施）

・病院・在宅療養支援病院・診療所（有床診療所）等　（急変時の診療・一時的な入院の受入れの実施）

・訪問看護事業所、薬局　（医療機関と連携し、服薬管理や点滴・褥瘡処置等の医療処置、看取りケアの実施等）

・介護サービス事業所　（入浴、排せつ、食事等の介護の実施）

○ **このため、関係機関が連携し、多職種協働により在宅医療・介護を一体的に提供できる体制を構築するため、都道府県・保健所の支援の下、市区町村が中心となって、地域の医師会等と緊密に連携しながら、地域の関係機関の連携体制の構築を推進する。**

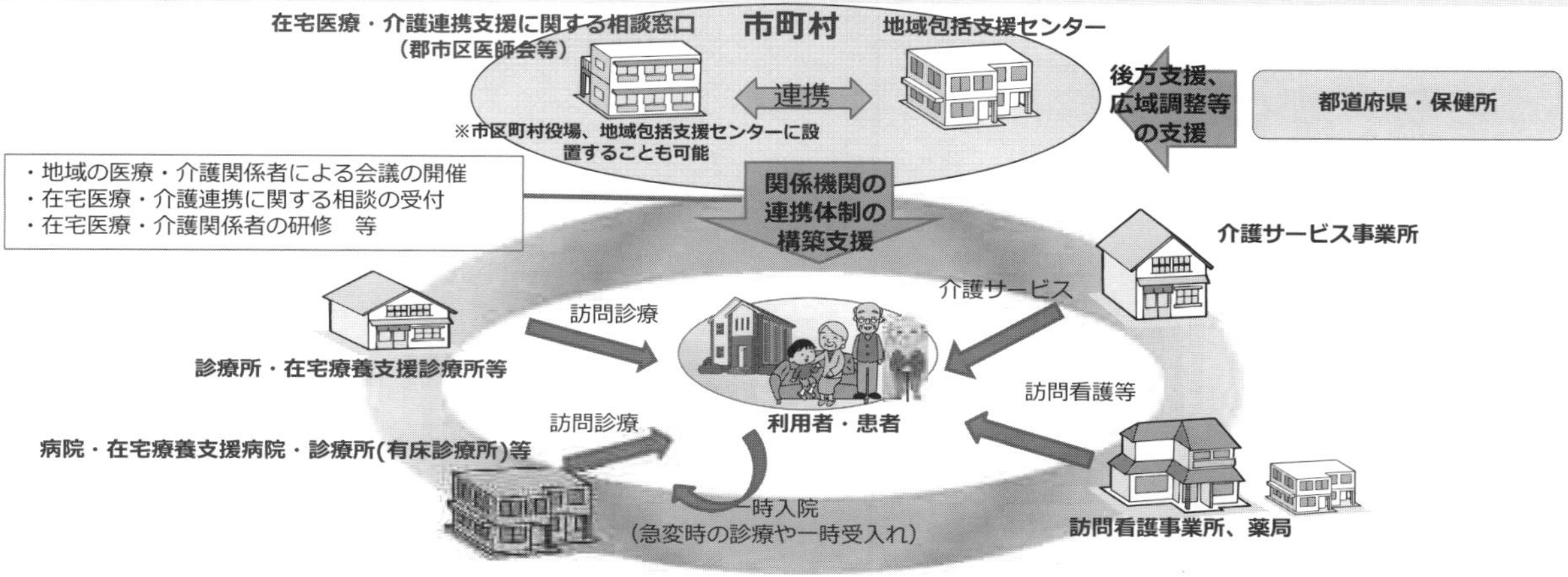

在宅医療・介護連携推進事業（介護保険の地域支援事業、平成２７年度～）

- ○ 在宅医療・介護の連携推進については、これまで医政局施策の在宅医療連携拠点事業（平成23・24年度）、在宅医療推進事業（平成25年度～）により一定の成果。それを踏まえ、介護保険法の中で制度化。
- ○ 介護保険法の地域支援事業に位置づけ、市区町村が主体となり、郡市区医師会等と連携しつつ取り組む。
- ○ 実施可能な市区町村は平成27年4月から取組を開始し、平成30年4月には全ての市区町村で実施。
- ○ 各市区町村は、原則として（ア）～（ク）の全ての事業項目を実施。
- ○ 事業項目の一部を郡市区医師会等（地域の医療機関や他の団体を含む）に委託することも可能。
- ○ 都道府県・保健所は、市区町村と都道府県医師会等の関係団体、病院等との協議の支援や、都道府県レベルでの研修等により支援。国は、事業実施関連の資料や事例集の整備等により支援するとともに、都道府県を通じて実施状況を把握。

○事業項目と取組例

（ア）地域の医療・介護の資源の把握

- ◆ 地域の医療機関の分布、医療機能を把握し、リスト・マップ化
- ◆ 必要に応じて、連携に有用な項目（在宅医療の取組状況、医師の相談対応が可能な日時等）を調査
- ◆ 結果を関係者間で共有

（イ）在宅医療・介護連携の課題の抽出と対応策の検討

- ◆ 地域の医療・介護関係者等が参画する会議を開催し、在宅医療・介護連携の現状を把握し、課題の抽出、対応策を検討

（ウ）切れ目のない在宅医療と在宅介護の提供体制の構築推進

- ◆地域の医療・介護関係者の協力を得て、在宅医療・介護サービスの提供体制の構築を推進

（エ）医療・介護関係者の情報共有の支援

- ◆ 情報共有シート、地域連携パス等の活用により、医療・介護関係者の情報共有を支援
- ◆ 在宅での看取り、急変時の情報共有にも活用

（オ）在宅医療・介護連携に関する相談支援

- ◆ 医療・介護関係者の連携を支援するコーディネーターの配置等による、在宅医療・介護連携に関する相談窓口の設置・運営により、連携の取組を支援。

（カ）医療・介護関係者の研修

- ◆ 地域の医療・介護関係者がグループワーク等を通じ、多職種連携の実際を習得
- ◆ 介護職を対象とした医療関連の研修会を開催等

（キ）地域住民への普及啓発

- ◆ 地域住民を対象にしたシンポジウム等の開催
- ◆ パンフレット、チラシ、区報、HP等を活用した、在宅医療・介護サービスに関する普及啓発
- ◆ 在宅での看取りについての講演会の開催等

（ク）在宅医療・介護連携に関する関係市区町村の連携

- ◆同一の二次医療圏内にある市区町村や隣接する市区町村等が連携して、広域連携が必要な事項について検討

5

認知症初期集中支援チームと認知症地域支援推進員について

認知症専門医による指導の下（司令塔機能）に早期診断、早期対応に向けて以下の体制を地域包括支援センター等に整備

○**認知症初期集中支援チーム**（個別の訪問支援）―複数の専門職が認知症が疑われる人、認知症の人とその家族を訪問（アウトリーチ）し、認知症の専門医による鑑別診断等をふまえて、観察・評価を行い、本人や家族支援などの初期の支援を包括的・集中的に行い、自立生活のサポートを行う。

○**認知症地域支援推進員**（専任の連携支援・相談等）―認知症の人ができる限り住み慣れた良い環境で暮らし続けることができるよう、地域の実情に応じて医療機関、介護サービス事業所や地域の支援機関をつなぐ連携支援や認知症の人やその家族を支援する相談業務等を行う。

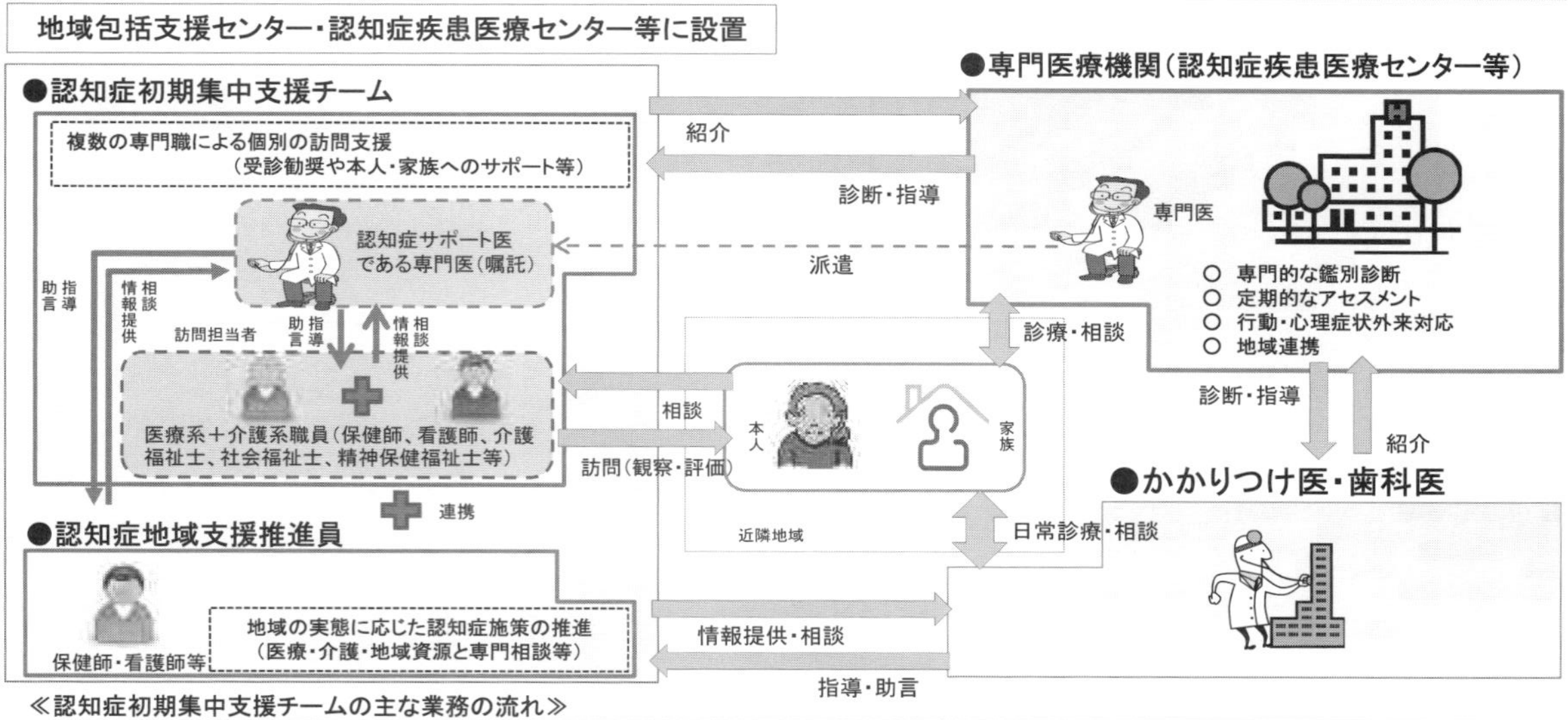

≪認知症初期集中支援チームの主な業務の流れ≫

①訪問支援対象者の把握、**②情報収集**（本人の生活情報や家族の状況など）、**③初回訪問時の支援**（認知症への理解、専門的医療機関等の利用の説明、介護保険サービス利用の説明、本人・家族への心理的サポート）、**④観察・評価**（認知機能、生活機能、行動・心理症状、家族の介護負担度、身体の様子のチェック）、**⑤専門医を含めたチーム員会議の開催**（観察・評価内容の確認、支援の方針・内容・頻度等の検討）、**⑥初期集中支援の実施**（専門的医療機関等への受診勧奨、本人への助言、身体を整えるケア、生活環境の改善など）、**⑦引き継ぎ後のモニタリング**

地域ケア会議の推進

地域包括支援センター等において、多職種協働による個別事例の検討等を行い、地域のネットワーク構築、ケアマネジメント支援、地域課題の把握等を推進する。
※従来の包括的支援事業（地域包括支援センターの運営費）とは別枠で計上

（参考）平成27年度より、地域ケア会議を介護保険法に規定。（法第115条の48）
○市町村が地域ケア会議を行うよう努めなければならない旨を規定
○地域ケア会議を、適切な支援を図るために必要な検討を行うとともに、地域において自立した日常生活を営むために必要な支援体制に関する検討を行うものとして規定
○地域ケア会議に参加する関係者の協力や守秘義務に係る規定 など

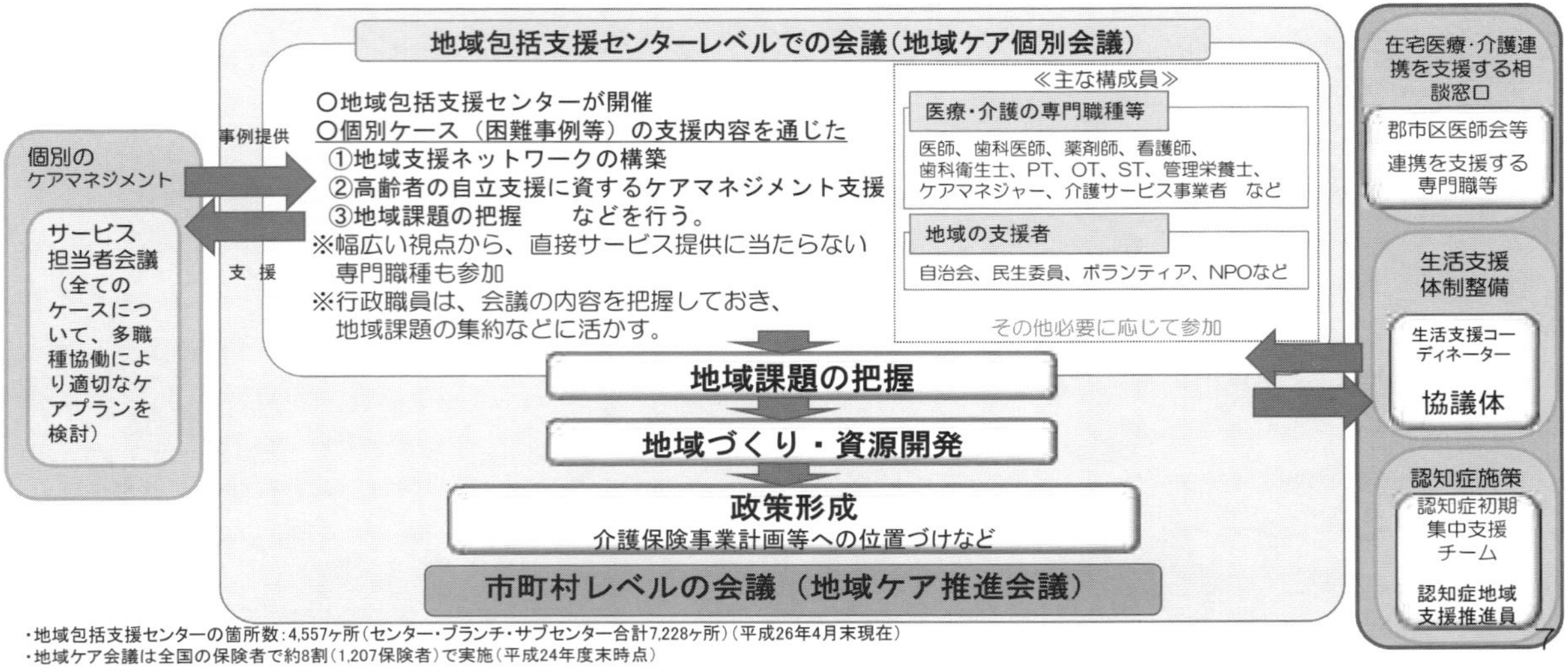
個別のケアマネジメント
サービス担当者会議（全てのケースについて、多職種協働により適切なケアプランを検討）
事例提供
支援
地域包括支援センターレベルでの会議（地域ケア個別会議）
○地域包括支援センターが開催
○個別ケース（困難事例等）の支援内容を通じた
①地域支援ネットワークの構築
②高齢者の自立支援に資するケアマネジメント支援
③地域課題の把握　などを行う。
※幅広い視点から、直接サービス提供に当たらない専門職種も参加
※行政職員は、会議の内容を把握しておき、地域課題の集約などに活かす。
≪主な構成員≫
医療・介護の専門職種等
医師、歯科医師、薬剤師、看護師、歯科衛生士、PT、OT、ST、管理栄養士、ケアマネジャー、介護サービス事業者　など
地域の支援者
自治会、民生委員、ボランティア、NPOなど
その他必要に応じて参加
地域課題の把握
地域づくり・資源開発
政策形成
介護保険事業計画等への位置づけなど
市町村レベルの会議（地域ケア推進会議）
在宅医療・介護連携を支援する相談窓口
郡市区医師会等
連携を支援する専門職等
生活支援体制整備
生活支援コーディネーター
協議体
認知症施策
認知症初期集中支援チーム
認知症地域支援推進員

・地域包括支援センターの箇所数：4,557ヶ所（センター・ブランチ・サブセンター合計7,228ヶ所）（平成26年4月末現在）
・地域ケア会議は全国の保険者で約8割（1,207保険者）で実施（平成24年度末時点）

生活支援・介護予防サービスの充実と高齢者の社会参加

○ 単身世帯等が増加し、支援を必要とする軽度の高齢者が増加する中、生活支援の必要性が増加。ボランティア、NPO、民間企業、協同組合等の多様な主体が生活支援・介護予防サービスを提供することが必要。
○ 高齢者の介護予防が求められているが、社会参加・社会的役割を持つことが生きがいや介護予防につながる。
○ 多様な生活支援・介護予防サービスが利用できるような地域づくりを市町村が支援することについて、制度的な位置づけの強化を図る。具体的には、生活支援・介護予防サービスの充実に向けて、ボランティア等の生活支援の担い手の養成・発掘等の地域資源の開発やそのネットワーク化などを行う「生活支援コーディネーター（地域支え合い推進員）」の配置などについて、介護保険法の地域支援事業に位置づける。

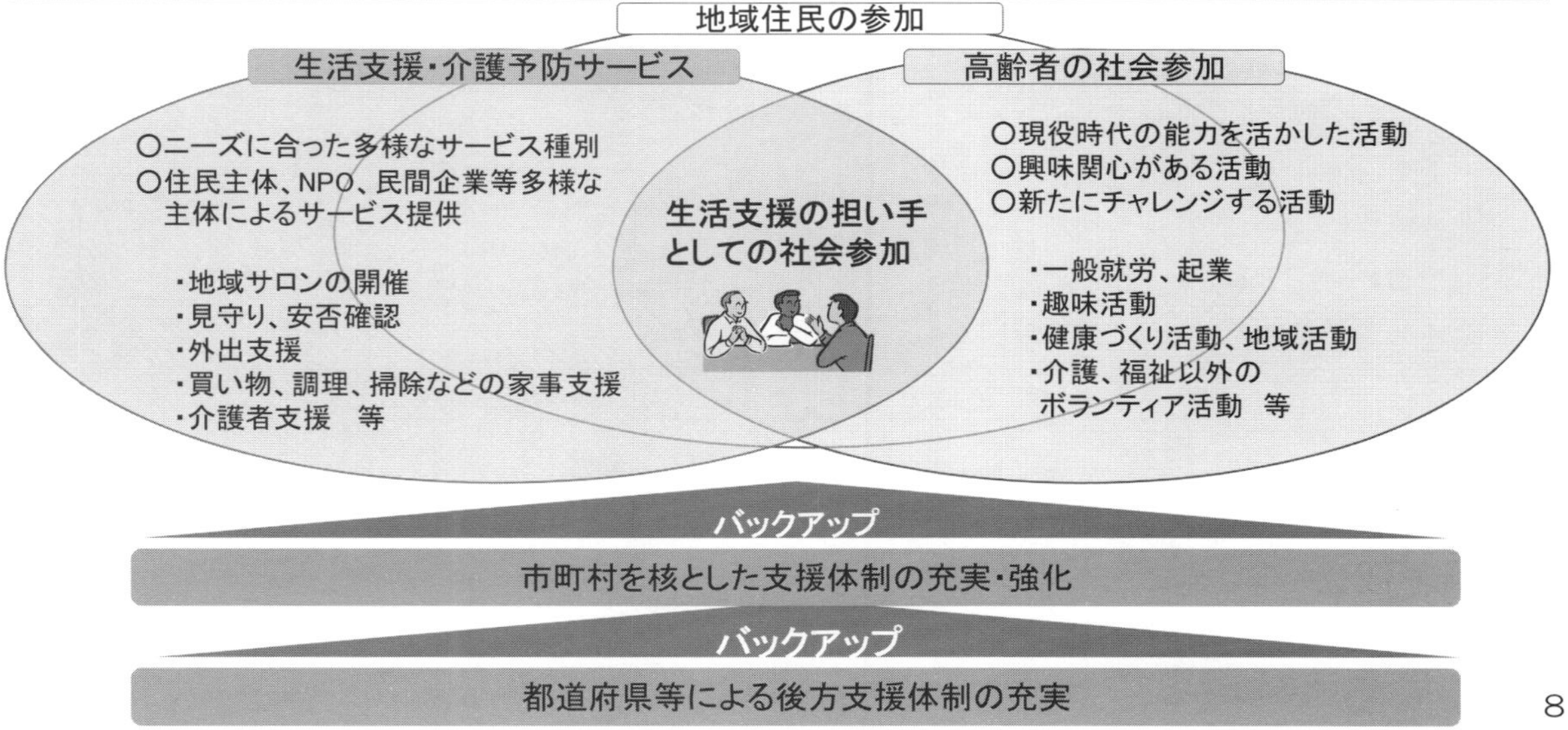
地域住民の参加
生活支援・介護予防サービス
○ニーズに合った多様なサービス種別
○住民主体、NPO、民間企業等多様な主体によるサービス提供
・地域サロンの開催
・見守り、安否確認
・外出支援
・買い物、調理、掃除などの家事支援
・介護者支援　等
生活支援の担い手としての社会参加
高齢者の社会参加
○現役時代の能力を活かした活動
○興味関心がある活動
○新たにチャレンジする活動
・一般就労、起業
・趣味活動
・健康づくり活動、地域活動
・介護、福祉以外のボランティア活動　等
バックアップ
市町村を核とした支援体制の充実・強化
バックアップ
都道府県等による後方支援体制の充実

多様な主体による生活支援・介護予防サービスの重層的な提供

○高齢者の在宅生活を支えるため、ボランティア、ＮＰＯ、民間企業、社会福祉法人、協同組合等の多様な事業主体による重層的な生活支援・介護予防サービスの提供体制の構築を支援

・介護支援ボランティアポイント等を組み込んだ地域の自助・互助の好取組を全国展開
・「生活支援コーディネーター（地域支え合い推進員）」の配置や協議体の設置などに対する支援

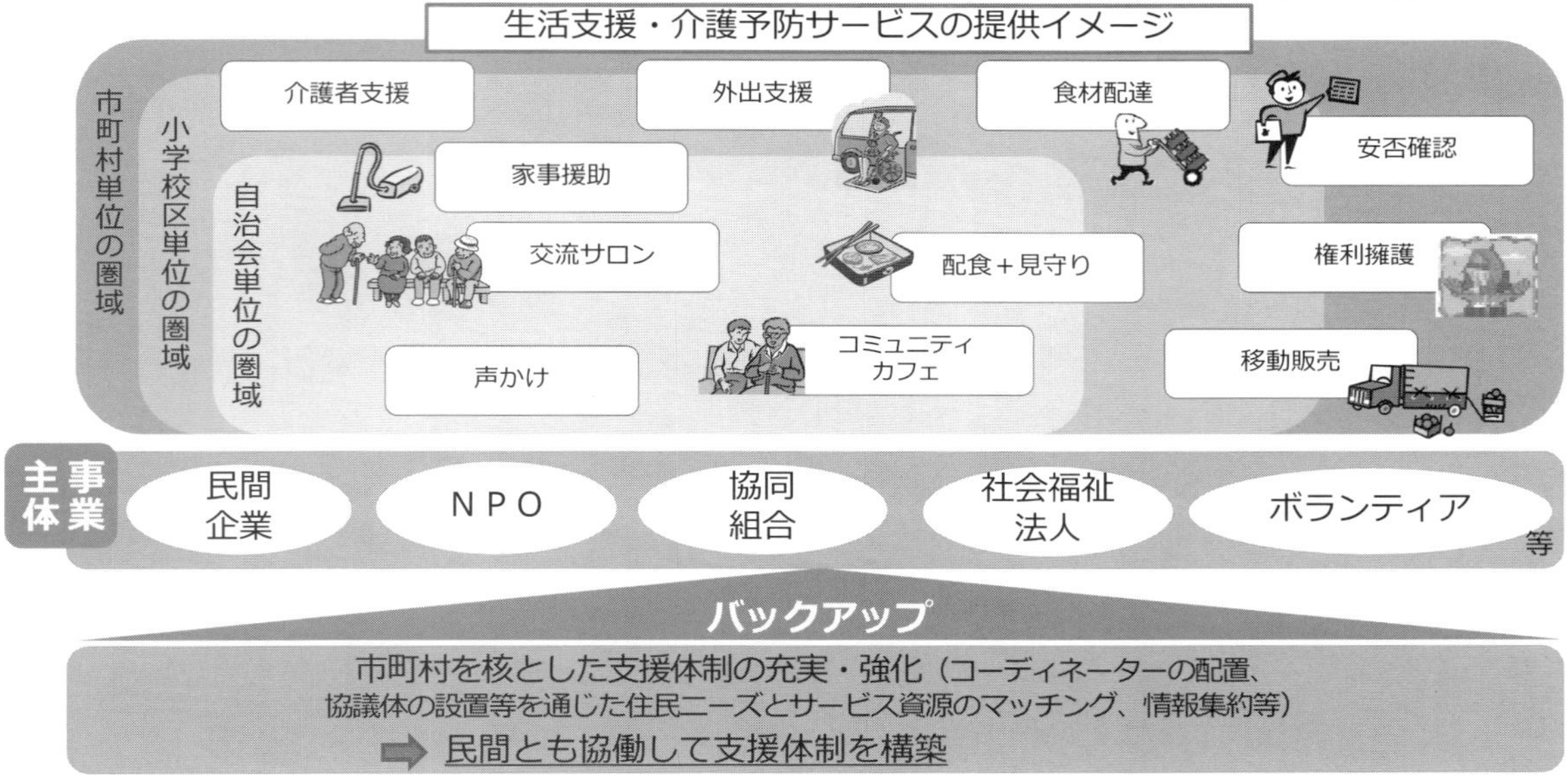

総合事業と生活支援サービスの充実

○予防給付のうち訪問介護・通所介護について、市町村が地域の実情に応じた取組ができる介護保険制度の地域支援事業へ移行（29年度末まで）。財源構成は給付と同じ（国、都道府県、市町村、1号保険料、2号保険料）。
○既存の介護事業所による既存のサービスに加えて、NPO、民間企業、ボランティアなど地域の多様な主体を活用して高齢者を支援。高齢者は支え手側に回ることも。

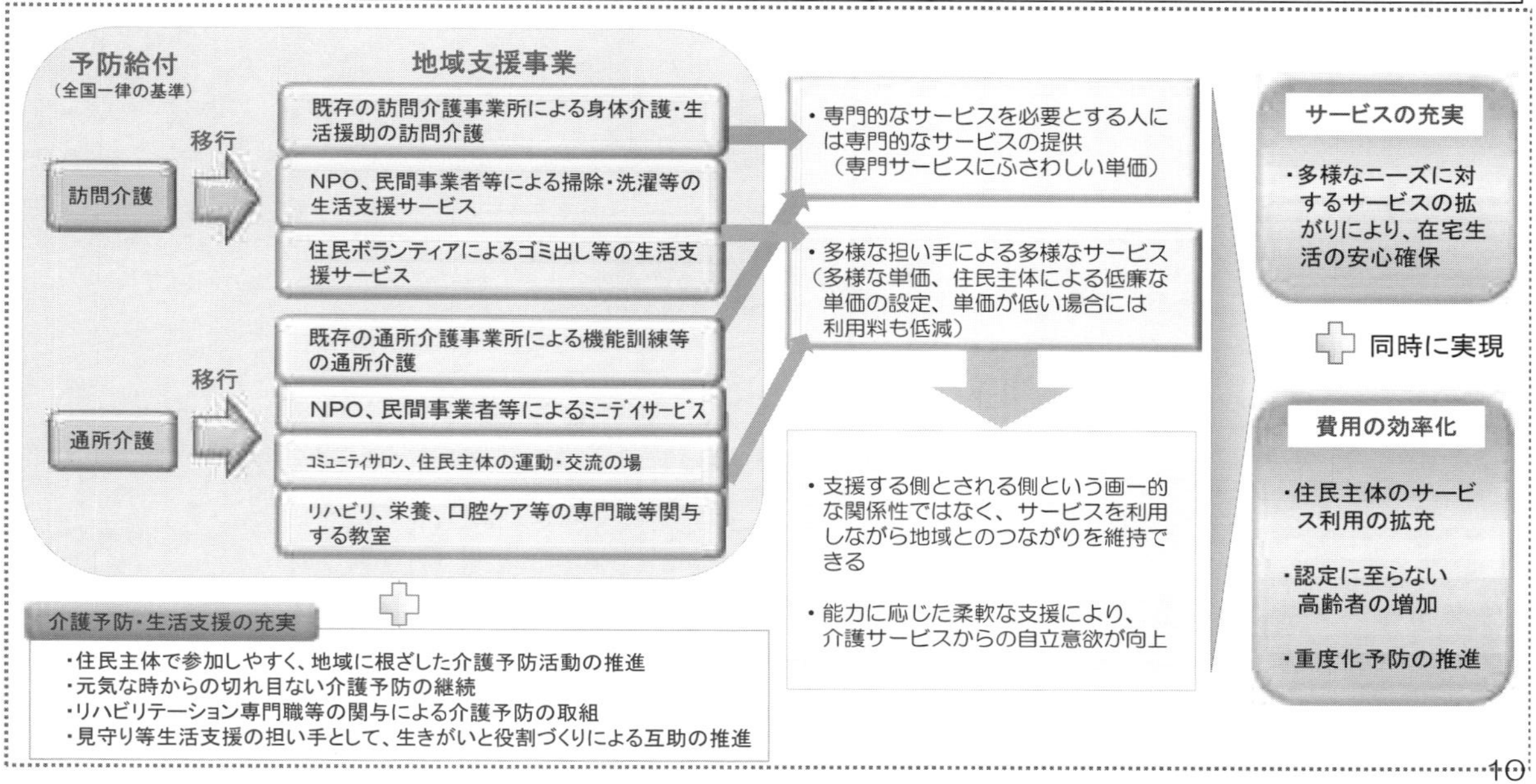

総合事業の概要

○ 訪問介護・通所介護以外のサービス（訪問看護、福祉用具等）は、引き続き介護予防給付によるサービス提供を継続。

○ 地域包括支援センターによる介護予防ケアマネジメントに基づき、総合事業（介護予防・生活支援サービス事業及び一般介護予防事業）のサービスと介護予防給付のサービス（要支援者のみ）を組み合わせる。

○ 介護予防・生活支援サービス事業によるサービスのみ利用する場合は、要介護認定等を省略して「介護予防・生活支援サービス事業対象者」とし、迅速なサービス利用を可能に（基本チェックリストで判断）。

※ 第2号被保険者は、基本チェックリストではなく、要介護認定等申請を行う。

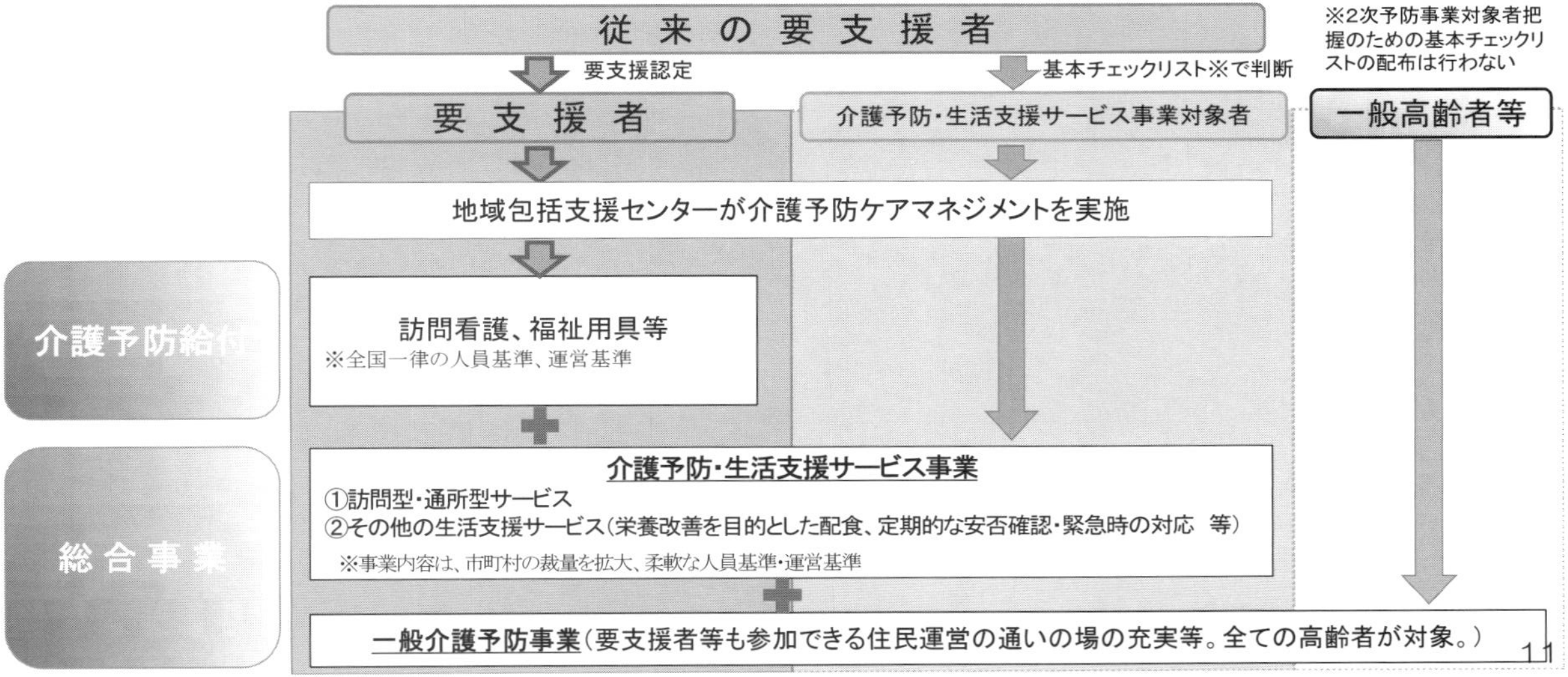

特別養護老人ホームの重点化

○ 平成２７年４月より、原則、特養への新規入所者を要介護度３以上の高齢者に限定し、在宅での生活が困難な中重度の要介護者を支える施設としての機能に重点化。 【 既入所者は継続して入所可能 】

○ 他方で、要介護１・２）の方についても、やむを得ない事情により、特養以外での生活が著しく困難であると認められる場合には、市町村の適切な関与の下、特例的に、入所することが可能。

【 要介護１・２の特例的な入所が認められる要件（勘案事項） 】

- ➢ 認知症であることにより、日常生活に支障を来すような症状・行動や意思疎通の困難さが頻繁に見られ、在宅生活が困難な状態。
- ➢ 知的障害・精神障害等を伴い、日常生活に支障を来すような症状・行動や意思疎通の困難さ等が頻繁に見られ、在宅生活が困難な状態。
- ➢ 家族等による深刻な虐待が疑われる等により、心身の安全・安心の確保が困難な状態。
- ➢ 単身世帯である、同居家族が高齢又は病弱である等により、家族等による支援が期待できず、かつ、地域での介護サービスや生活支援の供給が十分に認められないことにより、在宅生活が困難な状態。

要介護度別の特養入所者の割合

≪ 施設数： 9，104施設　サービス受給者数：54．6万人（平成27年3月）≫※介護給付費実態調査

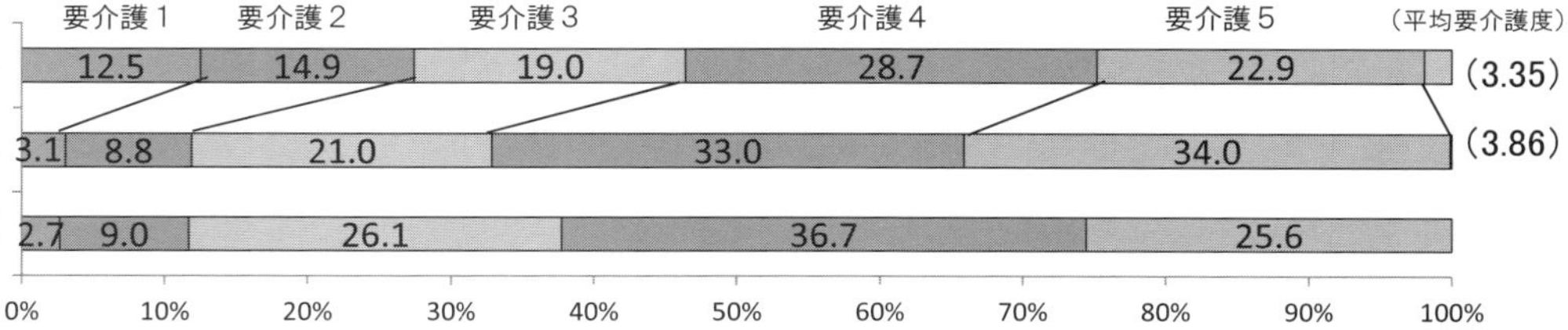

【参考】
平成23年度における特養の新規入所者
※全体の約14万人のうち要介護1・2は約1．6万人

出典：介護サービス施設・事業所調査

特養の入所申込者の状況

（単位：万人）

	要介護1～2	要介護3～5	計
全体	17.8 （34.1％）	34.5 （65.9％）	52．4 （100％）
うち在宅の方	10.7 （20.4％）	15.3 （29.2％）	26．0 （49.6％）

※各都道府県で把握している特別養護老人ホームの入所申込者の状況を集計したもの。（平成26年3月集計。調査時点は都道府県によって異なる。）

介護保険の1号保険料の低所得者軽減強化

介護保険の1号保険料について、給付費の5割の公費とは別枠で公費を投入し、低所得の高齢者の保険料の軽減を強化

①平成27年4月

第一弾として、市町村民税非課税世帯のうち特に所得の低い者を対象（65歳以上の約2割）

【平成28年度所要額 218億円（公費ベース※）】

	保険料基準額に対する割合
第1段階	現行 0.5 → 0.45

②平成29年4月

消費税10%引上げ時に、市町村民税非課税世帯全体を対象として完全実施（65歳以上の約3割）【所要見込額 約1,400億円（公費ベース※）】

	保険料基準額に対する割合
第1段階	0.45 → 0.3
第2段階	現行 0.75 → 0.5
第3段階	現行 0.75 → 0.7

※公費負担割合
国1/2、都道府県1/4
市町村1/4

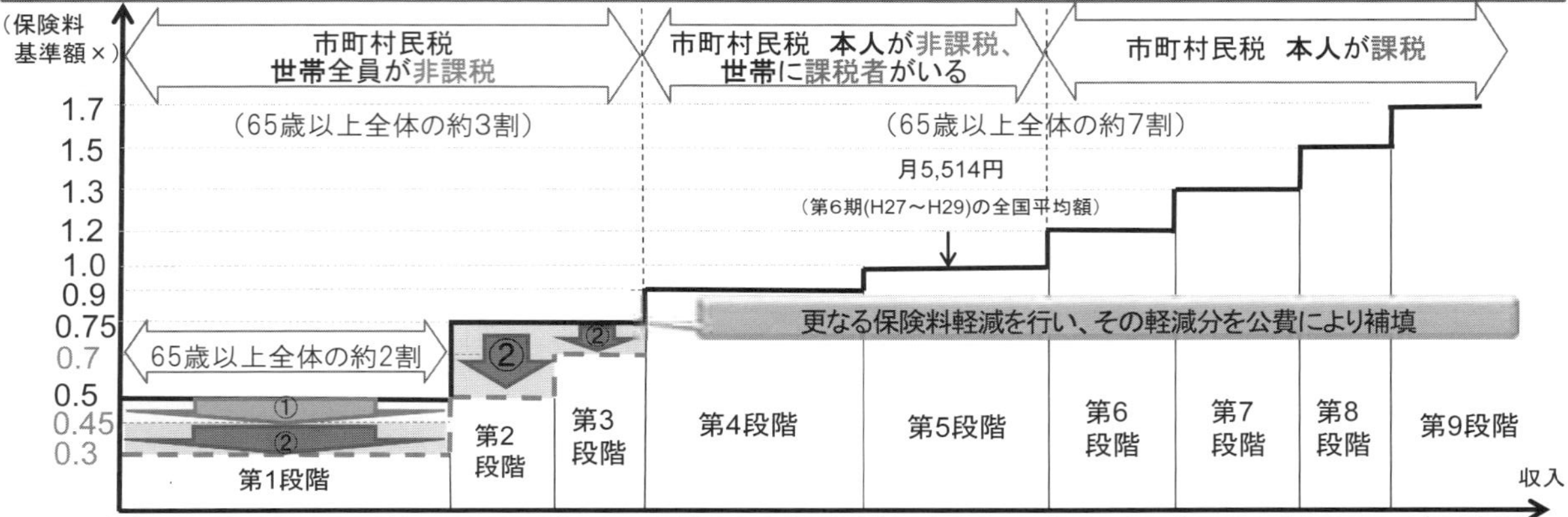

第1段階	第2段階	第3段階	第4段階	第5段階	第6段階	第7段階	第8段階	第9段階
生活保護被保護者 世帯全員が市町村民税非課税の老齢福祉年金受給者 世帯全員が市町村民税非課税かつ本人年金収入等80万円以下	世帯全員が市町村民税非課税かつ本人年金収入等80万円超120万円以下	世帯全員が市町村民税非課税かつ本人年金収入120万円超	本人が市町村民税非課税（世帯に課税者がいる）かつ本人年金収入等80万円以下	本人が市町村民税非課税（世帯に課税者がいる）かつ本人年金収入等80万円超	市町村民税課税かつ合計所得金額120万円未満	市町村民税課税かつ合計所得金額120万円以上190万円未満	市町村民税課税かつ合計所得金額190万円以上290万円未満	市町村民税課税かつ合計所得金額290万円以上
650万人	240万人	240万人	540万人	440万人	410万人	370万人	270万人	270万人

13

※被保険者数は平成27年10月1日現在の人口推計を基に算出　※保険料段階は平成27年度からの新段階で表示　※具体的軽減幅は各割合の範囲内で市町村が条例で規定

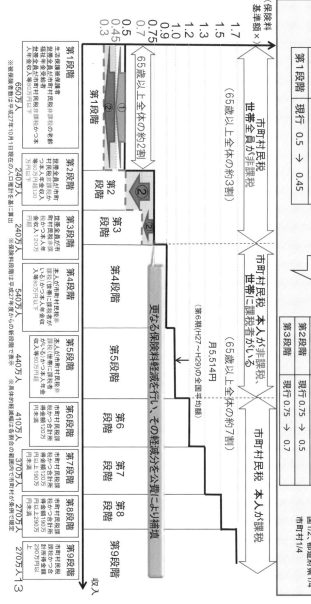

一定以上所得者の利用者負担の見直し

平成２７年８月施行

負担割合の引き上げ

○ 保険料の上昇を可能な限り抑えつつ、制度の持続可能性を高めるため、これまで一律1割に据え置いている利用者負担について、相対的に負担能力のある一定以上の所得の方の自己負担割合を2割とする。ただし、月額上限があるため、見直し対象の全員の負担が2倍になるわけではない。

○ 自己負担2割とする水準は、合計所得金額(※1) 160万円以上(※2)の者（単身で年金収入のみの場合、280万円以上）。

○ ただし、合計所得金額が160万円以上であっても、実質的な所得が280万円に満たないケースや2人以上世帯における負担能力が低いケースを考慮し、「年金収入とその他の合計所得金額」の合計が単身で280万円、2人以上世帯で346万円未満(※3)の場合は、1割負担に戻す。

※1 合計所得金額とは、収入から公的年金控除や給与所得控除、必要経費を控除した後で、基礎控除や人的控除等の控除をする前の所得金額

※2 被保険者の上位20%に該当する水準。ただし、利用者の所得分布は、被保険者全体の所得分布と比較して低いため、被保険者の上位20%に相当する基準を設定したとしても、実際に影響を受けるのは、在宅サービスの利用者のうち15%程度、特養入所者の5%程度と推計。

※3 280万円＋5.5万円（国民年金の平均額）×12 ≒ 346万円

自己負担2割とする水準（単身で年金収入のみの場合） ※年金収入の場合：合計所得金額＝年金収入額－公的年金等控除（基本的に120万円）

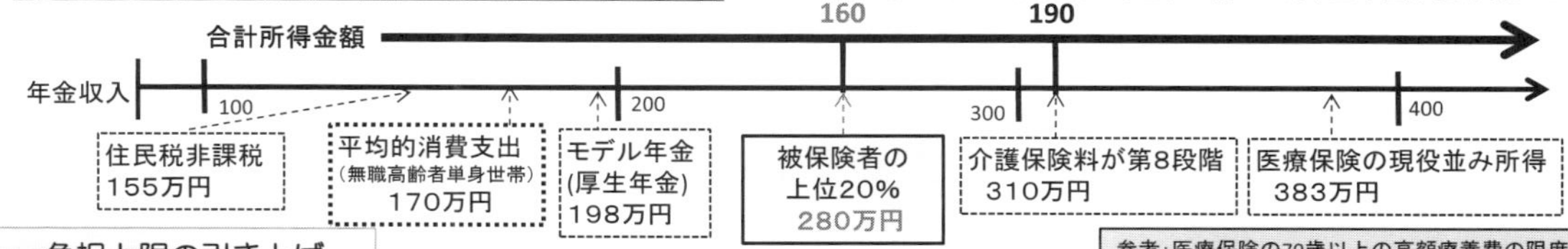

負担上限の引き上げ

自己負担限度額（高額介護サービス費）のうち、医療保険の現役並み所得に相当する者のみ引上げ

〈現行〉

	自己負担限度額（月額）
一般	37,200円（世帯）
市町村民税世帯非課税等	24,600円（世帯）
年金収入80万円以下等	15,000円（個人）

〈見直し後〉

現役並み所得相当(※)	44,400円
一般	37,200円

※ 課税所得145万円以上（ただし、同一世帯内の第1号被保険者の収入が、1人のみの場合383万円、2人以上の場合520万円に満たない場合には、一般に戻す）

参考：医療保険の70歳以上の高額療養費の限度額

	自己負担限度額（現行／世帯単位）
現役並み所得者	80,100＋医療費1%（多数該当：44,400円）
一般	44,400円
市町村民税非課税等	24,600円
年金収入80万円以下等	15.000円

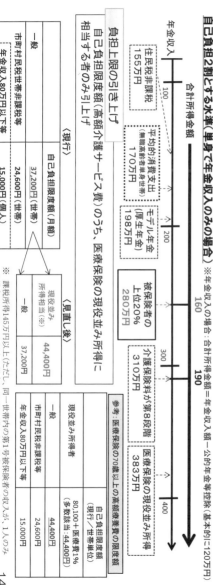

補足給付の見直し（資産等の勘案）

平成２７年８月施行
（一部平成２８年８月）

○ 施設入所等にかかる費用のうち、食費及び居住費は本人の自己負担が原則となっているが、住民税非課税世帯である入居者については、その申請に基づき、補足給付を支給し負担を軽減。
○ 福祉的な性格や経過的な性格を有する制度であり、預貯金を保有するにもかかわらず、保険料を財源とした給付が行われることは不公平であることから、資産を勘案する等の見直しを行う。

＜現在の補足給付と施設利用者負担＞ ※ ユニット型個室の例

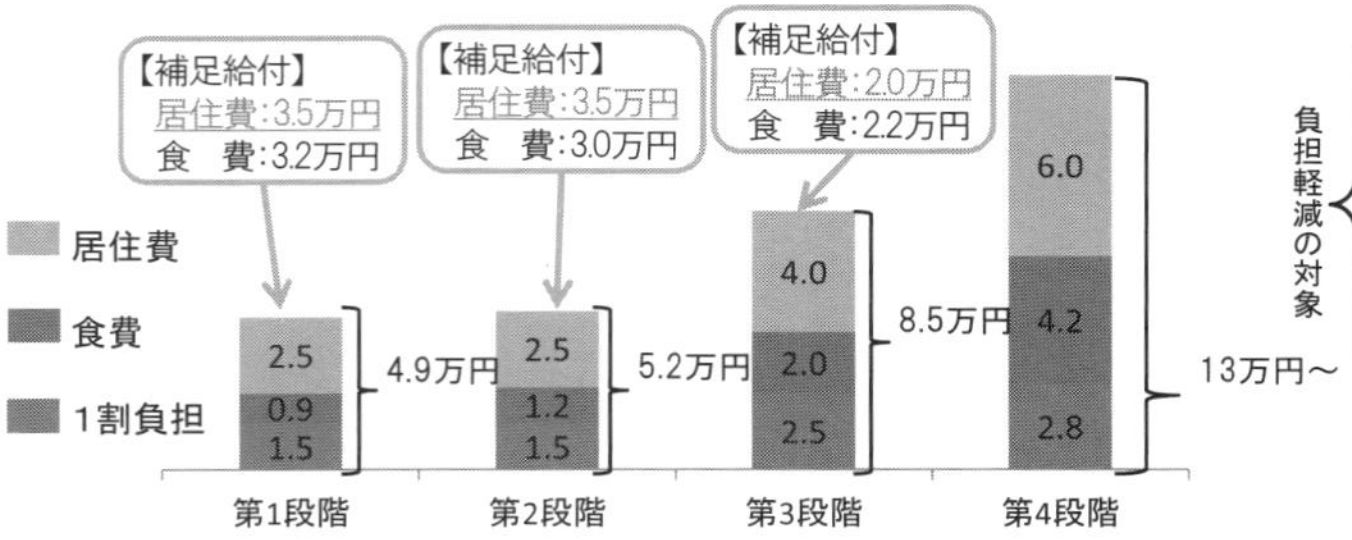

負担軽減の対象（第1段階～第3段階）

第1段階	・生活保護受給者 ・市町村民税世帯非課税の老齢福祉年金受給者
第2段階	・市町村民税世帯非課税であって、 課税年金収入額＋合計所得金額が80万円以下
第3段階	・市町村民税世帯非課税であって、 利用者負担第2段階該当者以外
第4段階～	・市町村民税本人非課税・世帯課税 ・市町村民税本人課税者

（※）認定者数：１１３万人、給付費：３１８５億円［平成25年度］

＜要件の見直し＞

①預貯金等 → 一定額超の預貯金等（単身では1000万円超、夫婦世帯では2000万円超）がある場合には、対象外。　→本人の申告で判定。金融機関への照会、不正受給に対するペナルティ（加算金）を設ける

②配偶者の所得 → 施設入所に際して世帯分離が行われることが多いが、配偶者の所得は、世帯分離後も勘案することとし、配偶者が課税されている場合は、補足給付の対象外

③非課税年金収入 → 補足給付の支給段階の判定に当たり、非課税年金（遺族年金・障害年金）も勘案する

①、②：平成27年8月施行、③：平成28年8月施行

あとがき

以上で、浅学非才を省みず挑戦した私の福祉法人の経営戦略論をとじることにする。

さて私は、２００６（平成18）年４月４日号から計32回、『厚生福祉』に「社会保障は日本経済の足を引っ張っているか」という題目で連載したことがある。当時の私は国立社会保障・人口問題研究所の立場にあったが、社会保障と日本経済の関係について私見をあえて述べた。それは慶應義塾大学出版会から２００７（平成19）年に『社会保障と日本経済』の単行本として刊行され好評を博した。私が社会保障・人口問題研究所所長としての社会保障の充実を図ろうとする使命感から発したものであった。それから10年経った今回の連載に基づく本書は、創立92年の歴史を有する社会福祉法人浴風会の理事長としての社会福祉法人の発展を図るという使命感から発したものである。あわせて私は5年前に福祉法人経営学会の会長の任に就いているが、会長として社会福祉法人の経営に関しては、若干のエッセイを除いて何らの単著も出しておらず、内心忸怩《じくじ》たるものがあった。本書により、福祉法人経営学会の存在も改めて再認識されるに違いない。今後の福祉法人の経営は、厚生労働省による行政指導や補助金にのみ頼るのではなく、福祉法人の主体的努力いかんにかかっているからである。

私の社会保障・社会福祉に関する処女作は、中央法規出版から１９８４（昭和59）年に刊行された『市民参加の福祉計画』であったが、その後の地方自治体における社会福祉計画の進展に寄与したものとの評価が得られた。本書も35年後において今後の社会福祉法人の経営改革にいささかなりとも貢献できれば幸いと願っている。なお、一昨年の初版においては中央法規出版の創立70周年記念の年にあたっていたが、本書もその記念の一環に加えていただけたので幸いと思っている。本書の作成に至るまでには、中央法規出版の社長荘村明彦氏にはもちろん、編集上では、第一編集部長の渡辺弘之氏、同部編集第一課長照井言彦氏、その課員鈴木涼太氏には特にお世話になったことに感謝の意を表わしておきたい。また厚生労働省、全国社会福祉協議会、浴風会等の幹部の皆様には資料の提供等でお手数を煩わした。

この領域は理論的にも、実践的にも、まだまだ未開拓のフィールドだが、約2万の社会福祉法人の豊かな経営実態を反映させた本格的な福祉経営学は、まさにこれからの課題である。私なりの拙い問題提起をベースに、学界、業界、官界の3界の総力を結集して、優れた本格的な福祉経営学の構築が21世紀の初めに誕生することを願ってやまない。

最後に、激動の時代への戦略対応に関するドラッカーの金言を引用しておきたい。

「変化の抵抗の底にあるものは無知である。未知への不安である。しかし、変化は機会とみなすべきものである。変化は機会としてもとらえたとき、初めて不安は消える。」

（P・F・ドラッカー『マネジメント（下）』上田惇生訳、ダイヤモンド社、２００８年、２８９頁）

社会福祉法人の経営戦略は、その失敗を戦術で取り戻すことが不可能なので、時代の変化を機会（チャンス）と捉えて、果敢に挑戦していかねばならない。

２０１９（令和元）年11月15日

福祉法人経営学会　会長　京極　髙宣
（社会福祉法人浴風会　理 事 長）
（国立社会保障・人口問題研究所　名誉所長）
（日本社会事業大学　名誉教授）

著者略歴

京極高宣（きょうごく・たかのぶ）

一九七五年　東京大学大学院経済学研究科博士課程（経済学専攻）修了
二〇〇六年　東京福祉大学大学院社会福祉学 論文博士

【職　歴】

一九九五年　日本社会事業大学学長（～二〇〇五年三月）
二〇〇五年　日本社会事業大学名誉教授
　　　　　　国立社会保障・人口問題研究所所長（二〇〇五年四月～二〇一〇年三月）
二〇〇八年　全国社会福祉協議会中央福祉学院学院長（二〇〇八年八月～二〇一七年六月）
二〇一〇年　国立社会保障・人口問題研究所名誉所長（二〇一〇年四月～）
　　　　　　社会福祉法人　浴風会　理事長（二〇一〇年七月～）

【主な著書】

『京極高宣著作集（全一〇巻）』中央法規出版、二〇〇二～二〇〇三年
『動くとも亦悔无からん―日本社会事業大学学長としての十年』中央法規出版、二〇〇五年
『介護保険改革と障害者グランドデザイン』中央法規出版、二〇〇五年
『社会保障は日本経済の足を引っ張っているか』時事通信社、二〇〇六年
『社会保障と日本経済―「社会市場」の理論と実証』慶應義塾大学出版会、二〇〇七年

『［研究ノート］新しい社会保障の理論を求めて―社会市場論の提唱』社会保険研究所、二〇〇八年
『生活保護改革と地方分権化』ミネルヴァ書房、二〇〇八年
『医療福祉士への道』医学書院、二〇〇八年
『最新障害者自立支援法―逐条解説』新日本法規出版、二〇〇八年
『障害者自立支援法案の課題』中央法規出版、二〇〇八年
『アンデルセン、福祉を語る―女性・子ども・高齢者』（監修）NTT出版、二〇〇八年
『リハビリテーション事典』中央法規出版、二〇〇九年（伊藤利之氏ほか5氏と共編）
『福祉サービスの利用者負担―公共サービス料金の社会経済学的分析』中央法規出版、二〇〇九年
『在宅医療辞典』中央法規出版、二〇〇九年、井部俊子・開原成允・前沢政次3氏との共編
『社会保障と経済（第一～第三巻）』東京大学出版会、二〇〇九～二〇一〇年、宮島洋・西村周三2氏との共編著
『社会保障と社会市場論』社会保険研究所、二〇一〇年（金子能宏氏と共著）
『共生社会の実現』中央法規出版、二〇一〇年
『福祉レジームの転換』中央法規出版、二〇一三年
『福祉書を読む―京極高宣ブックレビュー集』ドメス出版、二〇一四年
『（障害福祉の父）糸賀一雄の思想と生涯』ミネルヴァ書房、二〇一四年

ま行

や行

ら行

わ・を・ん

な行

は行

た行

さ行

索　引

新版　福祉法人の経営戦略

2019年12月20日　発行

著　者　京極髙宣
発行者　荘村明彦
発行所　中央法規出版株式会社
〒110-0016　東京都台東区台東3-29-1　中央法規ビル
営　業　TEL03-3834-5817　FAX03-3837-8037
書店窓口　TEL03-3834-5815　FAX03-3837-8035
編　集　TEL03-3834-5812　FAX03-3837-8032
https://www.chuohoki.co.jp/

印刷・製本　永和印刷株式会社

定価はカバーに表示してあります。
ISBN978-4-8058-5987-2